有馬龍夫
対欧米外交の追憶
1962-1997

竹中治堅＝編

㊤

藤原書店

編者はしがき

本書は元日本政府代表の有馬龍夫氏のオーラルヒストリーをまとめたものである。

有馬龍夫氏は北米局長、内閣外政審議室長、駐オランダ、駐ドイツ大使などを歴任した後、一九九八年八月から二〇〇八年十二月まで日本政府代表を務めた。

二〇〇一年に外務公務員I種試験（いわゆる外交官試験）が廃止され、国家公務員I種試験に一本化されるまで、外交官になる一般的なルートは外交官試験を受験、合格して外務省に採用されることであった。しかし、有馬氏はハーバード大学で政治学の博士号を取得した後、外交官試験を受験することなく、外務省に採用されている。

有馬氏に対しオーラルヒストリーをお願いすることを思い立ったのはこうした氏の経歴に編者が関心を持ったからである。

本書は有馬氏が一九六二年六月にアメリカ局北米課で勤務を始めてから、一九九七年十二月に駐独大使を退官するまでの、外交官として、日本の外交政策の立案に携わった経験について振り返るものである。

本書で有馬氏は、第一次石油危機対応、ＦＳＸ問題、日米構造協議、国連平和維持活動協力法策定な

ど、自身が携わった政策について説明しており、貴重な証言となっている。と同時に、研究者としての教育を受けたためか自身がおかれた重要な局面について冷静かつ客観的な観点から語っている。有馬氏は外務省でも有数の知米派であり、特に戦後日米関係の展開についての氏の観察は興味深いものとなっている。

また、有馬氏は九〇年代にはオランダ大使、ドイツ大使として欧州に赴任し、一九九〇年のドイツ再統一、一九九三年の欧州連合発足などにより変貌するヨーロッパの姿について日本との比較も交えながら述べている。氏の回想には第二次大戦後五十年という歴史的経験を捉える学術的な視点も垣間見られ、二十年後の現在から見ても、非常に示唆に富むものとなっている。

オーラルヒストリーでは、有馬氏が外務省に入省するまでの歩みをも詳細に聞き取ったが、本書では紙数の都合上、外務省入省以後の活動に絞った。本書の記述の前史となる有馬氏の生いたちについては、この「はしがき」で簡潔に紹介しておきたい。

有馬龍夫氏は一九三三年六月に北海道の札幌市に父・甫《はじめ》、母・ちゑの子として生まれている。父親の有馬甫氏は鹿児島の出身で一八八八年揖宿《いぶすき》郡頴娃《えい》村で誕生、地元中学を卒業すると渡米する。米国で洗礼を受け、牧師になる。ロサンゼルスやサンフランシスコで布教した後に一九三三年一月に帰国し、札幌メソジスト教会の牧師となる。その後、一九四〇年に杉並に日本キリスト教団成宗教会を造り、布教を開始する。甫氏の父は有馬孝次郎という薩摩士族であった。農業に従事する一方、紺屋を営み、一八七七年の西南戦争に出征したという。その後、一八九五年から一九二一年まで顯娃村の村議会議員を務めたほか私塾を営んでいた。

母親のちゑ氏は一八九六年生まれであった。ちゑ氏の祖父は菊池貫平という秩父騒動の指導者の一人であった。ちゑ氏は奈良女子高等師範学校を卒業後、鹿児島県立高等女学校で博物の教師を務めていた。一九二一年に有馬氏の両親は結婚している。

有馬氏は一九四〇年四月に杉並第二小学校に入学、開戦後戦況の悪化に伴い、一九四四年八月長野県に集団疎開する。しかし、結核になり一九四五年七月に杉並の自宅に戻る。

一九四六年四月に府立第一中学校に入学するが、体調不良のため休学し、一九四七年四月に杉並区立東田中学校に転入する。そこで入江昭氏（ハーバード大学名誉教授）と同学年になり、彼の母親の勧めもあって、ともに試験を受け、一九四九年四月成蹊中学に編入する。

同氏の人生の大きな転機となるのは一九五一年九月のアメリカ・ニューハンプシャー州にあるセントポールズ高校への編入である。セントポールズ高校は一八五六年創立の全寮制でプロテスタント・エピスコパル教会の名門男子校であった（一九七一年から共学に移行）。卒業生にはジョン・ケリー国務長官などがいる。同校には成蹊高校から同氏の先輩の槇原稔元三菱商事会長が一九四九年に留学していた。その後、「成蹊からもう一人学生を招こうということになって」有馬氏が選ばれたのだという。一九五一年当時「アメリカに行くというのはとてつもなく遠いところへ行くということ」だったそうである。

その後、一九五三年九月に有馬氏はハーバード大学に進学する。ハーバード大学では政治思想史を専攻する一方、体育会のレスリング部にも所属した。また、アルバイトで中国史研究で著名なジョン・フェアバンク教授やその後、東アジア研究で業績を残すエズラ・ヴォーゲル氏（当時は博士課程の学生）に日本語を教えていたという。有馬氏は卒業論文が政治学部で最優秀賞を受賞した他、二つの賞を授与されている。

卒業後、一九五七年九月にはハーバード大学の大学院に進学する。氏は博士論文"The Failure of Freedom: an intellectual portrait of Taishō Japan"を執筆し、一九六一年九月に博士課程を修了、博士号を取得する（なお、博士論文は *Failure of Freedom: a portrait of modern Japanese intellectuals* として、一九六九年にハーバード大学出版会から出版されている）。この間、一九五九年七月からはハーバード大学政治学部の助手となり、六一年七月には講師に昇格していた。このため同氏にはそのままハーバード大学で研究を進めるという選択肢もあった。

しかし、一九六二年三月に有馬氏は帰国し、六月に外務省に入省する。外務省に就職したのは一九六〇年の秋にハーバード大学の国際問題研究所に研修に来ていた吉野文六氏（その後、外務審議官、駐独大使）から誘いを受けたことがきっかけだった。

以後、最初の配属先であるアメリカ局北米課を出発点として、三十五年間にわたって戦後日本外交の主要な現場に立ち会っていくこととなるが、その詳細は本文を参照されたい。

編者　竹中治堅

対欧米外交の追憶　上——目次

第5章　木村外務大臣の秘書官として……………………1974　213

第6章　宮澤外務大臣の下で……………………1974-76　255

第7章　カーター、レーガンのアメリカ……………………1977-81　315

〈下巻目次〉

対欧米外交の追憶 1962-1997 上

〈編集部注〉

本文に登場する人物の役職等は、オーラルヒストリー収録時のものである。

第1章　ハーバード大学から外務省へ　1962-65

ハーバード大学から外務省へ

——有馬さんは一九六二年に外務省に入省されています。この経緯についてお話を伺わせてください。

一九六〇年の秋、外務省から吉野文六さんとおっしゃる方がハーバードのCenter for International Affairs（国際問題研究センター）——すでにキッシンジャーが所長になっていたと思いますが——、このセンターに中間研修のためとして派遣されてこられました。

この制度はいまでも続いており、吉野さんは二代目で、初代はもう亡くなられましたが、後に駐英大使をされた加藤匡夫さんでした。加藤さんはご家族連れでしたが吉野さんは最初の数カ月単身赴任ということで、センターの方から、私の住んでいたアダムス・ハウス（ハーバード大学で最も古い寮）に、もし可能ならご家族が来られるまでの間受け入れてくれないかとの打診がございました。ハウスのシニア・テューターのゼフ・スチュアート教授から、これについていかがなものかとのご相談があり、私の方からは、戦前ドイツ留学のご経験もあり極めて立派な職歴で、優秀な外交官に違いない、学生にとっても裨益の多い出会いとなろう、ぜひ私からもお願いするということで、アダムス・ハウスに数カ月住まわれた。

私は論文書きや助手、テューターの仕事に忙殺され、特にお手伝いも出来ないでいたのですが、正確な時期は覚えておりませんが間もなくある日、外務省に就職の関心があれば、貴君を推薦したいと思うがいかがかというお申し出を頂きました。その頃、学位論文終了後引き続き大学に残ると言われていましたが、決まっていた訳ではありません。それに日本に帰って仕事をしたいと心の中で思ってきた私にとって、こんなにありがたい話はございません。お願い致しますとお答えしました。

他方、私はこの吉野さんからのお申し出については、一部お世話になった方々には、決まっていないがとしてごく内々にお話し致しました。ライシャワー先生はすでにご存知でした。シュワルツ、フェアバンクといった方々は、お前の決めることだけれども、日本の大学を出ていなくて大丈夫なのかと深刻に心配して下さった。入江昭君は面白い理由で反対していました。私は、一九五七年にハーバード大学を卒業した後に一時帰国しました。その際、同じく帰国した入江君と京都と奈良を訪れたのですが、いま最高裁の裁判官をしている梶谷玄君と、その年農林省に入り、いま長野県選出の参議院議員になっている若林正俊君の二人が一緒に来てくれました。成蹊の同級生です。若林君等は、私の留学中私の両親のところへよく訪ねて来てくれていた友達の一人でして、いまもよく会っております。この関西旅行なのですが、当時若林君のご両親は大阪に住んでおられて、すきやきを御馳走になったこと以外は文字通り茫々なのですが、一つよく覚えていることがございます。

京都の五条の橋の袂に中年の男性の手相見がいて声をかけてきました。私どもは、別に軽はずみということではなく、それでは誰か見てもらおうかといって私が彼の前に座ることになりました。この手相見が私について色々と正しく当てるのです。「あなた運動をやっていたでしょう。柔道ですか」、「若いのに随分と旅行をしていますね」、「語学が得意ですね」といった類いで、私を見ながら、私と話しながら、私の風体から想像のつく範囲内のことではあるにせよ、実によく当たる。そうしたらこの人が、最後に「あなたは四年か五年後に職業を変えるかもしれない。しかしそれはおやめなさい。兇と出ている。特に、その頃旅行をしてはいけない。それこそ兇だ」との趣旨を申しました。入江君はこのことを覚えていて、「君はあの手相見の言ったことを覚えていないのか」と彼らしくなく非理論的理由で反対したのでした。

その後外務省の方は幸い内定致しましたが、一九六一年の早春、結核の再発という経験を致しました。幸い長期入院の必要もなく、抗生物質の服薬がよく効いて、そのまま政治原論のセクションの担当、アダムス・ハウスのテューターの仕事も続けていいと医者からは言われました。結核はもはや深刻な、死に至る病ではありませんでした。当然論文の仕上げは遅れましたが、事実上終わっていたので、政治学部はその春、私の講師への昇格を決めてくれ、これに並行してフェアバンク先生が東アジア研究所のフェローのポストをお約束下さった。学部の方は、日本に戻るのであればそうすればいい、しかし、結核が完治している訳でもないらしいからどうするかゆっくり考えろと言ってくれました。その間外務省の方は、ハーバードでの私の立場をふまえた上で、病気なら治るまで待ってやると言って下さった。吉野さんのお口添えのお蔭でした。

丸山眞男先生には、病気のことはお便りしましたが、外務省のことはその年の十月ハーバードに来られるまでお伝えしませんでした。先生は私の結核再発には吃驚されて、ご自分も結核で長いこと患ったため色々と医者よりよく知っているくらいだから、心配事なり聞きたいことがあれば何でも遠慮なく申し越すようにとのお便りを下さいました。そして、ハーバードに見えた後、外務省のことについてかなり深刻に、「貴君がそれほど日本に帰りたかったとは、まったく知らなかった。どうして一言それを言ってくれなかったのか」と言われました。これと同じ趣旨は一九六二年三月に帰国した際、ハーバードの大先輩の都留重人先生もおっしゃった。正直なところ私は人様に迷惑をおかけするのが申し訳なくて、就職のことは誰にも相談しなかったのです。

――それでいつ日本に戻られたのですか。

一九六二年の三月の初めです。そもそもは秋学期が終わったらすぐにでも帰国するつもりでした。しかし、丸山先生が国際会議（バミューダで開かれた全米アジア学会の特別プロジェクト近代日本研究会議主催の「近代化に対する日本人の態度の変遷」をテーマとする第一回会議）で一月に「近代日本におけるユートピア思想」、四月に "Patterns of Individuation: A Conceptual Scheme" と題する報告を各々なさることになっていた（四月にボストンで開かれた全米アジア学会総会で冒頭の基調演説）。加えて、当時『現代政治の思想と行動』の英訳が進行中で、先生はこれをも丁寧にチェックしておられ、いずれについても、私の助力を求められました。私は喜んで帰国をのばして、予定を確か三月一日とし、その直前になっても終わらずこれをさらに数日延ばしたということがありました。

三月一日だったと思うのですが、いつものように午後丸山先生のお宅に参りましたら、丸山夫人が、「今日は丸山は大ショックで」と言われ、私がどうしてですかと伺いましたら、「アラ、ご存知ないの。有馬さんが乗る筈だった飛行機がニューヨーク郊外で墜落したんですよ」とおっしゃって、私も心底驚きましたし、先生のお手伝いが長引いたお蔭で命ながらえることが出来たという思いと、京都の手相見のことが思い出されてなりませんでした。もちろん外れたということではありますが。

アメリカ局北米課への配属

――有馬さんは六月に入省され、アメリカ局の北米課に配属になります。定住という言い方はおかしいですけれども、日本に長く住まれるのは、高校の時にアメリカに行かれて以来のことで、十年余り経っていたのではないかと思います。久しぶりの日本の生活についてどんな印象をお持ちになりましたか。

大学を出た夏六年ぶりに一時帰国、その後も夏に戻ったことはありました。しかし、この時は、緊張も致しておりましたし、不安もありました。いずれにしてもそれまで夏休みにいわば客人として帰って来ていたのとは、まったく違う気持ちでありました。

もう一つあったのは、両親の家に三月に戻ってきた訳ですが、朝起きて雨戸をあける時、廊下が冷たくて裸足で立っているのが辛い日もありました。日本の家屋にセントラル・ヒーティングがなくて、こんなに寒かったのかと驚きました。しかし、何も苦になりませんでした。いやかえってわが家へのいとおしさをおぼえました。

――当時の政治状況については、どのようにお感じになりましたか。安保騒動のさなかに三カ月ほど日本に一時帰国されていましたが、まだその余韻のようなものはありましたか。国内政治はどうだったのでしょうか。

日本国内は、一年半の間に大きく安定化しておりました。安保騒動の余韻はまったくと言っていいほど感じられませんでした。一体あれは何だったんだろうというくらいでした。

――そうした中で外務省に就職されました。それまでご勤務されていた大学も組織と言えば組織ですけれども、非常にきっちりした階統制の組織に入られた印象はどうでしたか。

官庁だけではなくて大きな組織に就職する時はどこでもそうだと思いますけれども、最初に配属されたところの雰囲気が非常に大切なんですね。私が一九六二年の六月から仕事を始めましたアメリカ局北米課は、課長が西堀正弘さん。昭和十五年の試験で入省なさった方です。国連局長など要職を経て、最後は国連大使と原子力委員会の委員を務められました。戦後の我が国外交を振り返って見ると、最も有能な方の一人だと思います。それから、首席事務官が角谷清さんでした。この方は、儀典長をされて、最後はフィリピン大使、宮内庁の式部官長をなさいました。この人もたいへん穏やかな外交官でしたから、課全体が和気あいあいとしておりました。

北米課というのは当時、季節労働のようなところがありまして、例えば、日米貿易経済合同委員会が開かれる時、あるいは漁業交渉、航空協定交渉、総理の訪米準備などではたいへん忙しいのですが、そうでなければ、そう夜遅くまで残ることは少ないところでした。いまはまったく違います。これは四〇年以上も前の話ですから、いま外務省でそういうところはないでしょう。北米課はもちろんのこと、どこもたいへんな忙しさで、夜も昼もないのです。しかし、当時はそういうことでしたから、振り返りますと、私は周りに助けられて、日本の社会と言うか、職場に軟着陸したということです。恵まれていました。

——いまは北米一課・二課と分かれていますが、当時は北米課で全部を……。

そうではありません。当時の北米課は基本的に政治を担当し、加えて漁業・航空・科学・文化・調査、それから日米貿易経済合同委員会の政治的側面を主管していました。経済関係は当時、経済局の中に米国カナダ課がございまして、そこが担当しておりました。

——経済局の改組の前ということですね。

ええ、改組よりだいぶ前です。

——安保課というのは別にあったのですか。

ええ。当時はアメリカ局ですから、北米課、安全保障課、それに中南米課の三課体制でした。その上には、局長と参事官が二人いらっしゃいました。

——有馬さんはどういうポジションに配属されたのでしょう。

外務事務官です。

——課長補佐がいて、その下に事務官がいるという感じですか。事務官が作業をして課長補佐にあげて、課長、局長にというイメージですけれども当時はどうでしたか。

どうなんでしょう。当時首席事務官という名称はありましたが、課の筆頭の事務官をただ「首席」と呼んでいたのかもしれません。いまは首席事務官、課長補佐というポストが確か省令上ありますが。少なくとも補佐だとか係長というのは当時なかったように思います。

——具体的には、どういう仕事を担当されたのですか。

私は入省してしばらくすると政務班と呼ばれるところに配置され、首席事務官の指示に従って案件を処理し、課長の決裁を取ったということです。

何を担当したかというと、池田勇人総理がその前の年、一九六一年六月に訪米されて設置が合意された日米貿易経済合同委員会の政治の部分、その際設立された日米科学委員会、それからしばらくして出来た日米医学協力委員会、それに当時は菊池（万清）さん、森山（耕二）さんというお二人だけだった調査班の仕事も、資料づくりで、これは大いに手伝うといったことでした。米国の対中国観、米国の超党派外交、対欧州（NATO）政策などについて調書を書きました。

それから間もなくして、まず外務大臣の通訳、さらに総理の通訳もするようになって結構大変でした。

——外務大臣の通訳は入ってすぐですか。

これはすぐでした。まず、大平（正芳）さん、そして椎名（悦三郎）さん。総理は池田さん、佐藤（栄作）さん。

当時外務省には総理の通訳としてヘンリー島内と赤谷源一という二人の有名な方がおられました。島内さんは中南米局長を務めた島内憲氏の御尊父でノルウェーの大使をされました。戦前に米国の大学を出られていて、御父君はカリフォルニア州で邦字紙を出しておられたと聞いておりますが、赤谷さんは戦前オックスフォードを出られて、戦後は外務省に勤務されながら東大の教養学部で英語を教えておられ、私の家内もお習いしました。吉野（文六）さん、西堀さんと同期扱いで、チリ大使をなさって、その後間もなく亡くなられました。このお二人に私は本当に大切にしていただいたんです。ご自分方の後を継がせようと思われたのかもしれません。こういう方々と池田総理の秘書官をされた黒田瑞夫さんなどが有馬にもやらせたらどうか、ということになったのだと聞きました。穏やかな方々でしたが、島内さんの英語力には凄味がありました。サンフランシスコ平和条約交渉、吉田（茂）全権の条約受諾演説などの通訳をされましたが、戦前、アメリカの大学で、どこでしたか失念しましたが、弁論大会で一位に入られたのだと聞きました。私は使命感を持って通訳をする人が好きなのですが、島内大使はその点私どもの模範でした。ご自分のことは何も語らずに亡くなってしまわれ、私は銀座教会でのご葬儀に参りましたが、その折、私の方から何も伺わなかったことが悲しみと共に、悔やまれてなりませんでした。

私の世代になりますと総理の通訳は、私だけではなく、私よりちょっと上の宇川（秀幸）さん、それに渡邉允君などが分かち合ってやるようになりました。

キューバ危機

――ところで、キューバ危機が一九六二年十月に発生しております。どのようにお感じになられましたか。

これについては、ライシャワー大使が大平外務大臣のところへ来られた時の会談――どうした訳かお二人だけでした――の通訳をしたこともあって覚えています。この会談で大使は「キューバに対して日本政府として強硬な措置をとって欲しい。それは外交関係の断絶を含めてのことだ」と申された。私は、ほぼ逐語的記録を上に回しましたら、ある幹部が、「こんなことを米国政府が言ってくる筈はない」と。どうして言ってくる筈がないと思われたのか私にはよく分かりませんでしたが、確かに乱暴というか、内政干渉がましいと言えないこともありません。それで私の英語のメモにそう書いてあるということで、西堀課長が在京米国大使館の政務参事官に電話で確認したら、「ライシャワー大使は本国からの訓令でまさにその通り申し入れた。いま友邦国にはその要請を行っている」とのことでありました。

この時北米課はたいへんに忙しくて、私の役目はワシントンから刻々と入ってくる情報——英文のものも多かったように思います——、これを整理し、省内幹部に見せる資料づくりでありました。次から次へと極秘の電報が入ってきて、例えばソ連の艦船はいまキューバから何海里のところに来ているといった情報、緊迫感はありますし、その都度極秘ではありますが、訳したり、整理していると、もう新聞には出ているといったことも多かった。もっとも、宮澤喜一先生の『戦後政治の証言』に書かれているケネディ大統領の「親書」、それに対する池田総理の苦渋の決断、即ちキューバの海上封鎖、艦船の海上臨検というケネディ大統領の決断に対する我が国政府の了承など、私は知りませんでした。宮澤先生はアメリカの過剰防衛を心配されたと書いておられますが、私は率直ケネディ大統領はよく我慢して、穏健な措置にとどめたと思っておりました。前年春、就任早々のケネディ大統領は、キューバに反カストロ・キューバ人の軍を上陸させ、完敗するという大恥をかかされていることが私の頭にありましたから。それで先ほどのライシャワー大使を通じての「外交関係断絶」云々の米政府の要求も、ケネディ政権の反カストロ姿勢からして私には驚くほどの話ではありませんでした。

キューバ・ミサイル危機は「十三日の危機」と呼ばれていて、冷戦時代、いや戦後を振り返って、核戦争の勃発が真にありえた唯一の場面、最大の危機であった訳ですが、正直に申して私には今一つピンとこなかったんです。まさか戦争になる筈はないという思い込み、これは米国が自制するというのではなくて、ソ連は最終的に降りると感じていたからです。戦争になればアメリカが勝つに決まっているし、ソ連はそれを知っているに違いないという私の持っている先入観でした。その後当事者達の書いたものを読むと、とてもそんななまやさしいと言うか単純な話ではなかったんですね。しかし、一つ言えるのは、圧倒的核戦力を保有する米国の断固とした態度が、ソ連のミサイル導入の強行を思いとどまらせたという、核の抑止力が試され、成功したということでしょう。

いずれにせよ、北米課にいても一事務官では全体像は描くことが出来なかった。それからこの危機が二週間近くも続いていたという記憶はもはやまったくありません。

第二回日米貿易経済合同委員会

――日米貿易経済合同委員会の政治面というと、どのようなことをなさっていたのでしょう。

日米貿易経済合同委員会は、基本的に名前の示す通りであります。しかし、外務大臣が国務長官と会われる時には国際政治の話を万般される訳ですから、国際情勢についてその会談に備えた資料を作らなければならない訳です。背景、事実関係の資料、発言要領作りです。ただ、それはアメリカ局が作るというよりは、もちろんアメリカ局の部分もあるけれども、全省に議題別に割り振って資料の準備をしてもらうということでした。ですから、政治面と言っても、そう大したことをしていた訳ではありません。

——第一回目は日本で行われた訳ですね。

私が入省する前の年に箱根でありました。

——そもそも、日米貿易経済合同委員会設立の経緯についてご存知のことがあれば、お教え下さい。

先ほどもお話ししたように、これは一九六一年六月池田総理が訪米されて、ケネディ大統領との共同声明でその合意が謳われたものです。

その後色々な人から聞いた話でありますが、一九五九年から六〇年まで外務省から中間研修でハーバードにきておられた加藤匡夫さん、この方がハーバードからワシントンに経済担当の参事官として赴任されます。当時、安保改定で日米関係は極めて緊張していて、アイゼンハワー大統領の訪日が中止になったりしていたのですが、経済面では特に大きな懸案はなかったらしい。ところが加藤さんは、西欧諸国と米国との関係に比べて日米間の閣僚レベルでの対話が稀薄であることを憂えておられたというのです。安保騒動も喉元過ぎれば何とやら、しかし、いつまた何が起こるか分からない、従って政治的に高いレベルでの相互理解を深める努力を常日頃払うべきだ、かつ、この対話を恒常的と言うか制度にするべきだとの信念を持って国務省の日本部に足繁く通って実現したものだそうです。偉いものです。

——第二回目はワシントンで、その時に有馬さんは……。

その時は役所に入って間もなくでした。確か十二月です。大使は、まだ朝海浩一郎さんでした。この会議には随行致しました。入りたてでしたが、これは私の訓練のためという西堀課長の心遣いでした。

――向こうサイドはラスク国務長官で、こちらは大平外務大臣でした。当時、日米間ではどういったことが政治面で問題にあがっていたのでしょう。安保の余波というのは、当時もまだあった訳ですか。

日米安保条約は、基地問題など案件はあったにはせよ、もはや本質的問題ではありませんでした。ようやく、ベトナム問題が難しくなり始めていた時です。しかし、軍事介入の規模はまだまだわずかでしたが。

基本的に外務大臣と国務長官との会談では、当時各々政治的な関係はないけれども、国際政治の中で「中共」をどのように見ているか、中ソ関係をどのように見ているか、といったようなことでした。あと、日本と韓国との関係ですね。日韓国交正常化交渉が一九五二年に始まる訳ですが、六五年の春まで終了しない訳です。その間、米国は正常化をたいへん強く日本にも韓国にも期待するんですが、李承晩政権が続いている間は非常に難しかったんですね。反日感情もあるし、日本側には久保田（貫一郎）発言がありましたから。

――この久保田発言を説明して下さい。

一九五三年秋、いわゆる第三次会談の際、日本側の代表が、韓国側は日本政府の一九一〇年から四五年にかけての不法併合の補償を求めると言われるけれども、日本は悪いことをしていただけではない、植林、鉄道、港湾施設、その他、朝鮮半島の発展にも大きく貢献していたのです、との趣旨を言ったんです。これに韓国側の代表が反発して、正式な交渉が四年半事実上中断したんですね。

それから、東南アジア情勢についての意見交換も行われました。当時、コンフロンテーションというのが東南アジアにあった。サバ・サラワク（ボルネオ島北部）の領土権を巡って、マレーシアとインドネシア、それにフィリピンも加わって深刻に対決していました。

――マレーシアとインドネシアですか。

マレーシアとインドネシア、フィリピンですね。ちょっと後の話で一九六四年六月、日本政府が戦後初めて外交の世界で政治的役割を果たしたのが、このコンフロンテーション問題です。コンフロンテーションのための打開を我が国として図ったんですね。

どういうことかと言うと、当時のフィリピン大統領のマカパガル――ちなみに、そのお嬢さんがいま大統領ですね――、それからインドネシアはスカルノ大統領、マレーシアはラーマン首相、その三者を池田総理が東京に呼ばれて、話し合いで解決するようにということを、たいへん強く慫慂されたんです。私はその時、会談の通訳を致しました。その際国際調停委員会の設置が合意され、武力衝突は回避され、収束に向かいました。

――これは東京がイニシアチブを取った訳ですか。

日本政府がイニシアチブを取りました。

――特にアメリカから……。

誰からも頼まれた訳ではありません。マレーシア問題を巡る経過を見ていて、イニシアチブは池田さんがお取りになったんですね。その時のアジア局の局長は後宮虎郎さんでした。

よく覚えているのは、会談の中身というよりこんなことがあったからです。池田総理が三首脳のため食事を主催され、総理の横に通訳の私のための食事も準備されていたのですが、通訳と記録で箸をつけるどころではありません。そうしたら池田総理が突然「有馬君、僕はもう喋らんから君食いたまえ」とおっしゃって下さった。そういう政治家でした。

――当時は日米外相会談が開かれる時も、日米そのものに関わる政治的な問題というよりも、比重的には世界情勢についての意見交換のほうが多かった訳ですか。

もちろん沖縄問題がありました。しかし、これが返還を目途とした具体的案件として外交の俎上にのぼるのは、佐藤内閣が発足してからです。従って、私が入省してしばらくは、外交担当の人達の間で取り上げなければならないような日米間の政治問題というのは、あまりありませんでした。ただ、漁業問題のように政治的色彩を帯びた問題は、日米航空協定の改定交渉もそうですが色々ございました。漁業は斎藤邦彦君、航空協定は渡邉允君が各々担当官でした。なお、当時米国政府は日韓国交正常化交渉に極めて強い関心を寄せていました。

第二回目の日米貿易経済合同委員会には我が方は、大平正芳外務大臣、田中角栄大蔵大臣、重政誠之農林大臣、福田一通産大臣、それから労働大臣は大橋武夫氏。それに宮澤喜一経済企画庁長官が出席されたのですが、例えば漁業問題は外務大臣レベルでも取り上げられましたが、この第二回目の日米貿易経済合同委員会では私は重政農林大臣の通訳を致しました。ただ、北米課で漁業問題を担当していた訳ではありません。どうした訳か農林大臣を――当時はいまの農水大臣のことを農林大臣と言っておりましたが、農林大臣を担当してくれということだったんですね。内容は技術的な話もあり、魚の名前も知らなかったので、準備が必要でした。

――漁業問題というのは、具体的にはどんな問題があったのでしょう。

よく覚えておりませんが、日米加の間に漁業協定がありまして、漁業水域内での漁獲量の決定なんですね。当時の領海は三海里ということで、いまは二百海里の漁業専管水域がありますが、そういうものが存在していなかったので、領海を越えたところでの漁業を、沿岸国は厳しく規制しようとする訳です。例えば、鮭については、米国、カナダで孵化したものは米国、カナダに帰属すると主張して他国の捕獲を規制するんです。どこでどれだけ捕っていいかということで、たいへんでした。それで、日本の漁船が合意されている水域を侵すと向こうのコースト・ガード（沿岸警備隊）に捕まる訳です。そうすると、捕まった漁民の釈放という、特にシアトルの総領事館にはたいへん難しい仕事がありました。

私が北米課にいた頃、シアトルの総領事は藤崎万里さんという方で、その後条約局長や最高裁の裁判官をなさったのですが、ある時総領事館に大量の電信が送られ、その暗号解読に時間がかかり、訓令の執行に問題が生じたことがありました。その時、藤崎総領事から「責任はすべて自分にある」という趣旨の簡潔な電報が届きました。心底から偉いものだ、と思いました。入省して間もない私にとってこういうこと一つ一つが勉強になりました。

それはそれとして、ここでちょっと申し上げたいことは、日本は当時、対米貿易赤字に悩んでいた訳ですね。これについて米国側は、日本がその後米国に申したのと同じことを日本に言っていたんです。それは、貿易の均衡というのは経済的にあまり意味のないことで、これが不均衡だからといって二国間の経済関係を的確に示すものではない。これは多数国間の経済交流の中で見るべきであり、日本は米国との活発な貿易関係を有していることによって大きく裨益しているんだと、こういうことを言っておりました。

しかし、まさに十年足らずで、この関係が大きく逆転する訳です。一九六〇年に日米安保条約が改定された年の日本のGNPは、米国のGNPの八パーセントなんです。その後、それこそ毎年一〇パーセント余りといった経済成長を遂げるようになったといっても、六〇年代の初めの経済力の差というのは、たいへんに大きなものであった訳です。

——世界情勢に関する意見交換というのは、すり合わせというか、それともアメリカの意見を聞くという感じですか。

どう申したらいいのか。日韓国交正常化交渉の現状であるとか、日本が当時の「中共」についてどのような認識を抱いているかというのは、それこそ米側としてはきちっと聞きたいところであったし、ソ連の状況というと、日本側が聞くということが多分にありました。

——アメリカ側は、「中共」に関して日本がどういう政策を取っているかということについて、どのような関心を持っていたのでしょうか。

日本だけで日中国交正常化を行うなど考えられない時代でした。より正確に言えば、当時の我が国の対「中共」政策というのは、「吉田書簡」が象徴するように米国の立場を配慮するというものでした。この姿勢については、国内で社会党や共産党だけでなく自民党の中にも親中派と呼ばれる方々が批判的でした。

――「吉田書簡」を説明していただけますか。

一九五一年の九月に向かって対日平和条約交渉が行われる訳ですが、これに先立つ一九四九年十月一日に中華人民共和国政府が成立し、その間国民党政府は台湾に脱出を余儀なくされます。そこで日本との交戦国であった中国をどちらが代表するか、「中共」か「国府」かは戦勝国側にとって厄介な問題でした。英国は早々と北京政府を承認して中華人民共和国を以て代表とせしめよと主張し、米国はとんでもない中華民国だというんです。一九五〇年六月には朝鮮戦争が始まっていて、その年の秋には「中共」の人民義勇軍が大規模介入してきている訳ですから、客観的に見てそのような状況の下で「中共」の代表がサンフランシスコに来るというのは非現実的なことなのです。それでも周恩来始め当時の「中共」政府は、自分達が平和条約交渉に参加すべきだとの原則論を強く主張しておりまして、結局米国政府と英国政府との間では、どちらの中国を選ぶかについては、最終的には日本政府に委ねることにする訳です。

そのような次第で、一九五一年九月にサンフランシスコ平和条約が中国代表抜きで署名され、我が国での批准国会が、その秋開かれますが、その国会で吉田総理は、「中共」にするか中華民国にするか決めていないと答弁されています。ほどなくしてダレス特使が日本にやってきて日本政府が中国との国交正常化は中華民国と行うと約束してくれなければ、いまのような国際情勢で対日平和条約批准について上院の合意は得られないと申します。それで、有名な「吉田書簡」がこの年、一九五一年十二月にダレスに宛てて発出されます。先ほど申した通り米軍は、朝鮮半島で「中共」の義勇軍と死闘を繰り広げている訳で、ごく自然の要求と言っていいでしょう。この書簡の中で吉田総理は、一九五〇年に中ソ間に締結された友好同盟条約は、実際上日本に向けられた軍事同盟であり、中国共産党政権は日本共産党の武力革命路線を支援していて、「中共」と二国間条約を締結する意図はないと確言します。

いまお話ししている一九六〇年代の初め頃まで、平和条約発効後十年ほど経ってはいましたが、我が国の対中国政策は、米国とすり合わせるというような話ではなかったと思います。もちろん革新勢力は「中共」承認論を唱え、保守系の政治家の間にも財界にも「中共」との関係改善を説く向きがありました。他方、多くの日本人は蔣介石に対し深い恩義を感じておりました。一九四五年敗れた日本人に対して報復はしないと明言し、一九五二年日華平和条約締結に当たっては、書簡を以て戦争中の我が国の不法行為に対する賠償請求権を放棄してくれているのです。私が入省した頃省内で「中共」関係については論じられていたようで、先ほど私が言及した調書のひとつも、その風潮を反映していますが、切実なものではなかったし、米国政府とのやり取りも、私の記憶が正しければ、我が方からは我が国国内の革新、そして保守、財界にも見られた親「中共」観、政経分離の実態の説明が主だったと思います。しかし、すでに一九五七年から一九六三年まで駐米大使を務めた朝海浩一郎氏は、ワシントン在任中ある日突然米国政府から、米国は中華人民共和国を承認したのであしからず、という連絡を受けるのではないかという悪夢に苛まれたとの趣旨を書いておられます。

第二回会合については率直茫々なのですが、この時会議終了後ご夫人方の米国旅行のお供をするというこれは忘れられない経験を致しました。

——ワシントンの帰りですか。

ええ。宮澤夫人は先にお帰りになって、大平、田中、重政、大橋、福田一各夫人、それに確か東京銀行に勤めておられた重政大臣の御令息。ニューヨーク、ナイアガラの滝、ロサンゼルス、ハワイと旅行して帰国しました。

——田中さんは夫人ですか、それとも真紀子さんですか。

夫人です。まず、忘れられないのは、どなたもまったく手がかからない。どんな不手際があっても機嫌を悪くされることがまったくない。そして、実に気遣いがこまかい。三食を連日一緒に頂くのですが、選挙運動の苦労話などをしながら笑いころげるような具合で。当時は、まだまだいわゆる「外遊」なんかあまりなかったのでしょう。確か大平夫人を含めてアメリカは初めてだと言っておられました。

——田中角栄夫人はどういう方でした。

小柄の物静かな方でした。ナイアガラ、ロス、ハワイで皆さん質素な、しかし、大量の買物をされました。灰皿、ネクタイ、キーホルダー、模様入りのスプーンといったものなんですが。私は偉いものだと思いつつお手伝いをしました。どこに行っても総領事館挙げての歓待でした。帰国後、西洋料理のお皿のセット十二人分をお礼にと頂き、その後在外での自宅接宴の折使わせてもらいました。

私はそれ以来、長持ちすると言うか大成する政治家には立派な夫人がおられると思うようになりました。閣僚の夫人が五人も一緒に海外旅行をする、それも二週間近くも、というのはいまではもう考えられますまい。

第四回日米貿易経済合同委員会

――第三回の合同委員会は、一九六三年十一月京都で開かれることになっていました。しかし、ケネディ大統領が暗殺されて中止になります。当時のことをお話し下さいますか。

日本は十一月二十三日、休日でした。ハワイから訪日の途上の米国閣僚一行は引き返したんですが、それ以降、複数の閣僚が同じ飛行機で旅行するのを米政府はやめました。あの時は二機に分乗はしていたんでしたね。角谷首席を含め課員の多くが、もう京都に先行していました。当時私どもは四谷愛住町のアパートに住んでおりまして、電話は大家さんを通じて朝は九時から夜もせいぜい九時ぐらいしか受けられなかったのですが、その日は多分かけてきた人が大家さんに強引に頼んだのでしょう、未明にいますぐ登庁するようにとの連絡がありました。それからは、池田総理、大平外務大臣の国葬出席の準備、主要な弔電の起草などで大変でした。不確かな記憶ですが、その日吉田元首相からケネディ未亡人への弔意の書簡に署名をもらうため、渡邉允君が車で大磯に出向いたところ、帰路渋滞に巻き込まれ、一行の特別機に間に合わないのではないかとひやひやしたことがありました。携帯も車の電話もない頃ですから。

ところで、マッカーサーが亡くなったのはいつでしたか。

――一九六四年の四月です。

そうですか。半年も経っていないんですね。その時は吉田総理が特使として葬儀に行かれました。話がそれますが、一つ覚えていることがあります。外務省に入りますと当時は電報の起草を厳しく指導されたものです。電信官の暗号作業をなるべく軽くする、そして迅速さのため短く書く、というのが要諦です。いまはもうそういうことはないらしい。ＩＴの発達ですべてが便利になりましたから。いずれにしても、ケネディ大統領の場合は国葬でして、各国からの参列者に対し、日時、場所、服装、式次第について詳細な連絡が国務省の儀典から接到しておりました。

ところが、マッカーサーの場合、一私人というだけでなく軍人でありながら共和党色の極めて濃い人でしたから、民主党政権は冷淡というか無関心でよく事態が分からない。ところが、もうそろそろ危ないということは、報道にもあるし、確か夫人からも言ってくる。結局ニューヨークの総領事館が主管することになったのですが、万一の時はどんな具合の葬儀となるか事前に照会するということになり、私が考えられる質問を列記というか羅列して、これを電報にして、確か参事官からもう局長になっておられた竹内春海さんのところへ決裁を頂きに参上したところ、赤鉛筆でこれを全部消して「マッカーサー元帥危篤の由なるところ、葬儀には政府として吉田元総理に出席方相煩らわすこととしている。ついては、服装、式次第など当方として心得べきこと回電願いたい」との趣旨に書き直され、「いちいち詳しく書くのは受けとる方に失礼だよ、君」とおっしゃった。

似たような経験は、一九七四年二月の在クウェート日本大使館のPLOゲリラによる乗っ取り事件の時にもありました。在クウェートの石川（良孝）大使も人質になってしまい、現地の指揮をとらせるためということで、急遽有田（圭輔）駐イラン大使をクウェートに派遣することとなって、当時の中近東アフリカ局があらゆるシナリオを想定して細かい訓令を盛り込んだ電報を起草したところ、当時の外務審議官の東郷文彦さんが、この時もほとんどその中身を消して、「厄介な仕事で申し訳ないが、クウェートに赴きクウェート政府との折衝などしかるべく措置ありたい、また、必要に応じ請訓されたし」という趣旨に書き直された。その時、事実上東郷さんの補佐役をしていた私に、東郷さんは、「これでいいんだ」とつぶやいておられた。

――ですが、受けとった側からすれば、その方が厳しいですね。

なるほど。有田さんのご性格からするとこのように短くてよかったのかもしれません。東郷さんは有田さんのことをよくご存知でしたから。ただやはりこの辺は、相手にもよるのでしょう。

ついでに似た経験をお話しすると、これは電信ではないのですが、入省後間もなく角谷首席が私に、これを労働省に送って返事をもらってくれとして、米国労働省の我が方に対する一連の照会事項をもった在米大使館からの公信を渡されました。この長い照会事項、どうしようかと要旨を作り出したところ、隣におられた方が私に「有馬さん、そんなことまでする必要はありませんよ」と言って、労働省に宛てた公信をご自分で書いて下さった。それは「今般在米大使館を通じ米国労働省から照会事項が接到したところ、委細別添にてご了知のうえ貴見ご回示願いたい」との趣旨でありましたが、これらは一つ一つ勉強になりました。「委細別添にてご了知のうえ貴見ご回示願いたい」とはその後の私の職務遂行上もっともよく依拠したところであります。人に頼むということです（笑）。

――さらに第三回の合同委員会について伺ってもよろしいですか。

これは六四年一月に東京で開かれたとありますが、私は何も覚えていないのです。第四回は比較的よく覚えています。

――それでは、第四回目のことをお話し下さい（笑）。

第四回目は一九六五年の七月中旬ワシントンで開かれたのですが、この出張に先立って、戻ってきたら条約課に配置替えになると言われました。六月二十二日東京で署名された日韓基本関係条約を始め両国国交正常化に関わる取極の国会承認を含め、批准へ向けての作業に携わるためだということでありました。実際には、八月の佐藤総理の沖縄訪問の準備とそれに随行したために発令は九月にずれ込みました。

なぜよく覚えているかと申しますと、この時行われた椎名＝ラスク会談でいくつか大切なやり取りがあったからでありまして、一つは、それまで日米の外交責任者が会う度に米側から強く慫慂されていた日韓国交正常化が実現したということであります。これには、佐藤総理の強い決意を背景に、椎名大臣が大きな役割を果たされたのでありますが、椎名大臣はそのことには一切触れず、まったく淡々と当然のことがようやく成ったという話しぶりでした。ただ、朴正煕大統領始め韓国政府関係閣僚のことを高く評価しておられたのが印象的でした。ラスク長官は日本ではなぜこれほどに反対が強いのか今一つよく分からないと質問し、椎名大臣は、日本の左翼は日韓正常化は南北分断の固定化に繋がり、アジアにおける東西対立を激しくすると批判していると答えられた。私にはなぜラスク長官が分からないと言っているのかが分かりませんでした。またその際、いずれからも韓国国民には南北統一への悲願があって、将来北になびいていくおそれがあり、それへの抵抗はまず韓国の経済民生の発展であろうとの認識が述べられたのですが、椎名大臣は朝鮮戦争終結後米国は三〇億ドルも韓国に援助を行っていると承知しているが、あの優秀な韓国人がこれを経済発展につなげていないのは理解出来ないと言っておられました。

第二に、ご存知の通り、この年の秋頃から米国はベトナムへの軍事介入を大幅に拡大して参りますが、ラスク長官は、そのことには触れずに、ただ、米国は一六万人の米国人の犠牲で得られた第二次大戦後の世界の平和はかけがえのないものだと考えていて、南ベトナムの自由と独立を守るに当たっても、武力によることなく交渉を通じて共産主義の拡張を抑えようと隠忍自重努力してきているが、北越は国際約束違反を繰り返しており、平和的解決には極めて懐疑的だと述べておられた。これに対して椎名大臣の方は、日本は米国が撤退したからといってこの地域がにわかに共産国になるとは実は考えていない、それでも米国が一方的に撤退することは東アジアの安全のために許されない、しかし、北越とは専ら軍事対決ということではなく、例えば、ベトコンとも話し合うという訳にはいかないのかと問われたのですが、ラスク長官は見えない敵と交渉は出来ないと、にべもありませんでした。

また、第三に、この段階で中国は核実験に成功致しておりまして、これについてラスク長官は、日米安保取極は、いかなる武器が使用されようとも効果を持つことは改めて言うまでもないと強調していました。ちなみに、この年一月の佐藤総理の第一回訪米の際発出された佐藤＝ジョンソン共同声明の中には「……大統領は、米国が外国のいかなる武力攻撃に対しても日本を防衛するという同条約に基づく誓約を遵守する決意を再確認した」というくだりがすでにありまして、これは中国の核を意識して、抑止の効果を意図したものであります。

中国の核実験等については、米国政府からいろいろと情報を受けておりましたので新しい話ではありませんでした。

この第四回目のことをよく覚えているもう一つの理由は、これは個人的なことでありますが、通訳としてミスをしたことにあります。会議の第一日目でしたか、ジョンソン大統領が双方閣僚をホワイトハウスの昼食会に招いてくれることになっておりました。椎名大臣の食後のスピーチの原案、英訳は私が書きました。食事の席での通訳は米側が提供するが、食後の椎名大臣のスピーチは私がやるようにということで、私どもがホワイトハウスに到着致しましたら、先着されていた武内（龍次）大使がそれこそ小走りで椎名大臣のところへ見えて、「有馬君、有馬君、君も聞いてくれ」とおっしゃって、実は今朝アドライ・スティーブンソン米国連大使がロンドンで急逝され、大統領はこの昼食会の中止を考えたらしいが、結局行われることになった、ついては、有馬は大臣のスピーチの始まりのところに入れる弔意を急いで起草するようにと、そういうことでした。スティーブンソンというのはイリノイ州の知事を務め、一九五二年と一九五六年の二回、民主党の大統領候補としてアイゼンハワーと戦った長老政治家でして、ジョンソンという民主党の大統領として昼食会の中止を検討してもごく自然のことでした。もちろん、私は、昼食どころではなく一文を草し、大臣にお渡し致しました。

食事が終わると、まず大統領のスピーチがあり、その中にスティーブンソンについて、切々とした弔意が含まれていたのは申すまでもありません。私の書いたものは、スティーブンソンと日本との関係について調べる時間もなく、平凡極まりないものでした。続いて椎名大臣がお立ちになって、それは素晴らしい追悼の辞を述べられたのであります。そもそもとつとつと話される方ですが、私は感動して、これをそのままメモにとって、渾身の通訳を致しました。メモを見ながらでありますから聞いている人の反応は分かりませんが、途中で、武内大使がちょっとジェスチュアをされたのが目に入りました。しかし大臣は弔意の部分の私の通訳が終わると、そのまま準備されたスピーチに進まれ、それが終わると昼食会もお開きになりました。

ところが食堂から出てきたところで、次席の公使が、「有馬君、えらいことをしたな」と言われるんですね。「どう致しました」と聞いたら、「君、スティーブンソンのことをロッジと言ったんだ、気が付かなかったのか」ということで、気が付いていれば訂正をする訳ですから。私はその瞬間、一方で大使にせよ、この公使にせよ、あるいは、外務省の幹部がちょっと立ち上がってその場で過ちをなぜ指摘してくれなかったのか、何でもないことなんですから、という気持ちと、これは儀礼上とんでもない間違いをしてしまって、どうしたらいいものかという深刻な戸惑いで身が凍りつく思いでした。しかし、私は椎名大臣と福田大蔵大臣の車の助手席に座ることになっておりまして、かつ、これは第一号車で車列に遅れたら大変ですから、慌てて乗って、一呼吸置いて振り返って椎名大臣にお詫びを申し上げたんです。そしたら椎名大臣がお分かりになっていなくて、「どうしたんだ」とおっしゃって、福田大臣が間違いの次第をごく簡単にご説明下さった。すると、椎名大臣が「俺が間違えたのか」と聞かれ、福田大臣が「いや、通訳だよ」とこれもお答え下さったら、「なんだ」と言われて、それで終わってしまったんです。因みにロッジ氏は、マサチューセッツ州選出元共和党上院議員。当時の駐ベトナム大使、祖父も著名な政治家です。

その晩でしたか、大使公邸で開かれた日本側主催のレセプションでラスク長官が私の方へ来られて、一つお前に話したいことがあるとして次のような話をされた。「昨年、国務省で開く恒例のワシントン駐在の大使を招いてのクリスマス・パーティーに出席してくれたジョンソン大統領を、自分はケネディ大統領と紹介してしまった——introduced President Johnson President Kennedy.」。この無表情の国務長官にこんな気遣いがあるのかと、驚きました。帰国すると、西堀総務参事官が有馬が戻ったら来るようにと言っておられるというので、参りましたら、「お、有馬君。大変だったな。しかし、本当に気にするな。君は心配性だから。誰にでもあることだ」とおっしゃって下さったんです。誰にでもあったらそれこそ大変です。心から申し訳ありませんでしたと申しつつ、何とありがたいことだと思いました。しかし、ひどい間違いでした。西堀氏は北米課長の後、北米局参事官になられ、その後、官房の総務参事官になっておられました。

——もう少しベトナムの話を聞かせて下さい。私は一九八〇年代の日米関係のイメージが強いからかもし

れませんが、ベトナム戦争にあたってアメリカ側からは日本に対して何らかの要求があったのでしょうか。

日本政府の立場は「交渉で解決してくれ」ということで一貫しておりまして、結局米国のベトナム戦争を支持するということを公には言わないで済ませてしまったんです。米国は不満だったと思いますが、確か、六五年の春ハリマン（アヴェレル・ハリマンは、国務次官補、ベトナム和平会議米主席代表。ハリマン鉄道王の息子）が特使で来日するなどして色々の場面で日本の理解を求めることはあっても、それ以上のことはなかったというのが私の記憶です。いろいろとやりとりはあったようですが。

他方、日本にある米軍の基地（施設・区域）は、もちろん新安保条約の制約の下ではありましたが、補給基地として使用されていたし、朝鮮戦争の時もそうでしたが、日本で武器、特に戦車の修理、整備をしたんですね。これが道路を通るというので激しいデモ、地域住民の反対運動など大変でした。

――日本国内の雰囲気はどうでした。

マスコミは反戦一色でした。デモも頻繁にありました。しかし、一九六〇年代前半は、それほど激しくはなかったというのが印象です。

――そういうものを鎮圧して欲しいとか、米国からの要望はありましたか。

それは全くありません。米国自体ほどなくして未曾有の反戦運動を経験するのですから。もっとも、一九六二年、六三年、六四年はまず公民権運動です。例えば、有名なワッツ事件は六三年の夏です。その頃私はたまたま出張でワシントンにおりまして、ゲイロード・ネルソンというリベラルな民主党の上院議員のスタッフになっていた、私の大学時代のルームメイトのビル・スプリングから、これは益々深刻、かつ、流血を伴う運動になるだろう、しかし、米国にとっては不可避なことだと聞いたのを覚えておりますが、これにベトナムの反戦運動が輻輳して大学が閉鎖されるといった事態になるのはもう少し後、六〇年代後半、ジョンソン大統領がまさに党内の反戦運動の流れゆえに再選出馬を諦め、黒人公民権運動の指導者M・L・キング師とロバート・ケネディ上院議員とが暗殺されたのが、各々一九六八年四月と六月、あの頃からです。日本も同じです。欧州もそうでした。

——日本は日米安保条約の範囲内で協力したということでしょうか。

そうです。御存知の通り、米軍が在日の基地から直接の戦闘作戦行動のため発進する場合は、日本の同意が必要です。「事前協議」と呼ばれるものの対象の一つです。しかし、在日の基地からの直接の戦闘作戦行動はありませんでした。

当時の日米関係

——話が前に戻りますが、日米関係で政治問題はそんなになかったということでしたけれども、いま日米関係について書かれている本などを読みますと、日米経済関係では綿製品の問題がすでに出始めていて、この交渉が始まっていたと。でも、これは北米課の話では……。

北米課の話ではありませんね。

——経済局の担当ということですか。

そうです。それで、若泉敬氏が『他策ナカリシヲ信ゼムト欲ス』の中に書いてあるような役割を一九六九年に果たし、米側から、繊維問題をどうにかしてくれということを、米国の内政に絡めて強く要求される。ああいうことになるのはニクソン氏が一九六八年に大統領選挙に勝った後です。民主党の牙城である米国南部に共和党が勢力をさらに浸透させるに当たって繊維問題は極めて重要になります。しかし、キッシンジャー自身確か *White House Years*（邦訳『キッシンジャー秘録』）に、「繊維問題がニクソンにとって政治的にいかに深刻な問題であるかということを、私はきちんと理解していなかった」と書いています。そのようなことですから、この段階では、いまおっしゃったような問題があったとすれば、私は少なくともその政治的意味合いをあまりきちっと理解しておりません。

――色々な問題が出てくるちょっと前ぐらいですかね。

それでも一九六九年には対米貿易黒字が三千億円にはなっています。一ドル三六〇円の時代のドル表示では微々たるものです。米国も目くじらを立ててるということでもないでしょう。しかしその頃から、そろそろ全体が変わってきて、いよいよ政治的に神経質になってくるんですね。

――経済問題にしても、中国に関しても、ベトナムに関しても、まだ六〇年代には……。

私が外務省に入って数年の間、日米間に深刻な政治問題が存在したという印象はありません。

――六〇年代の前半は、日本は途上国という……。

いや、それはまったくないです。日本は一九五四年にコロンボ計画に入って技術協力を始める訳ですし、インドに対する円借款も五〇年代に始まっています。一方、日本は世銀から借金をして、これを完全返済したのは平成になってからの話ですが、それでも途上国意識ということではまったくありませんでした。戦後復興の流れの中でという感覚でした。

――ＯＥＣＤ（経済協力開発機構）加盟が六四年ですから、先進国入りする一歩前というのは、どんな感じなのかなと思ったんです。

面白いご質問ですね。私のように経済を知らなかった者は、ＯＥＣＤに入るということが、そんなにたいへんなことだというふうには思いませんでした。ＧＡＴＴ（関税と貿易に関する一般協定）に一九五五年に入っている訳でしょう。我々としては、ケネディ・ラウンドは大いに意識致しておりましたが、先進国の仲間入りという脈略でのＯＥＣＤ加盟というのは私にはピンと来ません。言われてみると、なるほどと思いますが。

――日米関係でも、日本側が米国に対して「アメリカ＝大国」という意識は、そんなにはなかった訳ですか。

それはないですね。

――対等な話し合いだったということですか。

自然体だったと思う。いや、周りもそうでした。

――この頃、日米イコール・パートナーシップのようなものが池田内閣で謳われていたと思うんですが、そういうことは明確に意識されていたのではないでしょうか。

一九六一年に宮澤先生が訪米された池田＝ケネディ共同声明の時に、イコール・パートナーシップということを言っているんですか？　読んだような気もしますが。

――声明上にその言葉は見付からないんですが、その後に書かれた本などを見ますと、この会談で日米イコール・パートナーシップが確認されたと必ず書いてあるんですね。

当時を振り返って見ると、これを聞いて別に背伸びしているなとも思いません。他方何故わざわざというか、ことさらにという気もします。

――第四回の合同委員会から帰られて佐藤総理の沖縄訪問に随行されたそうです。この頃の日米関係についてお話しいただけますか。

佐藤内閣は、一九六四年十一月池田総理が病気退陣されて成立し、沖縄返還をその最重要外交目標として掲げます。そして、一月には米国を訪問し、ジョンソン大統領との間で沖縄について次のような合意を得て共同声明に盛られることとなります。「総理大臣と大統領は、沖縄および小笠原諸島における米国の軍事施設が極東の安全のため重要であることを認めた。総理大臣は、これらの諸島の施政権が出来るだけ早い機会に日本に返還されるようにとの願望を表明し、さらに、琉球諸島住民の自治の拡大と民生の一層の向上に対し深い関心を表明した」。

また、米国が長年にわたり我が国に強く求めてきていた韓国との国交正常化交渉を五月に終えます。これには椎名外務大臣が大きな役割を果たされたことはお話し致しました。そして、東北アジアの安全保障環境は大きく改善する訳です。米国は安堵し、歓迎致します。しかし、とても返還が外交的俎上に乗ることにはなりません。ベトナム戦争の拡大を控え、米国にとって在沖縄米軍基地のいわゆる自由使用、何の気兼ねもなく勝手に使用出来る実態、これを維持するため沖縄を引き続き米国の管轄下に置くということは、特に米国の軍部にとってほとんど必要命題であったと申せましょう。一九六一年六月、池田総理が訪米された時には、休日に沖縄県民が国旗、日の丸を掲げる許可を取ることにすら苦労しておられるのです。

――そのような中での総理の訪沖ですが、大きな反政府デモに遭って大変だったというのが、一般的印象のようです。また、沖縄の返還が実現するまでは戦後は終わらないのだという総理の那覇空港到着時のステートメントは有名ですが、その辺りについてお話し下さい。

ご指摘のくだりの経緯を含め、私は佐藤総理訪沖三十五周年にあたる二〇〇〇年に『外交フォーラム』に佐藤総理にお供をした時のことについて詳しく書きましたので、ご参照いただければと思います（有馬龍夫「一九六五年の夏――佐藤総理の沖縄訪問に随行して」『外交フォーラム』一三巻九号、六四―七〇頁）。

ＩＣＵでの講義

――外務省の仕事の話から少し離れますが、日本に帰国されてＩＣＵ（国際基督教大学）で三年間教えられていたそうです。このことについてお話しいただけますか。

一九六二年の秋学期から一九六五年の春学期まで、足かけ四年になりますか。その後は、残念ながら忙しくて良心的に教えられる状況にはなく、続けられませんでした。あまり良く憶えていないのですが、最初は木曜日の一限に「近代日本政治思想史」一コマ、次に土曜日の午後に「国際関係論」もあわせて二コマ。採点は論文形式でした。

当時のＩＣＵの鵜飼信成学長と、ＩＣＵに出来た社会科学研究所の所長になっておられた東大名誉教授蠟山政道先生のお二人が、お誘い下さったんです。

これは準備が大変でした。ハーバードでは二年半、最初の二年間は博士論文を仕上げつつとはいえ、事実上フルタイムで教えていたものの日本の政治思想史は教えたことはなく——沢山読んではおりましたが——、いざ教えるとなると大変でした。「国際関係論」も「ナショナリズム」については色々読みもし、講義をしたこともありましたが、国際関係論一般となると大変でした。実務体験もまだありませんし。

いま覚えているのは、学生が極めて優秀だったことです。第一限と土曜日の午後というのに、出席率もよかった。

——何人くらい学生がいらしたんですか。

これはよく覚えていないのですが、かなり多かった。その後、私の政治思想史を取った学生の中から私の存じているところで三人が学者になっておられます。そのうち二人は丸山先生がお引き受け下さった。一人は伊藤彌彦さんとおっしゃって同志社大学の法学部で日本政治思想史を教えておられます。明治にさかのぼって教育史について丸山先生の直接のご指導の下で学位論文を仕上げ、本になっています。最近は『維新と人心』という標題の素晴らしい論文集を東京大学出版会から出しておられます。同志社ということもありましょうが、新島襄についての造詣には見事なものがある。『維新と人心』のあとがきに学者への道を考えるきっかけとなったのは、私との「出会い」であったと書いて下さっている。ありがたいことであります。ほかに、いま恵泉女学園大学教授の吉馴明子さん。吉馴さんは、石田雄先生のご指導だったかと思いますが、海老名弾正の政治思想で学位を取られ、これも東大出版会から出ています。その後の業績は存じません。また、私は学者の道を選ばれるかなと思っていましたが、読売新聞で活躍された朝倉敏夫さんもおられて、かつては折々お目にかかっていました。

それにこれはその後知ったことなのですが、数年前、早稲田大学政治経済学部の梅森直之教授が、J・ヴィクター・コシュマンというコーネル大学で日本の思想史を講じている学者の『水戸イデオロギー』という著書を共訳されました。この梅森先生が私が早稲田にお世話になるようになって間もなく、私にコシュマンという学者を知っているかと聞かれ、存じ上げないとお答えしたら、コシュマン教授には、日本における大学教育を回想した小論があって、その中で一九六〇年代前半に国際基督教大学で有馬龍夫の近代日本思想の講義を履修し、これに刺激され、日本政治思想史の道を選んだとの趣旨を書いていると、お教え下さった。

ＩＣＵは六〇年代後半、一時期激しい学生運動で荒廃します。その頃私の叔父久武雅夫一橋大学名誉教授が学長をしていて、嫁いでいた私の母の一番下の妹が過労、心労で急逝したといったこともございました。学生の乱暴狼藉はすごかったらしい。丸山眞男先生の研究室もひどい目にあって、これについての先生のコメントが問題になり、それが直接の原因ではないにしても、これが契機で先生は大学を退かれた。

――福田歓一先生が書かれた『政治学史』のあとがきに、その紛争の時に研究室では水をまかれて、講義録も出版の準備をしていたものも何も彼も全部なくなって、もの凄いことになったということが書いてありました。丸山先生とのご親交は……。

丸山先生には、お亡くなりになられるまで、大切にしていただきました。

――学問関係では、ハーバード大学関係者の方とも連絡を取り合っておられましたか。

取っておりました。ただ、それはまったくプライベートで、「お前、元気か？」という感じのやり取りです。

――戻って来てはどうかというようなことは……。

外務省に入って十二、三年は経っておりましたか。もうそろそろ声をかけてみるかと思ってくれた人達がいたのでしょう。ある著名な教授が息子達にこの話を披露してくれたことがあり、その時B・シュワルツ先生やJ・シュクラー教授等が強く推してくれたということを知りました。外務省には折角入れてもらいながら辞めるなどと申すわけがありません。それに大学には買い被られているとも思いました。この政治思想史、法哲学で著名なJ・シュクラー先生は、政治学部初の女性教授、リガ・ラトビア御出身。御一家は、ロシア、上海、神戸経由でカナダに渡ったとうかがっておりました。いま考えてみますと、杉原千畝領事の発給したビザに助けられた方なのですね。

――外務省の方が楽でしたか。

そういうことではありません。しかし、学者というのは本当にたいへんな職業です。教授として迎えられるということは、研究者と教育者の両方でなければならない。振り返って大学院に進んでから四年半、最後の二年半は、学位論文を書きながら教員として教えるための準備を致しました。大変でした。幸い、私は世界的に著名な学者を多数存じ上げるようになりました。例えば、入江昭教授、戦争中集団疎開の頃からの親友ですが、学問的にも、そして人格的にも、文字通り大成した、この人の尋常ならざる、まったく弛むことのない精進ぶりを承知しております。学問というのは簡単に転職出来る世界ではないのです。ただ外務省生活の中でも私自身を含め仲間が「よく生きているな」と思うほど忙しいことがままありました。いまでは、日本の外交活動は更に日々拡大しているのに定員はあまり増えていないようですし、厳しい勤務条件が恒常的になっています。使命感が支えているのでしょう。とても「楽だ」の「楽でない」といった世界ではありません。

――分かりました。比較的早い段階で戻って来いというお話があったのではないかと思っておりましたが、もっと後の話だったんですね。

あまり早々と帰ったら、やっぱり日本は大変で戻ってきたかという話になりますでしょう（笑）。

――失礼致しました（笑）。

第2章　日韓国交正常化と英国大使館時代　1965-69

条約局条約課への異動

――それでは、有馬さんが一九六五年九月に条約局条約課に移られてからイギリスの日本大使館に勤務されていた頃までのことを中心にお話を伺わせていただけますか。一般的質問で恐縮ですが、条約局条約課というのは、どういうお仕事をなさるところですか。

条約局はその後国際法局と名称が改まり、改組されているので、現状は存じませんが、当時の条約課はいわゆる右翼課で二国間の国際約束に関わる事務を主管致しておりました。

戦後、一九五一年九月にサンフランシスコ平和条約が締結されるまで条約局は局を挙げて平和条約の準備、交渉に専念していたそうです。これが終わりますと、条約課は、平和条約の残した問題、日中、日ソ間の平和、外交関係の回復、日華平和条約と日ソ共同宣言ですね。また、日韓国交正常化に関わる一連の協定、一部の国々との間の賠償取極、多くの国々との間の友好通商航海条約の復活、改定、締結の作業。管理貿易の時代でしたから年度ごとの多くの貿易取極。そして、日米安保条約があります。旧安保、安保改定の交渉、締結のための国会承認の取りつけ、そして安保条約と関連取極の法的解釈に関わる国会答弁の主管。国会と言えば、政治的に難しい国会質疑の答弁では、主管課の協議にあずかっておりました。

――そういう場合、条約課が国会答弁に関して最終的な決裁をするのですか。

そのような形式ばったことではありませんで、当時は厄介なものはちょっと条約課に回しておけといった風潮があったように思います。一つに、総理、外務大臣の出席される主要な委員会審議には当時あった政府委員制度の下で条約局長がほぼ必ず出席しておりましたので、念のため知っておいてもらおうということがありました。さらに、条約課は答弁の故事来歴に通じておりますので、政府の立場を述べる際、過去との平仄に気が及ぶといったこともあったのでしょう。

――いまお話に出ました原局原課と条約課の関係についてお聞きしたいのですが、条約や協定の交渉を行うのはまず原課なのでしょうか。

そうです。

――そうすると条約課はいつ頃から登場するんでしょう。常に合議はしているのですか。

二国間の案件の処理で法的取極を必要とする場合は、始めからです。

――一緒に仕事をするという感じですね。

まさにそうです。しかし、基本的には案件を抱え、これを主管している課を助ける立場にあります。それでも締結のため国会の承認を必要とする協定、条約はもちろんのこと、いわゆる行政取極、政府間で締結出来る約束であっても、これの法的側面の説明に当たるのは、主に条約局ですから、二人三脚というのが正しいと思います。

――国際取極で発効のため国会の承認を必要とするのはどのような性格の取極ですか。

私の記憶では、その国際約束を実施するため新たな国内法を必要とするもの、予算措置を必要とするもの、また、これら二つが要件となっていなくても、国家間の基本的関係を定める、或いは国民の権利義務にかかわるといった意味で政治的に重要であり批准が発効の要件とされているもの、簡単に言うとこのような性格の国際約束の締結のためには国会の承認が必要なんですね。

日韓国交正常化における「食い違い」

――一九六五年九月に条約課に移られた時に、有馬さんはどのようなお仕事を担当されたのでしょうか。

この年の六月二十二日、東京で日韓国交正常化に関わる基本関係条約始め一連の取極が椎名悦三郎外務大臣と李東元外務部長官との間で署名されます。そしてこれらの締結の承認を求めるための国会が秋口から開かれるのですが、これを控えて配置替えとなりました。

私の記憶が正しければ、発令は九月でありますが、八月に佐藤（栄作）総理の沖縄ご訪問のお供から戻りますと、内示と共に事務引継ぎということで一日の半分くらいは条約課に行かされて、すでに署名されていた諸取極、そしてこれらについての想定問答、主要なものはもうほとんど全部出来ていて、これらを交渉の経緯を含め広く勉強するようにと松永信雄課長から申し渡されました。その頃韓国国会は承認を終えていたのですが、審議の過程で取極の解釈を巡って日韓間で「食い違い」と呼ばれるに至った問題がいくつかありまして、私にはそれを担当してもらうことにしていると言われました。加えて、国連と韓国成立の関わり合い、朝鮮戦争と国連との関係、国連の安保理に加え総会の決議の規範力などをも調べておくようにとのことでした。その時松永課長からは「君は国際法を知らないそうだが、法律は常識が大切なんで、国際法を勉強しては欲しいが、心配するな」と言われました。

このようにして新しい課で仕事を始めたのですが、まず「食い違い」については、事実上資料はすでに担当官レベルのものが出来ていて、また、国連と朝鮮半島・韓国との関わり合いについては、確か条約課と法規課とが作った立派な資料があって、私の仕事はいずれについても想定問答ふうに作り直せば済むといった具合でした。国際法の方は家内が色々と教科書を持っていたので読んでみましたが、なかなか難しかった。ところが、席を並べていた福田博さんが、私にラウターパクト（イギリスの国際法学者）という人の入門書は分かりやすいし、面白いですよと教えてくれました。もちろん決して易しくはなかったけれども、ある段階から面白くなって、関係するところはかなり読みました。しかし、国会開会が近づくにつれて忙しくなって国際法の勉強どころではなくなりました。

――それは答弁を書かれたということですか。

もちろんそれもありましたが、先ほど申した通り、各取極ごとに基本的答弁は微に入り細に入ってすでに出来ていました。ですから、国会が始まりますと毎日山のように出てくる質問を手分けしてどんどん処理すればいい。もちろん難しいもの、目新しいものもありましたが、そもそもの担当官が頭をひねって書いて首席、課長の決裁をとる。首席、課長が知恵を出す場合もありました。いわゆる「食い違い」は私が答弁を書いていましたが、これももう出来合いのものがあったし、時々応用問題が出てくるといった程度でした。この国会の特別委員会の答弁に当たられた藤崎万里条約局長には松永課長、そして主に福田君が随行していました。

ただ、私は九月に実際に着任すると、財産・請求権の相互放棄に伴って必要となった国内法、これをどうした訳か外務省が担当することになって、結論から言うとこの法律は松永課長ご自身が書かれたのですが、その手伝いを命じられて、本当に忙しくなったんです。これにはちょっと参りました。難しいんです。この国内法、どういうことかと簡単に申しますと、戦後三十八度線以南に駐留した米占領軍政府が、そこに存在した我が国の財産のみならず日本国民の財産までをも一切取得（vest）し――特に私人の財産の取得は国際法上当然に認められている訳ではありません――、これを一九四八年独立した韓国に引き渡してしまいました。そして、日本はこの処理の効力を平和条約で承認致しました。

その後この財産権、そして広く請求権を巡っては日韓間で交渉が進められましたが――日韓国交正常化交渉の中で一番難しい分野だったと思います――、結局、ご存知の請求権・経済協力協定が締結され、これに基づき一方において我が国からの無償三億ドル、有償二億ドルの経済協力が約束されますと共に、これと平行して両国及びその国民の間の財産と請求権に関する問題が完全かつ最終的に解決されたことに合意します。極く簡単に言うと韓国にあった我が方の公私の財産、残置財産と呼んでおりましたが、これらはすでに没収処分され、事実上もはや存在しない。それならばそれに見合う処理を日本に存在する韓国人の財産について行わなければならない。明示的に消滅させるということです。この国内法はまさにそれを目的としておりました。郵便貯金、年金、未払い給料、国債、恩給等々財産権の実体はほとんどすべての省庁の管轄下にあり――実際十一府省共管となった――実体調査をも伴う立法作業はこれら省庁の担当部局を広く巻き込むこととなりました。条約上完全に解決した、と言っても日本側の財産は事実上なくなっているのに、韓国側のが残っていると、これに対し韓国側が返還を請求するといったことが有り得ない訳でなく、このような法的、政治的禍根を残さないための立法です。ここまでは分かります。

しかし、松永課長のお供で法制局の第三部長との協議に陪席していて、何を話しておられるのかよく分からないのです。債権、債務云々と早口で言っておられるとメモ取りの私にはどっちが借りているのか貸しているのかピンとこないんですね。私はノートをとるのにあまり苦労しないのですが、「本給供託に関わる金銭及び有価証券」とか「朝鮮総督府関係特別会計に関わる」云々と言われてもまったく分からない。第一回目の協議から戻ってくると松永さんが首席の谷田(正躬)さんにこれこれしかじかだったと、ちょっと楽しそうに話されても、まだよく分からない。つくづく閉口して私は福田君に率直のところを話しましたら「分からないのはあなただけではないし、課長は分かっておられるのだから心配するな」と言ってくれて。法律は松永さんが第三部長と相談されながら、谷田首席の助けも得てご自分で書かれました。当初は韓国人の財産の項目を出来るだけ網羅的に列挙するということになって関係省庁の担当官に何回かお集まり願って、すでになされていた相当の実体調査に沿ってそのような作業も進んだのですが、結局包括的条文による短い法律の方が合理的、かつ、効果的であるということになりました。

振り返って、松永さんはそもそも全部ご自分でなさるおつもりで、私を勉強のためにお連れ下さったのだと思います。それでも最後には答弁資料の一部は書けるようになっていました。これはしかし、勉強になりました。まず、民法の教科書の関連部分を、あるいは、憲法第二十九条にいう公共のために用いられた私有財産の正当な補償の例とか、平和条約には広く使われる、しかし国内法に馴染みのない「財産、権利および利益ならびに請求権」の具体的意味、実体とかいったことを色々読んだり調べたりしたものです。率直難しかったけれども、隣に座っている福田君の励ましやら助言もあって、職業的に生きのびることが出来ました。

――「食い違い」についてお話しいただけますか。

この「食い違い」というのは、もうよく知られていることですので、ごく簡単にお話ししますと、韓国の議会は、我が国に先立ち八月に承認をしてしまいました。その審議の過程で韓国政府の行った協定の解釈、説明と日本政府の説明との間に一部齟齬が生じたのです。

例えば基本関係条約第二条は「千九百十年八月二十二日以前に大日本帝国と大韓帝国との間で締結されたすべての条約及び協定は、もはや無効であることが確認される」と定めております。この「千九百十年八月二十二日」とは、日韓併合条約が締結された日のことですが、韓国側は、この条約自体、また、これに至る一連の取極は、そもそも強制された不法なもので、最初から無効だったと言うんですね。この気持ちは分かります。しかし、日本の立場からすれば、これらは、当時の大韓帝国政府と大日本帝国との間で正当な手続きを踏んで締結されたものでありますから、最初から不法、かつ、無効だったとは申せません。英語は“are already null and void”となっていて、韓国側はこのbeの現在形は真理を表すのだと言い、我が方は単に現時点での実態を叙述しているのだ、また、ここに「もはや」とあるのだからある時期まで法的には有効だったことを示している、などと説明を致しておりました。不毛の議論のように聞こえますが、韓国の人達にとっては感情をゆさぶられる問題でありますし、私どもにとっては、不法となると補償といった話も浮上し得る訳で、交渉の際の一つの難しい項目だったと聞きました。

同じく基本関係条約の第三条は、日韓国交正常化にあたっての一連の取極に言う大韓民国政府は「国際連合総会決議第百九十五号（Ⅲ）に明らかにされている通りの朝鮮にある唯一の合法的な政府であることが確認される」と規定しています。これは何を言っているかというと、第二次世界大戦中連合国側が目標として掲げた朝鮮の独立が、米・ソ対立でなかなか実現しないものですから、結局米国政府の要請で国連が介入し、国連臨時朝鮮委員会と呼ばれるものが設置されます。当初この委員会は、朝鮮半島全土にわたって選挙を実現し、南北統一と独立を実現する筈だったんですが、結局一九四八年五月に南部のみで選挙を行い、これに基づき韓国政府が成立し、八月十五日に韓国は独立します。

ところで、韓国の憲法は、韓国領土は朝鮮半島及びその付属島嶼と規定しているのですが、国交正常化によりこの領土規定即ち休戦ライン以北に対する韓国の領有権を認めたことになるのではないかといった批判が国内でなされました。私の記憶では韓国政府がそのような主張を我が国に対してはしていませんでしたが、我が方野党からそれが提起されていた。いずれにせよ二国間で国交を設立し、外交関係を設定する際、相手国の領域の範囲を確認したりすることは普通ありません。他方、韓国政府は、日本政府は韓国政府を朝鮮半島における唯一の正統政府であることを認めたとは申しておりました。これについて日本政府は、いや日韓国交正常化にあたって日本政府が認めたのは、韓国政府が基本関係条約第三条にいう通りの国連臨時朝鮮委員会がその観察の下選挙を実施することの出来た部分を正統に支配している唯一の合法政権であるということであって、休戦ラインの北の部分については白紙であるとの立場でした。

この基本関係条約の末文は、この条約が日・韓・英の三国語で作成され、解釈に相違がある場合は、英語のテキストによると定めております。英文を解釈正文とする例としては、日華平和条約などがあります。

また、請求権・経済協力協定を巡って、韓国政府は、我が国が経済協力として提供することにした無償三億ドル、有償二億ドルについて、対日請求に対する債務支払い、実質的には賠償的性格があるのだと言っていました。これも請求権交渉に鑑みると、この支払いに韓国政府としては三〇年あまりの日本の植民地化の償いの意味をもたせたかった訳で、理解出来ないことはありません。しかし我が国としてはこのような供与と平行して、請求権に関わる問題はすべて完全かつ最終的に解決されたとしたのであります。

もし、債務支払いと言うのであれば、我が方にも対韓請求が潜在していたんです。即ち、先ほど関係国内法のところでお話ししましたが、在韓米軍は終戦の年に三十八度線以南のすべての日本財産を取得（vest）するとし、この財産を一九四八年に韓国政府に引き渡しています。日本政府は、サンフランシスコ平和条約第四条で米軍のこの処分の効力を認めましたが、国際法上認められない私人の財産の処分までをも認めたものではないとの立場でした。従って私人の財産に対しては日本側は潜在的に請求権を有していたのでした。

やはり一番厄介な「食い違い」は、いまだに対立している「紛争の解決に関する交換公文」についての解釈です。確かにこの交換公文では、「両国政府は、別段の合意がある場合を除くほか、両国間の紛争は、まず、外交上の経路を通じて解決するものとし、これにより解決することが出来なかった場合は、両国政府が合意する手続に従い、調停によって解決を図るものとする」とされており、竹島の名前は明示されておりませんが、交渉の経緯からしてこの交換公文は、竹島問題のため取り決められたことは明白なのです。韓国はその後、竹島が二国間の問題だと認めることを否定しています。

このような問題に関連する質問が出ると私が担当しましたが、お話ししたようにすでに基本的回答は出来ていましたので、私のしたことは、自分で切り貼りすることでした。しかし、ほぼ全協定にわたって、大小さまざまの「食い違い」がありましたので、苦労も致しました。ただ、私どもは、せっかく署名され、韓国国会で承認されたのだから、我が国国会の審議で韓国国民の心を大きく傷つけるような場面は避けるべきだと考えて、どんな時もめくじら立てずに対応するよう心掛けておりましたが、まさに佐藤総理や椎名外務大臣こそがそのようなお気持ちでおられたようでした。日韓国交正常化のための議会審議への対応はなかなか大変でしたが、愉快でした。松永課長以下家族連れで鎌倉に弁当を持って遠足に行ったこともありましたが、なんでそんな余裕があったのか不思議なくらいです。

――日韓の特別国会が終わった後は何を担当されたのですか。

雑件ですね。しかし、貿易取極がらみのものは全部やっていたと思います。当時は、数から言うと欧州との取極が圧倒的に多くて、経済局の欧州課というところが主管しておりましたが、村田良平さんが首席、柳井（俊二）君が担当官で、率直イロハから教えてもらいながらの仕事でした。しかし、実に面白かった。柳井君は私がロンドンにいった後に私の後任としてでしたか、あるいは福田博君の後任だったのか、条約課に発令され、私が戻った時は総務班長でして、沖縄の返還協定を一緒にやりました。私が外務省で経済と呼べる仕事をしたのは、この時と、それから二十数年経って外政審議室長をしていた時に日米構造協議に携った折の二回だけです。

駐英大使館勤務

――それから一九六六年五月にロンドンの日本大使館勤務が発令になる訳ですね。

はい。

――ロンドンは初めてでしたか。

そうです。

――ご着任の頃のことをお話し下さい。

まず家探しです。息子が一歳五カ月。手伝いを連れて行きました。当時はこれはごく普通のことでした。家で度々接宴致しますが、料理は家内がするにしても手助けが必要で、また夜は、頻繁に仕事の社交で夫婦で出かけますので、子供を見ていてもらわなければなりません。いい人がきてくれたのですが、途中で結婚して辞めてしまいました。二年目に次男を授かっていたので、家内は苦労しました。幸い代わりにこれもいい英国の婦人が来てくれるようになったのですが、住み込みではありませんでしたから。

家はいいのが見付かりました。私は、社会人として東京に四年あまり生活致しましたが、それに先立つ十年半は米国におりましたので、何と申しますか生活の物指しはアメリカなんです。家探しをしている間に、買い物に手頃なところといってセルフリッジスというデパートを教えてもらいまして、これは不思議とよく覚えているのですが、宿で待っている家内達のためにアップルパイを買い、ちょっと店を見て回ったら、米国に比べて食糧など日常品や衣類が断然安いんです。当時はいまと違って給与は一本建てで、住居手当ては別枠ではありませんでしたので、私は、目の子算でこれなら給料の半分は家賃の支払いに充てることが出来ると思いました。一ポンド千八円の時代です。そしてその日の午後、そのいい家がちょうどそのくらいの家賃で見付かり、早速に決めました。

その頃三菱商事の槇原稔さんが、ロンドンの店におられて、いつもながらの気さくなご親切さで、家を決める時には見てやろうと言って下さっていたので、ご相談したら、もし払えるんだったらこれはいい家だとご助言下さった。三階建ての赤煉瓦の瀟洒な建物の一階で、裏に広い庭があり、別に大きなガレージもついておりました。この家で私どもは三年半、公私とも存分満足出来る生活が出来たのですが、給与の半分を家賃に当てたのは、まったくの目論み違いで、無謀と言ってもいい。家内は、パーマもかけられなかったと今でも申しております。それに、思い出話のついでで申しますと、せっかくのアップルパイがまったく甘くなくて、まずいので吃驚しました。

——場所はどの辺でしたか。

ハムステッド、スイスコッテージを少し北上したところでした。

——リージェントパークの上の辺りですよね。

そうです。

——大使館はどこにありましたか。

グローブナーストリートと言って、米国大使館のあるグローブナースクエアに入っていく道の一つです。

——大使館には車で通われていたんですか。

主に家内が送り迎えしてくれました。それから、近所に住んでおられた柳谷（謙介）さんもよく連れて行って下さいました。

——大使館では政務班にいらっしゃった訳ですか。

そうです。

——どのようなお仕事をなさったのですか。

三年半の間、まず伊藤義文さん、柳谷謙介さん、そして柳健一さんと親切な班長の督励の下で次席として仕えました。この間政務班には研修を終え大使館に発令された岩波徹、法眼健作、折田正樹、沼田貞昭、竹内行夫四名の官補が、各々大使の秘書官を務めたのち政務班に配属となり一緒にまさにわっさかと仕事をしました。優秀な人達で本当に楽しかった。

——ご担当は何だったのでしょうか。

東西関係、英ソ、英東欧関係、英国の対中国、東アジア関係、英国内政などで、班長以下ともども必要に応じて何でもやりました。英国外務省の人事政策、試験制度、条約締結に当たっての王権と議会との関係といった調査訓令も多かったように思います。

当時英国の政務班には小高正直さんと言われる戦前カイロ大学で研修された有名なアラビスト外交官がおられましたが、例えば、一九六七年の第三次中東戦争が始まりますと、特に国連の安保理を舞台として、英国政府が重要な役割を果たすに至り、小高さんから頼まれまして、色々とお手伝いを致しました。いまだに中東和平の基本的指針となっている安保理決議二四二は、英国政府、国連の英国代表部が起草し、採択に持ちこんだものでした。

なお、御一緒した期間は短かったのですが、小高さんの後任のインドの専門家の武藤友治氏も小高さんとともに学者肌、篤実の人でしたが、外務省の地域専門家の学識経験の豊かさから先程話したこの狭い部屋で仕事をともにしながら、多くを学びました。

さすが英国政府は、その帝国経営の伝統のせいでしょうか、情報収集、調査能力には素晴らしいものがあって、その貴重な情報を我が国には実にのびのびと色々教えてくれておりました。例えば、英国は中華人民共和国を成立後早々と承認して北京に大使館を置いておりました。ですから、当時激しくなりつつあった文化大革命についての現地からの情報を、惜しみなく提供してもらっていたものです。もちろん文革の影響で、北京にいる外交官の活動は厳しく制限されるようになっていくのですが、それでも中英間の実務関係の変化などから推測出来ることなど実地体験ならではの話を聞かせてもらったものです。

――一九六〇年代当時の英国外交はどのようなものだったのでしょうか。

第二次大戦後野党となった保守党の党首チャーチルが、「国王陛下の宰相として大英帝国の解体を司ることは御免こうむりたい」と語ったことはよく知られております。私が在勤したのは、まさに英国の統治の姿が体制としても意識としても、エンパイアからコモンウェルスへ、帝国から英連邦へと大きく変貌しつつある時期でありました。戦争が終わって二十年経っておりましたが、その間英国は、インド、パキスタン、ナイジェリア、ガーナなど旧植民地を次々と独立させていきました。もちろんローデシア（現ジンバブエ）紛争が示すようにすべてが順調にいった訳ではありませんでしたが、フランスのアルジェリア、ベルギーのコンゴといった、国民の心理にいまもトラウマを遺すような惨事を経験することなくして、植民地解体に成功していました。ところでローデシア問題とは、英国政府が、この地の白人入植者達の試みた少数者支配を維持したままでの一方的独立を認めずに、アフリカ人の政治的地位の即時改善、多数者支配の導入を独立の条件としたために生じたものでして、宗主国による独立阻止の試みとは性格がまったく逆です。

このような帝国の解体に伴い、英国人の国際感覚も、何と申しますか、帝国統治から連邦の共同管理を志向する方向へと移行しているように見受けられました。併せて、多くの英国の政治家、官僚、知識人と話をしていて、彼らがことさらに自らをヨーロッパ人なのだと強調しているような印象をも持ちました。率直、感情的にそれをよしとしているのかどうか今一つ分かりませんでしたが、押し並べて英国の国益が、統合に向けて大きく歩み出していた西欧のそれと共にあるのだと認識し始めていたのは確かです。

しかし、申すまでもありませんが、英国の外交防衛政策の軸は一貫して対米関係に深く根ざしておりまして、これがぶれたことはありません。軸足を欧州に寄せた、ましてや移したというのでもありませんで、軸をもう一つ作りつつあったとでも言いましょうか。この点についてもう少し具体的にお話し致しますと、私が在勤しておりました頃、英国の労働党政府はEEC（欧州経済共同体）への加盟を申請していましたが、ド・ゴールの頑なな拒否にあっておりました。しかしそれでも、例えばEECとは別の枠組みで英国も加盟国であるWEU（西欧連合）の一九六八年十月の閣僚会議では、英国とEEC六カ国との間に外交、防衛、科学技術及び金融各分野での協力の制度化、特に、重要な政治問題、例えば、中東紛争についての協議を義務化することに合意を成立させています。ただ、フランスはこの政治協議はボイコットしていました。また、六九年四月イタリアのサラガット大統領が訪英した際には、スチュアート＝ネンニ両外相間の共同宣言において「欧州共通の外交政策」を作り出すための努力の継続、かつ、政治統合と経済統合とはいずれも同等に重要であることを強調しています。「欧州共通の外交政策」というのはEECが想定している協力の枠を越えたものでありますが、EECは、その後政治、外交防衛と極めて包括的な統合協力体制、いまのEU（欧州連合）に育てあげられていくのですが、一九六〇年代後半、この方向へ向けての欧州の統合に英国がきちんとコミットしていたことを想起しておくことは大切でしょう。この頃から英国は良い欧州の一員（a good European）なのだと真摯に語り、行動するようになっていったように思われます。

フランスとの関係改善にも努めていて、一九六八年九月かつてフランスに陸軍武官として在勤した経験を持ち、保守党内閣の閣僚を務めたこともあるソームス卿という保守党の大物政治家――チャーチルの女婿でもありますが――を、労働党内閣ウィルソン首相は駐仏大使として遣わします。その後、六九年四月にド・ゴール大統領が退陣し、英国のＥＥＣ加盟の最大の障害がなくなって加盟が具体化すると、今度は英国国内の反対勢力――英連邦を配慮する経済界の躊躇や対米配慮や国家主権をおもんばかる保守派の異論、農産品価格の上昇など日々の生活への悪影響を唱える労組――の再擡頭がありました。ウィルソン首相は、ド・ゴール退陣の前なのですが、二月六日の下院の討議の際「我々は、我々と欧州との関係において、いかなるものであれ連邦（federal）または、超国家的（supranational）体制を支持したこともないし、支持することもない」と述べています。国家主権は維持するということであり、保守派の懸念に配慮した発言です。

このソームス卿は、一九七〇年代の半ば頃に英国の駐日大使を務めたフレッド・ウォーナーという外交官の親友で、時々訪日され、私ども夫妻も何度か御一緒させていただくことがあったのですが、ある時、私に、ウォーナーは駐日大使にはもったいない、パリかワシントンにいるべき人材だと言われたことがあります。ちょっと吃驚して私が、日英関係がお互いにとって大切なことを申しましたら、英国の国益がアジアにもあったのは第二次大戦までであって、もはやここにはない、英国の外務省も無駄な人事をしているものだと言っておられた。ウォーナー大使はその後引退されると欧州議会の議員に当選されるなどして欧州政治で活躍されましたが、私どもが一九九二年に欧州に赴任した時には残念ながらもう亡くなっておられた。

――対米関係はいかがでしたか?

一言で言うと、欧州の安全保障に対する米国の関心をいかにして引きとめておくか、これに英国の対米外交の努力が集中していたように思えます。はっきり言って、米国の対欧州核抑止力の信憑性をいかにして確かなものとし続けていくか、これに尽きます。しかし、当時米国はベトナム戦争にその精力を使い果たしている状況で欧州を配慮する余裕がなかった。そのことを英国政府は心配していました。事実私がロンドンにおります間にベトナム戦争は拡大の一途を辿ります。

私が着任した一九六六年には、ベトナムに投入された米軍兵力はすでに五十万人を超えていました。膨大な規模であります。ですから米国の軍事的関心がほとんどベトナム、東南アジアに向けられていたのはごく自然のことでありました。加えて、この六〇年代米国ではまず激しい公民権運動が始まる訳ですが、これに、強い厭戦気運を伴う反ベトナム戦争運動が文字通り重なっていきます。これを英国から見ていると、米国は欧州の安全保障への関心を失いつつあるのではないかということになります。六八年にはニクソンが大統領に選ばれ、対欧州外交の知見でこれ以上優れた人はいないヘンリー・キッシンジャーを安全保障補佐官に任命するのですが、とりあえずは新政権もベトナム戦争の処理に忙殺されるんですね。
ところが、英国を除くと少なくとも当時欧州諸国は、チェコ事件があったにも拘らず、押し並べてソ連をあまり深刻な軍事的脅威とは見ていなかった。米国にしてみるとアジアにおける共産主義からの脅威には、朝鮮でもベトナムでも専ら米国が血を流して抵抗しているのに、欧州はNATO（北大西洋条約機構）の強化に力を注いでいる訳でもなく、のほほんとしている、と言って不満でした。米欧間で戦略的協議が改めて真剣に行われるようになったのは、一九七〇年代後半ソ連の中距離ミサイルSS－20配備以降のことです。

――ソームス卿という政治家が、英国の国益がアジアにもあったのは第二次世界大戦までだと言われたといま伺いましたが、有馬さんがロンドンにおられた頃の英国の対アジア外交というのは、どのようなものだったのでしょうか。

ソームス卿が私に言いたかったことは、多分英国の国益がもはやアジアにはないということではなくて、アジアにおいて英国が政治的軍事的役割を果たしていた時代は終わったということなのだと思います。私が在勤していた一九六八年一月、英国政府は一九七一年末までに香港を除き「スエズ以東」に駐留する英軍を撤収すると発表致しました。この決定に至るまでの間、英国外務省は詳しくその考え方を説明してくれただけでなく、発表前わざわざ私を呼んで日本に関係のあることだからと事前に通報してくれたということもありました。このいわゆる「スエズ以東問題」というのは、この地域で英国が帝国主義時代から担ってきた安全保障上の有形無形の責任と戦後の英国の経済的・軍事的実力との間の不均衡、一言で言うともはや英国の手には負えなくなっているこの地域の平和、安全の確保、これをどうするかという問題でした。

英国では一九六四年の総選挙で労働党が勝って、ウィルソン内閣が成立したのですが、この撤収計画が発表された頃、私が親しくなっていたアラン・E・ウィリアムズという防衛問題に詳しい若い労働党の議員が、こんな話をしてくれたことがあります。

この総選挙における労働党の「スエズ以東問題」についての考え方は、「帝国主義遺産の清算と軍事費の大幅削減」という簡潔なものでした。しかし、いよいよ政権の座に就くと、ウィルソン首相は関係諸国との協議なくしての一方的撤退は無謀であり、時期については慎重であるべきだとの認識を抱くようになり、この趣旨をリー・シンガポール首相などには伝えた、というのです。また、英軍が撤収してしまうといわゆる英連邦の五カ国国防協力体制、オーストラリア、マレーシア、ニュージーランド、シンガポールとの五カ国間協力が崩れ、オーストラリアとニュージーランド両国は、英連邦を離れて専らANZUS（太平洋安全保障条約）、米国との集団安全保障取極に身を寄せてしまうのではないかとの懸念がマレーシアやシンガポールから寄せられていた。事実、六七年の秋、撤収時期が早まるという話を耳にしてリー・クアンユー首相は、これの延期、しからざる場合には、何らかの保障措置を講ずべしといって急遽来英しました。結局国防費偏重、社会福祉費軽視という政府に対する一般党員の強い不満、慢性的対外収支赤字、直接的には一九六七年末の平価切り下げを余儀なくされた危機的状況の下で、一九七一年末までの撤収が発表になります。

英国の戦略的立場から申しますと、このスエズ以東からの撤退についての発表とほぼ時を同じくして六八年一月に提出された予算書には、「英国の安全保障は欧州にあり、これは北大西洋条約機構に依拠すべきだ」との国防方針が謳われております。ＥＥＣ加盟、欧州接近を志向する英国政府としては、自らの経済的体質を安定強化させるために、また、政治的にも非欧州地域に散在している軍事的コミットメントの整理を迫られていたということでしょう。他方その後英国政府は撤退後に備え、英政府として必要と判断される場合この地域に兵力を展開する能力の維持、一九七〇年以降の共同演習への参加、マレーシアにおけるジャングル戦訓練のための約百名の英軍人の常駐、英軍撤収のもたらす経済的影響を償うための大規模な経済協力などを約束しております。ところでこの共同演習について英国の外務省は、重要なことは仮想の敵について合意を得ることではなく、五カ国集団安保体制の抑止力の信憑性を高めることだと申しておりました。また、それまで制度化されていなかった五カ国国防相会議が一九六八年六月から毎年開かれることとなりました。いまも続いているのかどうかは存じませんが。

最後に、英国政府は、米国政府を中核とし、明らかに「中共」を念頭に置いていたＳＥＡＴＯ（東南アジア条約機構）について、一九七一年以降ももちろん加盟国の地位を維持するし、共同軍事演習に参加し、いざという時には英軍を派遣する用意があると明言しておりました。

ところで、この地域、スエズ以東に対するソ連の軍事的関心が増大しつつあるということが当時言われ始めていました。もっともこれが露骨になるのは一九七〇年中葉以降でしたが、これについて英国政府はソ連海軍に基地を提供する国がない限りあまり問題はないとしていて、中ソ間の対立、この地域における両国の競合関係にも鑑み心配していないと申しておりました。しかし、その後ソ連の友邦国ベトナムの勝利、ソ連太平洋艦隊の量質双方の拡充、我が国北方領土へのソ連軍の配備、そして一九七九年のアフガニスタンへの侵攻など、この地域の軍事的環境は劣化しましたが、これには専ら米国が抑止力を提供してくれたということでした。

私が帰国するちょっと前、一九六九年の十月ヒーリー国防大臣が英国の防衛政策の来し方行く末について講演されました。その中でヒーリー国防相は、ペルシャ湾及び東南アジアからの英軍撤収は予定通り一九七一年末までに終了し、その結果六四年保守党政府が有していた国防計画に比し、国防費三〇パーセント減、対外コミットメント五〇パーセント減、兵員削減二〇パーセント減となったと述べる一方、六四年に比べ、すでに三千名の英軍人が西独ライン河沿いに追加展開されていると発表します。そして、確かに七〇年代には予定通り一空母艦隊をスクラップするとしながらも、英海軍はポラリス潜水艦、巡洋艦、駆逐艦等々の追加建造、空軍は既存のものに加え新型迎撃戦闘機を開発し、陸海空各々が西欧では最強の軍事力を有するに至ると申します。これが、労働党政府なんですね。そしてこの演説は次のような趣旨で締め括られています。

今後十年間、英の国防政策は欧州及びその周辺海域を主たる対象とし、かつ、国防政策立案は同盟諸国との間の緊密な調整を必要としていく。来年度から史上初めてImperial Defence College（王室防衛大学）に西欧諸国の将校が入校することとなる。世界の他の地域において英国が得た軍事上の知識と経験は欧州の安全保障面においても貢献するところ大であり、この軍事的貢献は英国の政治的役割を強化せしめるものと考える。英国の国防姿勢は、その充実した軍事力を抑止力として使用することである。特に欧州においては、戦争を抑止することの方が戦いに勝利を得ることよりはるかに重要である。戦争が発生しなかったからもはや軍事力は必要ではなくなったという一般の人々が抱きやすい誤解は、抑止の意味が理解されれば当然回避し得よう。そしてそのためにも、今後英国においては軍と民間の間に一層密接な意志疎通と協力が図られなければならない。英国各地の大学に国防に関する講座が設置されるよう国防省が努力してきたのもそのためであった。

このように長々と趣旨を引用したのは、この時期英国はその外交国防政策の軸を新たに欧州大陸に作りながらも、帝国統治の経験で培った責任感は生き生きと遺されていることをお話ししたかったからです。このような英国の軍事的姿勢があって、米国もＮＡＴＯを通じての対欧州防衛制約遵守の政策をとり続け得たのだと思います。

それから三十年余、二〇〇一年の春私は、政府代表としてこのヒーリー演説の行われた場所でグローバル化時代における日英政治協力と題し講演しましたが、その準備は私の在勤時の英国外交を想起する貴重なよすがとなりました（Tatsuo Arima, “Japan-UK co-operation in the age of globalization”, *The RUSI Journal*, Aug. 2001, vol. 146, No. 4)。

チェコ事件

――英国御在勤中の一九六八年八月にチェコ事件が起きました。これについての英国政府の立場などについてお話しいただけますか。

私の三年半のロンドン在勤の中で一番強い印象を私に残したのは、このチェコ事件です。一九六八年初頭、ドプチェクというモスクワで訓練を受けた生粋の共産党指導者が、改革派に推されて党の第一書記に選出され、「人間の顔をした社会主義」というスローガンを掲げて改革運動を進めます。当時「プラハの春」と呼ばれるようになった自由を謳歌する社会的雰囲気がもたらされました。

ドプチェクという人自身は、ソ連との関係を配慮してことを進めようとしていましたが、国内の政治、経済両面における自由化志向は強く、四月の党大会で採択した「行動綱領」はソ連との同盟関係の重要性を確認しながらも、一党独裁体制の見直し、市場機能の導入、言論の自由、西側との経済関係の強化などを掲げるに至ります。その間出版物に対する検閲制度は廃止され、共産党による一党独裁、さらにはソ連との同盟関係の批判すら出回るようになりました。

ドプチェクの率いるチェコスロバキア代表団は五月初めに訪ソして、この自由化に共産党の規律を課す約束をします。しかし、事態は収まらず、すぐに続けてポーランドのゴムルカ、東独のウルブリヒト、ハンガリーのカーダール、ブルガリアのジフコフがモスクワに集まりブレジネフから状況説明を受け、結局チェコスロバキアでワルシャワ機構軍の軍事演習を行うことと――これがまさに冷戦時代の共産圏らしい決定ですが――、チェコスロバキアにおける「健全勢力」、言うなれば国民の批判にさらされている親ソ勢力、反改革派指導層の支持を決めます。六月に共同演習が行われたのですが、終了後もワルシャワ機構軍はチェコスロバキアから撤退しません。七月十五日には前出のソ連始めワルシャワ機構加盟五カ国は「チェコスロバキアの独立と主権は社会主義国としてのみ維持し得る」という警告を出します。これが介入後、秋になっていわゆる「ブレジネフ・ドクトリン」と呼ばれるに至ったものです。

その後もドプチェクの危機回避の努力が色々あったのですが、結局八月二十日深夜、ワルシャワ機構軍はチェコスロバキアに進攻、全土を占領してしまいました。建前は、いまお話しした「健全勢力」の援助要請に応えての軍事介入、ソ連にとってはチェコスロバキアにおいて真の社会主義を奉じる「正統」な人々の招待による占領ということでした。実に、厭な出来事でした。しかし、西側諸国はドプチェクの苦境に心から同情しておりましたが、内政干渉と言うか、介入がましい発言を注意深く避けていました。

これが誰でもが知っている経緯なのですが、軍事介入があるのかないのか、私どもは文字通り固唾をのんで見守っていました。私は外務省の担当部局を巡り歩いて話を聞き東京に報告していました。ソ連を担当する北方部というところにいたジファード次長、この人は駐日大使になりました、同じく次長のバーカー、担当官のクリフト、それに調査部などの人達です。

介入に先立つ一カ月ほど前、三木（武夫）外務大臣が来られてスチュアート外相と会談されましたが、その段階でも英国政府は判断を下していません。スチュアートは、英国政府はソ連が軍事力を背景として強圧を加えれば、チェコスロバキア人の反発を招き、ひいてはせっかくの東西対決緩和に傷がつくことを恐れていて、事態の推移を見守っているところだとごく月並みのことを言われましたが、英国政府としてはこれ以上のことは何も言えなかったのだと思います。

ソ連の軍事不介入説の根拠としては、その年予定されていた世界共産党大会を控え、まさか軍事介入という露骨な内政干渉は控えるであろう。ましてや国際共産主義運動の中での中国共産党との競争関係に鑑みて、その指導的立場の正統性を維持するために軍事力行使は好ましくない。ソ連の指導部は集団的体制をとってきていて、非冒険的だ、慎重と言うか、大きなリスクを伴う決定はとりにくいのではないか。何にもましてドプチェクの率いるチェコスロバキア政権は外交、軍事面におけるソ連との協調を唱えている。このようなところへの介入は国際世論におけるソ連の評価を大きく傷つける。軍事介入は東欧諸国に内在する自由化志向、反ソ感情をかえって強める、といったものがありました。

より楽観的憶測として、春先から初夏にかけてのことですが、ソ連はチェコスロバキアで共産党統治の建前が維持されれば、市民の自由は相当に黙認するのではないか。あの日々明るさを増しているチェコスロバキア市人の生活、この明るさが自由によってもたらされているのは明白であって、いくらソ連でもこれを剥奪することはないだろう、という見方がありました。ただ、これも夏に入ると、チェコスロバキアと他のワルシャワ機構加盟国との対決、緊張がだんだんと高まり、八月に入って双方の間でブラチスラヴァ声明というものが発出され小康かと思われたりもしたのですが、二十日深更の侵入、その日のうちの全土制圧ということになったのです。

他方、介入説を唱える向きは、ソ連の指導層はチェコスロバキアの共産圏からの離脱を真に恐れている。ポーランド、ハンガリー、特に東独は、チェコスロバキアの反共産党、自由化運動の伝染、特に一党独裁統治の正統性の腐蝕を恐れていて、日々ソ連指導層に軍事介入を働きかけている。ソ連の軍部は、前年即ち一九六七年の第三次中東戦争の際のソ連の姿勢に示された通り、ブレジネフの外交は軟弱だと批判し、かつ、これ以上のワルシャワ機構の弛緩は許せないと主張している。ドプチェクの主観的意図がどうであれ、チェコスロバキアの自由化、非共産化はもはや彼のコントロールの及ばない危険水域に入っている、といった点を挙げていました。

最終的に何が引き金になったのか、私は存じませんが、私は個人的にユーゴスラビアのチトーとルーマニアのチャウシェスクが、八月になってからでしたか、踵を接してプラハを訪れ、市民に歓迎されているテレビの映像を見て、これは却ってまずい、ソ連の指導層はさぞや不安を深めているだろうなと思ったのを覚えています。

振り返って英国外務省の中ではソ連の専門家ほど悲観的でした。私自身は、一般論として集団的指導体制の下のコンセンサスはかえって保守的というか、現状維持指向となりやすいと考えていましたので吃驚はしませんでした。その後、介入に反対していたコスイギンも結局賛成に回ったと聞いて、さもありなんと思ったものであります。

――軍事介入後の英国の対ソ外交とはいかなるものだったのでしょうか。

介入直後の八月二十一日、首相官邸は英国政府の次の見解を発表致しました。「チェコスロバキア侵略は、国連憲章及び国際関係上受け入れられているすべての行動規範の最悪の違反であり、ソ連が度々述べている独立国の主権不干渉の原則に鋭く矛盾する」。私は対ソ関係の見直しを一切示唆していないこの発表を読みながら、これ以上のこともこれ以下のことも言えないのが英国の対ソ外交にとっての現実だなと思いました。

また、この発表に併せ英国政府は、八月二十六日に下院を緊急招集してチェコスロバキア問題を討議することを発表致します。休会中の下院をこのように招集するというのは、その年の一月に経済情勢討議のためというのがありましたが、戦後は一九五六年のスエズ動乱と一九六一年のコンゴ事件、これで四回目ということでした。この二十六日の下院の討議においてウィルソン首相は、ソ連及び東欧四カ国に対する経済制裁は行わないと述べ、また、今回の事件は、北大西洋条約機構の重要性を改めて認識せしめたが、この機構は西側の防衛を目的とすると共に、同時に東西間の緊張緩和の環境を創り出すことをも目指してきたことを強調したいとして、チェコ問題を巡ってソ連との政治的、ましてや軍事的対決は避けるのだ、せっかくの緊張緩和は引き続き進めるという英国政府の方針を強く滲ませています。加えて、文化交流はあえて禁止しないともしています。

また、この下院の場で野党のヒース保守党党首は、経済制裁の実効性は疑わしいとして政府に同調しましたが、チェコスロバキアへのソ連の軍事介入のある場合何らかの行動を共同して取ることを、西側においてあらかじめ準備していなかったため、ただ抗議するのみという残念な結果になったとの反省をも述べています。もっとも何が出来ましたか難しいところです。さらに、チェコスロバキアとは直接関係ないのですが、「中近東や極東においては、小さな国が自国内の破壊活動や外国の支配の犠牲になることを防ぐことはまだ可能であり、スエズ以東からの撤兵計画を再検討すべきであり、中近東、極東の安全保障に関わる責任を英国は回避すべきではない」と発言しています。

このように控えめな英国政府の反応ではありましたが、あたかも何事も起きなかったという政策は取れないとして、激しい非難は続き、特に、緊張緩和を擁護してきた理想主義者肌のスチュアート外相の怒りは激しいと伝えられていましたが、英ソ関係は他のいかなる西欧の国の対ソ関係と比べても悪化します。その間、柳班長やオックスフォード大学での研修を終えて政務班に配属となった沼田貞昭君、それに私は、このような英国政府や野党の態度それに主要論調の報告、情報収集でてんやわんやでしたが、英国の外務省は文字通り四六時中協力的でした。

それはそれとして話をチェコスロバキアに戻しますと、先ほどすでに申した通り、二十日深更以降二十一日にかけてソ連軍率いるワルシャワ条約機構五カ国軍は、同国全土を占領してしまいます。そして二十一日にソ連はドプチェク第一書記に加え、私どもが、その年の初めから「プラハの春」と呼ばれる状況が生まれてくる中で映像をも通じ、親しみを覚えるようになっていた改革派の指導者チェルニーク首相、スムルコフスキー国民議会議長をモスクワに連行してしまいます。確か逮捕ということではなく、協議という名目でした。それでも憔悴したというか、暴行を受けたあとと見受けられるドプチェクの写真が流されたりして、彼らの安否が気遣われる事態が生じたりもしました。しかし、二十二日にスボボダ大統領が急遽モスクワに飛び、協議の結果事後収拾策についての合意が得られたとして、二十七日にはドプチェク達を連れ帰ってきます。

私どもは、スターリン時代、いやスターリン批判後においてもベルリン、ワルシャワさらに一九五六年のハンガリー動乱で東欧市民のナショナリズムに基づく自由化運動がいかに苛酷にソ連によって弾圧されていたかを、生々しく記憶しておりましたので、帰ってきた時は大きな安堵感を覚えたものです。このスボボダという政治家は、第二次大戦中に反独抵抗運動を指導した将軍で、共産主義者以前にナショナリストという国民的英雄で、スターリニズムの時代でしたらまさに粛清されかねない人ですが、ソ連の指導層はスボボダなくして軍事介入後のチェコスロバキア情勢の安定化は期し得ないと読んだのでしょう。それに私どもも驚いたのですが、帰国するとドプチェクは改革の継続を唱えます。しかし、十月にはコスイギン首相がやってきてワルシャワ軍七万人の駐留が合意されます。占領から駐留、これも暫定と呼ばれ、かつ、チェコスロバキアと西独との国境線の防衛はチェコスロバキア一カ国の手には負えないというのが理由でした。暫定とは言っても、駐留は、結局一九八九年東欧の共産主義体制崩壊まで続きました。ドプチェクは翌年春失脚しました。

一つ付け加えてお話ししておきたいことは、ソ連軍の侵入後市民の激しい抵抗がしばらく続きました。最終的に死者は百名足らずで、二千七百名を超えたと言われるハンガリー動乱時の犠牲者に比べると比較的少ないとも言えますが、それでも軍事介入はチェコスロバキア市民の要請に応えるものだというソ連政府の言い分を信じて入ってきたソ連などの軍人達は、この抵抗に困惑し、驚かされているといったことが伝えられたりしていました。

私は一九五六年のハンガリー動乱はよく覚えていました。ハンガリーからの若い亡命者を何人か大学が受け入れていて、寮のアダムス・ハウスにも寄宿生として入ってきました。チェコスロバキアの場合、ブダペストのごときいわゆる流血の惨事は避けられたとしても実に不愉快な事件でした。

日本人にとっては、一九六四年の東京オリンピックの女子の体操で入賞して殊の外人気のあったチャスラフスカが、この自由化運動の指導者の一人だったということで、「プラハの春」を身近なものと感じて、これを応援しているといったところがありました。念のためちょっと調べてみましたが、この年一九六八年十月、国連総会において三木外務大臣は、この軍事介入事件を「明らかに国際連合憲章の規定と精神に反する行為であった」と断じ「一刻も早い撤兵を訴え」、国際社会の諸問題の解決が「法と正義の支配に求められるべき」であると述べておられます。いま読んでもいい演説です。先ほどお話ししたように、このソ連軍に率いられたワルシャワ軍のチェコスロバキア駐留は、理由はともあれ一九八九年まで続いたのです。

中国に関する情報収集

――有馬さんはロンドンご在勤中、英国の外務省から、当時日本とは国交のなかった中国について色々と情報を提供してもらったと言われました。当時は文革の最中でして、英中関係はどのようなものだったのでしょうか。

一九六六年夏に着任して、どれほど経っておりましたか。中国で進行している文化大革命と呼ばれる大衆運動の性格が今一つ明らかでなく、これについての情報の収集に努め、かつ、これが貴任国、即ち英国と中国との関係にどのような影響を与えているかについて報告してくるようにとの訓令が本省からございました。私の記憶が正しければ、多くの主要公館に宛てた共通の訓令でして、その段階までに我が方が入手していた情報、その分析に加え、詳細な質問事項をも含めた、在外にいる担当官にとって行き届いた配慮をした訓令でした。

当時の英中関係は、一九六七年に入って一時深刻に緊張致しましたが、それについてお話しする前に、私どもが何と言いますか、唖然として見守っていた文化大革命なるものを、中国共産党自身その終焉後いかに評価しているかについてちょっとご紹介しておきたいと思います。一九八一年六月に中国共産党中央委員会は、「建国以来の党の若干の歴史的問題について」という決議を採択します。これによりますと、文革によって「党と国家と人民は建国以来最大の挫折と損失を被った。……文革は毛沢東がまちがって引き起こし……党と国家と各民族人民に大きな災難をもたらした内乱である」ということになっているんです。また、時期についてこの決議は、文革は一九六六年春に始まり四人組の逮捕された一九七六年十月に終わったと認定しておりまして、第一段階は一九六九年四月までとなっているので、私のロンドン在勤はこの第一期と重なり、実はこの第一期に中国外交は最も激しくゆれ動いたのです。

そこで私が着任して間もなく一九六六年秋に、外交活動の縮小を理由に中国は在外の大使を本国に召還します。これと平行して党中央では十月に、在外中国公館の任務は「革命の輸出」であり、「毛沢東思想の宣伝と文革運動の展開」ということを決めているんですね。このような決定がなされたことを私は知りませんでしたが、その結果ほとんどの公館では造反派と呼ばれていた過激派が指導権を握ることとなり、公館職員の実に激しい行動をもたらします。思い出したくもありませんが、一時期中国大使館の職員が毎日のように事務所の前に出てきて、例えばドラム缶のふたを叩きながら色々なスローガンを叫ぶんです。他の館員は『毛沢東語録』を高く掲げている。こういった写真が『ロンドンタイムズ』紙などに掲載されたり、テレビに流れます。これら館員の中には、明らかに顔を伏せているような人もいて、さぞや恥ずかしいのだろうと同情を覚えたものであります。救いは、英国の報道がこれをただ淡々と伝えていたことでした。

外交活動目的が革命の輸出であるとか毛沢東思想の宣伝だというのですから、一部の国々との間で紛議がもたらされたのは当たり前でして、六七年の春、紅衛兵がインド、インドネシア、ビルマの各大使館に乱入して、破壊事件を起こすといったことがありました。これらについては、英国政府も事実関係を含め正確な情報を持ち合わせていませんでした。その後の中国側の関係者の話や専門家の研究で知るようになるのですが、外交の分野では、周恩来が、そして毛沢東すら、紅衛兵、造反派分子に対し、例えば外国公館の前でのデモは許しても、侵入を禁ずるといった具合に、抑制を呼びかけております。外交面での秩序の維持の必要性について、毛、周は認識を分かち合っていたようで、少なくとも中央における外交機能が麻痺してしまう事態は避けられていたようです。そうでなければ、一九六九年ニクソン政権発足後の米中接近――双方の戦略的志向の調整があって初めて可能な米中接近――は、ありえなかった。ましてや、中国側に優れた外交官の能力、機能なかりせば、キッシンジャーの訪中といったことはそう容易に実現し得るものではなかったと思います。

さて、英中関係ですが、そもそものところにちょっと戻ると、ご存知の通り英国は、一九四九年に中華人民共和国が成立するとこれをすぐに承認します。対日平和条約交渉にも「中共」の代表の参加を主張し、結局米英両国間に協議が整わず、日本は台湾に移っていた中華民国政府と別途に講和を結んだことはお話ししました。国連の代表権問題についても後ほど触れますが、当然のこととして「中共」の立場を支持しておりました。文化大革命についてですが、これは過渡的現象というか、中国の歴史全体の流れからみれば異常事態であって、次の世代の指導者はより現実的、かつ、穏健な国内、外交政策をとることとなるであろうから、たとえいまその政体の行動が国際社会からの自己疎外をもたらしているにしても、我々はこれに過剰に反応することなく、徒らにその孤立を深めるがごとき態度は出来るだけ避けよう、正常な状態に戻るのを待とうというものでした。私は、フェアバンク先生の十九世紀の中国（清王朝）外交史をとったり、先生の求めで板野正高先生の総理衙門についての論文の抄訳を作ったりもしていて、英国にはアヘン戦争はもとよりのこと、中国に対するひどい帝国主義的仕打ちへの贖罪意識があるのかなと思うほどに、文化大革命の過激な活動に対する態度はロー・キーと言うか抑制のきいたものでした。

そうではあっても、英国は中国との間に、帝国主義の残滓と言うにはあまりに大きい、香港という極めて特殊な、独特の問題を抱えておりました。そして、文化大革命において、実際には一九六七年の春ですが、香港の即時返還の要求が出てくるのは極めて自然のことであって、その方法としては陸海空の軍事行動までが考えられているんです。六月に『人民日報』は社説で香港の「愛国者」による英国統治打倒を訴え、その後紅衛兵が香港に越境して現地の過激派と共同行動をとる、これを香港の治安当局が取り締まり、多数逮捕投獄するといった事態が続きました。

そしてこのような状況の下、一九六七年八月、北京の英代理大使事務所が紅衛兵による焼き打ちに遭います。それでも英外務省の担当官は私に通常の業務（routines）は続けていると申しておりました。その月中国政府は焼き打ち事件を償うかのごとくに、それまで出国を拒否していたホプソンという代理大使の出国申請を許可し、英国政府の方はその後任にデンソンという、確か中国の専門家をあたかも何もなかったかのごとく赴任させるといった双方の鎮静化志向を示す動きもあったのですが、他方、香港当局によるいわゆる「愛国的新聞人」の収容服役への報復としてロイター通信の英人グレイ記者が監禁されるといった事態が発生し、文化大革命に関わる両国関係は一進一退を続けていました。

私どもにとって興味深く思われましたのは、焼き打ち事件の後、在北京英国公館の規模をどうするということが内部で協議され、結局商務参事官を除くごく一部の館員を除いてはほぼ定員に近い陣容を維持することとしたということでした。なぜ、事実上機能が麻痺に近い公館の規模をそのまま維持するのかと聞いたら、大使館からの情報が極めて貴重だからということと、先ほど申した通り英国政府は文化大革命を一時的なものとみているので、中国が正常に復す際中国の国際的孤立の状況改善に手を貸したいと申しております。もう一つ、ちょっと技術的な話になりますが、何か問題が生じて相手国から大使館規模の縮小や、一部館員の退去を要求された場合を考えれば、通常というか、定員の規模の維持は極めて好ましい。厄介な関係にあると、増やす方がはるかに難しいんです。文革がさらに過激というか攘夷的になる可能性は排除されない訳ですから。冷戦時代、英国の外務省はソ連とのスパイ事件でゴタゴタする都度、そしてこれが私のいた頃もよく起きていたんですが、在英ソ連大使館員の規模縮小や館員の何人かのペルソナ・ノングラータ（好ましからざる人物）としての退去を要求し、ソ連がこれに対する報復として同様の措置をとるということ——あるいはそれの反対のことをやっていました。少数の館員だったらいなくなってしまいます。英国外交の老練さというか、強かさです。いずれにせよ、「愛国的新聞人」とグレイ記者との釈放について、英中間のやり取りは一切外に漏れませんでしたが、最終的にいずれもが自主的決意なのだとして釈放、解決されました。双方の面子を立てた巧みなものでした。

一九六九年に入りますと新聞記者問題が解決し、六七年以降空席になっていた在英中国大使館の商務参事官ポストに七月に新任参事官が赴任してきました。また、その年の一月〜六月の英中貿易は、対「中共」輸出二五〇〇万ポンド、輸入一八〇〇万ポンドで過去最高を記録しました。この英中関係の改善はわずかなものでありましたし、中国の対外政策一般の穏健化の一環なのか、または、主に英国に向けられたものなのか、英国外務省の中で議論されたようで、結局前者ということになったと聞きました。その理由として、一般的流れとしては米国のベトナム戦争を背景とするソ連の対アジア外交の積極化への危惧、また、これに加え英国については、チェコ事件以降特にソ連との関係が悪化している英国への接近の利点などが挙げられていました。この一般的穏健化は私が最初にご紹介した「中共」中央委の決議「建国以来の党の若干の歴史問題について」と平仄が合います。

国分良成教授の編集された『中国文化大革命再論』という本の中に青山瑠妙さんという方の「文化大革命と外交システム」という好論文があり、その中に一九六八年の十二月から六九年の初めにかけて周恩来が党政府の外交機能を再び掌握したと書かれております。これは、上述の穏健化に繋がっていて、私どもロンドンに在勤して見聞したところと重なります。一つ私どもが十分に認識していなかったのは、「香港問題については、中央レベルの意見の相違が軍事紛争を招く一歩寸前のところで毛沢東によって制止された」ということです。先ほど英中関係についてお話を始めたところで、香港解放の方法として陸海空の軍事行動が考えられていたと申しましたが、これは私が青山論文を読んでいたので述べたまでのことで、私がロンドンにいた時は、そこまでの現実味を帯びた危機感を英国政府関係者から聞いたことはありませんでした。

一九六八年以降、香港の状況は鎮静化しました。この理由について英国の外務省は、中国系攪乱分子に断固とした態度をとってきたからだと言い、第七回日英定期外相協議においてスチュアート外相は、将来香港問題を解決するに当たって、香港の安定を確保することが必要最小限の前提だと述べ、自治権の拡大は示唆していましたが、香港の統治を「中共」系香港・中国人に渡すことは決して有り得ないとの態度であり、九九年間の租借条約が終了する一九九七年以前の返還などは一切考えていなかった。

一九六九年当時、香港には陸軍が三大隊（battalion）で構成される一旅団（brigade）約三千六百名、空軍は一連隊（regiment）と一ヘリコプター・ユニット、海軍は掃海艦隊（旗艦として駆逐艦一、掃海艇・討機雷船二）、兵力合計約六千〜七千が常駐とされていました。これは、先ほどお話したスエズ以東からの撤収とは関係なく、かえって一九七一年までにこれが一万人くらいに増強されるのではないかと言われていました。

他方、香港に英軍を駐留させる目的について、英国の外務省は中国からの攻撃が念頭にある訳ではなく、「中共」系香港・中国人の破壊活動抑止の警察支援、治安維持であると説明していました。そして、中国が香港に武力攻撃をしかけてくることはまずあるまいとの判断でしたし、万一これがあれば防御しきれないと見ているというのが私の印象でした。治安のためだけに一万人まで増強するというのもピンときませんし、事実その理由について、これがスエズ以東撤収後の英連邦五カ国防衛協力のために使われることはないということ以外明確な説明はありませんでした。しかし、中国からの進攻に対する抑止は、やはり念頭にあったのでしょう。

文革下の中国の外交についての日英間の認識には大きな相違はありませんでした。英国政府は革命理論が東アジアにおいて不安定状況をもたらす可能性は否定出来ないし、この危険への対処を怠るべきではないとしながらも、中国が自ら膨張政策を実施する能力は、中・ソ対立の厳しい現実、また、まさに文化大革命の波紋からして心理的にも感情的にもないというものでした。

ですから、中国が政府として香港に武力進攻するなどとは考えもしませんでした。他方すでにお話ししたように英国政府は、明らかに「中共」を念頭に置いていた東南アジア条約機構について、スエズ以東から英軍の撤収してしまう一九七一年以降も演習には参加し、いざという時には派兵するとことさらに言っていたことからして、そして英国政府が私どもにすべてを教えてくれていた訳ではもちろんないと思うので、案外軍事的準備を重々していたのかもしれません。

一言、当時の英国政府の中国の国連代表権問題についての姿勢ですが、これも第七回の定期外相会談でスチュアート外相は、現在のごとく国府、「中共」双方が全中国に対する主権を主張する限り、問題解決は有り得ない、いずれ台湾は自らを全中国を代表する正統政府であるとする主張をとりさげることを余儀なくされるだろうとして、アルバニア決議案（「中共」を国連への代表とする）には賛成、但し、重要事項方式（決議に必要な賛成数を過半数ではなく三分の二とする）に基づくというものでした。しかし「中共」の加盟を積極的に促進するといった態度はとっておりませんでした。しかし、一九六九年になるとキッシンジャーはニクソン大統領の特別補佐官としてそろそろ動き始めるんですね。私は、英国政府はこれを知っていたと思っています。

川島自民党副総裁の東欧訪問

――ロンドンにご着任になって間もなく川島正次郎自民党副総裁の御一行と東欧を訪問されています。どのような経緯でそうなったのでしょうか。また、そのご訪問についてお話し下さい。

この年、一九六六年十月三日から十二日まで当時の自民党副総裁川島正次郎氏は、佐藤栄作総理の特使として藤枝泉介、秋田大助、浜野清吾各衆議院議員と山田淳治東欧課長を伴ってユーゴスラビア、ブルガリア及びルーマニアの三カ国を訪問されたんです。その年七月、日ソ関係史上外務大臣としては初めてグロムイコ氏が来日したといったことはありましたが、アジアにおいては、ベトナム戦争は拡大の一途を辿っていて、冷戦まさにたけなわの時代でした。また、中国の文化大革命がようやく世界の注目を浴びだした頃でもあります。そのようなところで本省から山田課長の補佐としてウィーンで合流のうえ随行せよとの訓令を受け、御一行には法眼晋作駐オーストリア大使の公邸でご紹介いただきました。お一人お一人が懇ろによろしく頼むとおっしゃったこと、川島副総裁のエナメルの靴がピカピカであったことをよく覚えています。副総裁の靴は全行程いつもピカピカで、お供はお連れではなかったから、印象深いことでした。お一人お一人、身だしなみだけではなく、誠に品のいい方々でした。

一行はどこに行かれても大歓迎でした。どうした訳か、川島氏は非同盟主義にご関心で、「今年の二月ナセル大統領には二回会った」といった調子で話を始められ、我が国外交の説明でも、平和共存、反共ブロック形成反対、特にベトナム戦争との関連で紛争の平和的解決等々非同盟節的表現が折々出るので、チトー大統領などは「いま貴国より日本外交の基調を伺い、その中にいくつかの非同盟主義的要素のあることに深い感銘を受けた」と答える具合で、まさに意気投合の雰囲気となるものでした。チトーは元帥と呼ばれていましたが、その通りで風貌、立居振舞は、大統領というよりは威厳のある軍人の趣でした。

ユーゴの指導者達は、ほとんど例外なくチトーの指揮の下で反ナチ抵抗戦争に従事した筋金入りの共産主義者だと言われていました。しかし、思想的に押しつけがましいところはまったくなく、押し並べて「ユーゴスラビアは、一つの国家と言うけれども、三つの宗教、五つの民族、そして歴史的経緯から六つの共和国からなっている、これを政治的に統治していくために共産党の組織と規律が必要なのであって、マルクシズムを普遍的に正しい唯一の思想などとは思っていないし、ましてや宣伝する訳もない」との姿勢であり、カルデリという連邦議会議長などは、ソ連に率いられた国際共産主義運動を、衰退しつつあるとしながらも、強く批判していました。

私どもの紹介された指導者の中に、抵抗戦時代斥候として名を馳せ、テンポ（速い）という渾名のついたユーゴ労働同盟の議長がいました。会ってみると二メートルを超える偉丈夫で、私が思わず「斥候にしては大きい」と申したら、「抵抗時代はいつも這っていたから大丈夫だった」と答え、このやり取りを御一行が大いに喜ばれるといったこともありました。多分情報の責任者だったのでしょう。

私ども一行の接伴には、コーチャ・ポポヴィッチ副首相という長年ユーゴの外相として国連や非同盟運動で活躍した著名な政治家が当たってくれていました。裕福な家庭に育ちながら戦前からの共産党員で、ソルボンヌで哲学を修めた著名な詩人でもあるということが、大使館からもらった資料にありました。一夕たまたま時を同じくしてユーゴを訪れていたブーメディエン・アルジェリア大統領一行と私どものために、連邦議会議事堂で大きなレセプションが開かれたんですが、多分、所在なげに立っていたのであろう私のところにこのポポヴィッチ副首相がやって来られて、「お前はフランス語も出来るのか」と聞かれました。「申し訳ないが無調法で」と申したところ、続けてちょっとアクセントはありましたが品格のある英語で「なぜ日本ではサルトルにあんなに人気があるのか」との唐突な問いなんです。ちょっと吃驚したのは、この旅行中私はたまたまボーヴォワール夫人の自伝をペーパーバックで読んでいて、ナチ占領下のサルトルについて私が抱いていた抵抗の志士というイメージが崩れかけていたということがあったからです。しかし、つまらぬことは言っても詮ないことと思って、「よく分からぬ」と正直に申しましたら、激しい言葉でサルトル批判をなさった。思想だったのか、戦争中の行動であったのか、もはや覚えていませんが、いずれにしても吃驚しました。

その他にも色々ありました。ブルガリアのジフコフ首相が「両国関係の発展のためにお互いに努力したいと思う。ところで日本人はあまりアルコールを好まないのか」と問い、特使が「そんなことはないがブルガリアの酒は強すぎる」という真面目なやり取りの後、ジフコフが「我々にはアルコールなしの生活は考えられない、アルコールを適当に飲んでマルクス・レーニン主義を進展させたいと考えている」と述べ、皆が笑ったりしました。ブルガリア産コニャックや煙草の対日輸出に強く関心を示したんです。ブルガリア黒海沿岸の観光振興にも熱心で、一行中ほとんど発言されることのなかった藤枝議員が「近々東京モスクワ間に直通航路が開かれる」と紹介され、先方はこれを大いに喜んでいました。私は藤枝議員がどうしてこんなことをご存知なのかいぶかしく思ったものです。

ルーマニアでは第一書記に就任して一年あまり、当時四十七歳のチャウシェスクとの会談。その中身より場景が印象に残っています。見事に装飾された広々とした執務室、末弟にそそぐがごとき眼差しでチャウシェスクの発言に頷く長老風の数人の陪席者。折々自分の発言について陪席者の確認をそれとなく求めるチャウシェスクの初々しさ。この人に一九八九年十二月のあの凄惨な末路があろうとは思いも及びませんでした。

ところでこの出張については、外務省の『霞関会会報』という小冊子に書きまして、その際改めて調べたのですが、この年六六年の九月二十八日の『佐藤榮作日記』には、「川島君が渡欧するのでその事前打合せ。最近の荒船君の進退につき協議する。手荒なことはしたくないが、これは何とかしなければならぬ。後任は藤枝君」との記述があります。これは川島派荒船清十郎運輸大臣が自分の選挙区に急行がとまるようダイヤを改訂したという事件のこと。同十月十一日「愛知君（官房長官）に荒船君の辞表をとるよう指示……発表は川島と連絡の後がいい」。翌十二日「荒船問題新聞を賑わしおる。……藤枝君は……明十三日帰国の予定。党内川島に対する批判高まる……」。十四日「八時半藤枝を私邸に招致して運輸大臣をきめ、九時参内……」。こう読むと藤枝議員の「近々東京モスクワ間に直通航路云々」のご発言も合点がいきます。色々とご存知の、多分運輸族だったんですね。このような内政の動きが、この副総裁一行にとって深い関心事であったことは間違いない。

他方、私はこのようなことをさっぱり承知せずにお供をしていました。加えて、この年の九月、サルトルはボーヴォワールと共に慶應義塾大学の招きで来日、講演会は「定員二千に四万人もの希望者が殺到する」という大人気と報じられていたんです。これは欧州でも報じられていてコーチャ・ポポヴィッチは知っていたのでしょう。このことも私は知りませんでした。

ところでこの私の出張は、本省で、訪問先国の共産党と我が方自民党との間で共同文書を発出しようといった話が出てくるかもしれない、その場合、ユーゴスラビアは非同盟国の立場を鮮明にしているし、ルーマニアも冷戦とは直接関係ないので、文書は英文ということにしてこれに応じて問題はないであろう、ついてはもしそうなったら有馬をして山田課長を補佐せしめるため随行させようということになったのだそうです。しかし、私の記憶が正しければ結局どこでも文書づくりはありませんで、ただ、英語を介しての通訳の方が早いという場面がいくつかあって、記録取りで入っていた私が通訳をすることはままありました。

三木外相の東欧訪問

――東欧と言うと、有馬さんは一九六七年の七月末から八月初めにかけて三木外務大臣の東欧三国、ポーランド、チェコ、ハンガリー訪問にも随行されています。その経緯とご印象をお話しいただけますか。

本省から三カ国いずれにおいても共同声明を発出することとなるので、その交渉、起草に当たって北原（秀雄）欧亜局長を補佐することがあげられておりました。起草作業は英語で致しましたが、三カ国とも案文はほぼできあがっておりました。発表文は日本語と英語とそれに相手国各々の言葉でした。

ポーランドの外相はラパツキーという有名な実力のある外交官でした。戦前のヨーロッパを知っていた北原局長の世代の外交官にとって、ポーランドは様々な思いをこめて見つめる欧州の大国なんですね。そしてワルシャワ市民蜂起とソ連軍による厳しい制圧の記憶は私共にとってまだまだ生々しかったんです。日本側にとっては、ポーランド人の近世における厳しい歴史体験に対する敬意と同情を持っての訪問だったと申していいと思います。ポーランド側の接遇も極めて手厚く、最終日には「ショパンの家の訪問」とコンサートが準備されておりました。私は、コミュニケ作業の最終段階で参りませんでしたが、同行の記者諸君は深い感銘を受けたと言っておりました。

ポーランドとの共同声明では、いま読んでも興味深く思われるくだりがいくつかあって、その一つにこの訪問の一カ月前に発生した第三次中東戦争について次のようなくだりがあります。「両国外務大臣は、中東における紛争を討議した際、この地域における永続的平和を確保するために良好な条件を醸成することが重要であることを述べ、また、この目的を達成するためイスラエル軍が一九六七年六月五日以前の線まで直ちに撤退することが必要であり、適当な措置がとられるべきことを合意した」。これはまさに二カ月後に採択された安保理決議二四二の趣旨であり、翌年十一月第一次石油危機の際の二階堂（進）官房長官談話発出に当たって我が方が対米関係で苦労した部分がごくあっさりと書かれているのです。英語は"it being essential that the Israeli troops be immediately withdrawn to positions held prior to June 5, 1967."となっています。安保理決議二四二採択のときイスラエル軍の撤退すべき地域（positions）の前に定冠詞（the）をつけなかったという英国外交官の知恵がここにすでにある。しかし、多分私の考えすぎで、推測するにただ定まっていないのでついていないのでしょう。

川島正次郎先生もそうですが、三木外務大臣も自民党の中ではＡＡグループ――アジア・アフリカグループですね――と呼ばれた議員に近く、中東紛争についてはもとより、ベトナム戦争についても、例えば米軍の北爆の即時無条件停止を唱える東欧の外務大臣の発言、話し方は極めて穏やかでしたが、これを「フム、フム」と聞いてあえて米国の立場を弁ずるようなところはありませんでした。また、その当時自民党の中ではコンセンサスとまではいっていなかった核拡散防止条約の締結についても、その重要性を訴えてもいます。その他軍縮一般、国連、国連憲章の重要性についての共通認識など広く政治的問題が取り上げられました。

三木外務大臣はいずれの国においても外相の訪日を招請され、これはポーランドとハンガリーでは、各々「満足の意をもって」また「喜んで」受諾されたのですが、チェコスロバキアでは招待の事実のみが書かれています。チェコの外務大臣はダヴィドという、これも当時かなり知られた人でしたが、三木さんのおられる間に原則受諾する権限すら持っていないのだろうと関係者は話していました。ダヴィドとの文書は新聞発表記事と呼ぶことすら憚られるほどに素っ気のないものでした。政治対話に極めて積極的だったポーランドやハンガリーに比し、チェコの場合「双方は経済、科学技術協力ならびに文化、スポーツの分野において」、「両国関係発展の可能性が存在する」としてことさらに政治を避けるようなところがありました。

ところが、公にする部分で慎重だったダヴィドでしたが、外相会談では興味深い話をしてくれていました。例えば、当時論じられていた核の抑止論、西独の核兵器へのアクセスについて、もし西独の戦術核兵器によりプラハが破壊され、その後にソ連がその抑止力を行使して報復してくれたとしても、これは「死者に対する供花」であり、当事者であるチェコスロバキアにとっては何の意味もなさないと言っておりました。当時西独にはシュトラウスといった国防大臣のように、米国の核抑止力の信憑性に疑念を持って、西独にも核兵器使用決定過程に参加させろといった議論をする政治家がいて、このダヴィド外相のごとき見方は、他の外相からも西独の政治的将来についてのいささかの不安と共に三木さんに表明されていました。

また、レナルト首相は、チェコスロバキアがミュンヘン協定の当初よりの無効を主張しているのは財産・賠償請求権にまつわる理由からではなく、大国が小国を抹殺せんとした歴史的不正義を明確にせんとする道徳的思考によるものだと言って説明していたのには、日韓併合条約について同じ主張をした韓国政府の立場を想起させられ、いまも記憶に残っています。他方、チェコスロバキアについては、半年後に「プラハの春」と呼ばれる民主化運動を予感させるものはまったく何もありませんでした。

また、私は川島副総裁のユーゴ、ルーマニア、ブルガリアご訪問にお供した時のことは情景を含めて実によく覚えているのですが、この三木外相東欧御訪問のことは、共同声明等、資料に当たって記憶を整理するということがほとんどでした。会談の記録は随分と書いたし、終わってみると共同発表文書の最終的仕上げで北原局長を助けました。これに加えて、ちょっと短気な北原局長が会議の途中で相手に英語の通訳を出すように要請して、私が三木さんの、先方の発言は先方の通訳が各々やるという場面もありました。また、最近見せられた写真では、チェコのレナルト首相は英語が出来たのでしょう、二者会談で真中に座って私が通訳をしているんですね。この写真も実はそうなんですが、三木さんはよく目をつむっておられ、これが居眠りをしているようにも見えて困ったことがありました。

――三木外務大臣は、この東欧三国訪問に先立ちソ連に行かれてコスイギン首相と会談され、その時先方は平和条約に至らない「中間的文書」というものの作成を提案したと聞きました。これはどのようなものだったのでしょう。

知りません。

留学時代の友人との再会

――有馬さんにはアメリカ時代からの英国人のご友人がいらしたとお聞きしましたが。

その通りです。先ほど英国人が自らをヨーロッパ人だと自らに説得しているようなところが当時あったと申しましたが、私にはロデリック・マックファーカーという英国人の古い友人がおります。最初に会ったのは私が大学二年の時、一九五四年の秋でして、私はその頃からアジアについての学術雑誌 *The Harvard Journal of Asiatic Studies* の漢字の活字組みのアルバイトを始めておりまして、このマックファーカーさんが、その年オックスフォードを卒業したばかり、Commonwealth Fellow――英連邦奨学生とでも呼べるのでしょうか――としてフェアバンク教授の下で中国政治史の勉強を始め、かつ、この雑誌の編集室でアルバイトも始めたのです。ですから自然に大変親しくなりました。その後この人はロンドン大学で博士号をとり、労働党から政界入りをして、二期か三期議員を務め、いまはハーバードの政治学部で近代中国政治を講じている文化大革命についての世界的碩学で――長いこと学部長をも務めていましたが——、政治家出身の異色の学者です。この人は私が英国に赴任した時は *China Quarterly* という中国についての英国の学術総合雑誌の編集長をしておりましたが、私どもの英国駐在を喜んでくれて、陰に陽に公私共に助けてくれました。御尊父はインド総督府の高官だった人で、ご家庭の雰囲気はアジア志向でした。ある時私が「英国とヨーロッパ」と申しましたら、彼が、「英国はヨーロッパなのだから、英国と大陸というように」とまじめに忠告され、なるほどと思ったことを覚えています。エミリーという夫人はウェルズリーという女子大学を出たアメリカ人で、『エコノミスト』誌に米国政治などについて定期的に寄稿する優秀なジャーナリストでしたが、残念ながら数年前に亡くなってしまいました。

ロンドンに赴任する前から存じ上げていて、文字通り家族ぐるみでお世話になった方々の中に政治思想史のバーナード・クリック教授がおられます。私が一年生のとき政治原論の指導教官（セクション・マン）で私を政治思想史に導いてくれた方です。この先生については『日本経済新聞』のコラム、「交遊抄」に書いたことがありました。この方が、当時は日本人の入っていなかった The Reform Club というそもそもは自由党系の名門社交クラブに紹介して入れていただいて、私は、いまでもメンバーであります。もう四〇年ですか。時々退会しようかと思うのですが、家内が「せっかくいままでメンバーだったのだから」と会費を払い続けてくれておりまして、稀に家内とロンドンを訪れた折ここに泊まったこともありました。クリック先生は、ロンドン大学の講師をしておられましたが、私のおります間にシェフィールド大学の政治思想史の主任教授として移られました。私どもは当時ロンドン大学で政治思想史を講じていた巨匠オークショット教授の後任になられると聞いていましたが、結局そうはならなかった。しかし、クリック夫人がロンドン大学でドイツ文学を教えておられたので、ロンドンにはよく戻ってきておられました。

一九六〇年夏、箱根で「日本の近代化」と銘打ったフォード財団の支援による主に日本と米国の学者の会議が開かれました。その時カナダのブリティッシュ・コロンビア大学で教えていた社会学者のロナルド・ドーア先生も参加されていて、私はそこで初めてお目にかかったのですが、その後丸山（眞男）先生の『現代政治の思想と行動』が英訳されることとなって、この作業に丸山先生のご要請でオックスフォードのリチャード・ストーリー先生とドーア教授と私も一緒に監修と言うか、翻訳のチェックのお手伝いを致しました。こういったご縁で、私が英国に着任した時はロンドン大学で教鞭をとるようになっておられたこのドーア先生、さらにはストーリー先生にも大切にしていただきました。

私は、クリック先生からシェフィールド大学に、ドーア先生にはチャタム・ハウス（王立国際問題研究所）に呼んでいただいて、戦後の日本の思想状況について講義を致しました。丸山先生の『日本の思想』や清水幾太郎氏の思想の変化などに触れながら、日本におけるマルクス主義の衰退について話を致しました。渾身の準備をしたのを覚えています。いずれの場所でも、お二方が「こういう場所に日本の大使館の二等書記官を呼ぶことにいささか当惑している人もいるかもしれないが、今日は思想史を専門とする若い日本人としてこの人を呼んだ」と紹介してくれていました。それにしても、当時は物珍しかったのでしょうか、かなりの聴衆がお集まり下さったのを覚えています。チャタム・ハウスでは講演後たしか『朝日新聞』の白井健策さんがわざわざ来られて、いい話だったと褒めて下さいました。シェフィールドには法政大学の藤田省三先生が研究員でお見えになっていて、夜はクリック先生と三人で食事をご一緒致しました。

他にもハーバードの助手時代親しくなったカナダ人でロンドン大学の英国政党政治史を担当していたロバート・マッケンジー教授、この人は『英国の政党（The British Political Parties）』という有名な本を書いています。この先生にも英国の政治状況について色々と教えてもらいました。しかし、この方はだいぶ前に亡くなってしまわれた。いずれにせよ、こういう方々とは文字通り家族ぐるみで呼びつ呼ばれつ、懐かしい限りです。

第3章　沖縄返還をめぐって　1970-72

沖縄返還

――ここからは、沖縄返還協定のお話を伺いたいと思います。一九七〇年一月に条約局条約課にお戻りになっています。首席事務官になられたのですね。

そうです。

――そして、これは沖縄返還協定に関する仕事をするために戻られたのですね。

そうです。

――内示を受けた時に、そういうお話があったのですか。

ええ。いつ頃でしたか、条約課の栗山尚一さんが法規課長に移られるので、その後に来るようにという内示を受けておりました。

――沖縄返還協定の締結にあたっては、条約課と北米一課が共同で日米交渉に当たったのでしょうか。

そうです。一九六九年十一月に佐藤（栄作）総理が訪米された時に、佐藤＝ニクソン共同声明を発表され、これに基づいて返還が約束されました。この約束を協定の案文にするという作業がまさに条約交渉な訳ですが、これを北米局と条約局が共同主管で行った訳です。

――記録を見ますと、愛知（揆一）外相が一九七〇年一月十六日にマイヤー駐日大使と会談されています。返還協定の交渉が始まったのはこの頃と考えてよろしいですか。

協定そのものの交渉ということであれば、そう考えられたらいいのではないかと思います。しかし、この愛知＝マイヤー会談に先立って十一月の共同声明発出の後も、引き続き当時の北米局長の東郷文彦氏と在京の米国大使館のリチャード・スナイダー公使との間で折々会合がもたれていて、協定締結に当たって問題がどのような分野にあるかということは、すでに整理されつつありました。

ただ、念のため申し添えますが、沖縄の返還そのものについての日米間のやり取りには、ご存知の通り、長い経緯と言うか、物語があります。しかし私は、実質的返還交渉が始まるのは、佐藤内閣成立後、一九六七年十一月に佐藤総理が訪米され、ジョンソン大統領との間で「総理大臣は、さらに、両国政府がここ両三年内に双方の満足し得る返還の時期につき合意すべきであることを強調した。大統領は、これら諸島の本土復帰に対する日本国民の要望は、十分理解しているところであると述べた」という有名なくだりの含まれた共同声明が発表された時だったと考えております。そして、この交渉が一九六九年佐藤総理と親しかったニクソン氏の政権発足で加速し、愛知外務大臣ご自身が訪米して交渉に当たり、十一月の共同声明にこぎつけ、これに基づく返還が合意され、一月から協定交渉に入ったんです。

――ご発令は一月十六日です。まさにこの日なんですね。

これはまったくたまたまのことです。私はロンドンから十四日に戻り、十六日発令、課全体が張りつめた雰囲気で、省内の挨拶も省いて、すでに法規課長になっておられた栗山さんから詳しい、懇切なブリーフィングを受けました。その際、協定交渉の準備に加え、しかし、作業としてより急を要したのは、間もなく始まる通常国会を控え、十一月の日米共同声明に関わる想定問答作りでした。基本的考え方は、すでに中島敏次郎課長、栗山首席がまとめておられたのですが、仕上げるのは大変でした。
戦後の日米首脳間の共同声明で最も重要なのは、多分この佐藤＝ニクソンのものだと思います。沖縄返還という大事業に際し、その基本的態様についての合意、地域安全保障環境についての日米共通認識、我が国非核政策に対する米国の明示的理解などが堂々と謳われているのですから。この他にも、日米安保改定に際し、新条約に設けられた事前協議に関わる事項について米国政府として日本の意思に反する行動はとらないと誓った一九六〇年一月の岸＝アイゼンハワー共同声明、日米関係を初めて同盟と定義した一九八一年五月の鈴木＝レーガン間の共同声明など想起すべきものは色々ありますが、想定問答の量だけから言っても佐藤＝ニクソンには比べることも出来ません。予算委員会の始まる前のある日曜日、東郷北米局長と井川克一条約局長が法制局長官のところへいかれて、お三方で問答集の主要な部分を協議されました。私は記録をとるためお供を致しましたが、その後こんなに高いレベルであれほど長時間にわたって想定問答のすり合わせがなされるというのは私の承知する限りありませんでした。

――沖縄返還協定交渉にあたって、外務省の対処方針はどのようなものでしたか。

日本政府にとって一番重要な方針は、「核抜き・本土並み」の実現でして、これはすでに共同声明の中で両首脳の間で合意されている訳ですから、これを条文の中に明確に記すということです。それに加え返還は一九七二年中に行うという指示でした。
ここでいう「本土並み」というのは、よくご存知の通り、第一義的には日米安保条約及びその関連の諸取極が本土と同様にそのまま沖縄に駐留する米軍にも適用されるということです。しかし、加えて私どもは、沖縄の方々は一九四五年から七〇年――実際に返還が実現するのは七二年五月十五日ですが――、二十数年間にわたり苦渋の体験を戦中、戦後してこられた。ところが、佐藤総理が六五年八月訪沖の際に詫びておられるように、その間本国は何もして差し上げられなかった。当時私ども担当官の間で口にすることがよくあったんですが、沖縄戦で軍が最後に東京へ打った電報では県民の大きな犠牲を伴った協力ぶりが報告され、末尾に「沖縄県民かく戦えり、後世格段の御高配を賜わらんことを」と記されているのはご存知の通りです。これは精神的指針でした。ですからせめて返還に至る過程で、日米協定交渉を通じなるべく早く県民生活の万般における本土並みを期したいということがありました。基地の整理統合に向けての努力もその一つです。あまりうまくいきませんでしたが。

――三月から沖縄準備委員会というものが開催されています。これはどのような委員会だったのでしょう。

アメリカ局が主管しておりましたので、実態はよく存じませんが、共同声明第十項にその設置が明記されています。これについては、千葉一夫北米一課長が強く主張されたと聞いておりましたが、施政権の返還をなるべく円滑に行うため必要な諸々の措置について日米間で協議しようということで出来ました。日本政府代表は高瀬侍郎大使、米側は琉球列島高等弁務官ジェームズ・B・ランパート陸軍中将。このランパートという人は歴代の高等弁務官の中では最も親日的だと言われていて、これは幸いでした。いずれにせよ返還に際し、日本の法体系が全てそのまま適用されることになるのですから、準備は大変だったんです。

――教育制度や道路の通行を変えるということを含めてですね。

そうです。通貨もドルから円へ、車も右側通行から左側通行へ。返還とは、一九六五年八月、佐藤総理が沖縄に行かれた際、沖縄には明治憲法がまだ施行されているとも言えるのだと言われた通り、そのようなところへ新憲法下の日本の全法体系が初めてそのまま適用されることを意味したんです。そして、米国の施政の下でなされた司法、立法、行政のさまざまの措置を、本邦の法律に照らしてどのように継承していくのか、特に、民事、刑事の裁判の判決の効力をどのようにみなすのか、あるいは米国の施政下で日本の法に照らせば沖縄人の権利が不当に侵害されているような場合どうするのかといった、極めて難しい問題を提起しています。これは、中島課長自ら担当し、丹波實君が助けていました。丹波君は、安保条約、基地問題をも担当していました。国会で常に、もっとも執拗に取り上げられていた分野です。また、私どもは「鞄持ち」と言うんですが、局長など政府委員として国会の委員会に出席する幹部に答弁資料を持ってお供する役目、これを丹波君はいつもやっていた。アメリカ局では加藤良三君でした。こういう人達は文字通り両手両足を使って資料を引っ張り出すなどと言われていましたが、平然とやっていましたね。

いずれにせよ復帰へ向けての準備作業には全省庁挙げて取り組みました。暫定措置法で復帰後の本邦法適用に猶予期間を設ける場合も多くありましたが、一つ一つ米国の施政下の沖縄の実情を調査する必要があり、そのすべてに外務省が関わり、膨大な作業をこなしていきました。北米一課の佐藤（嘉恭）首席と「みんなよく生きてるな」と言い合うほどの、間断のまったくない二年半にわたる激務でした。また、北米一課でやはり大きな役割を果たした加藤君は、その後も難しい場面で活躍してきた外交官ですが、「大変でしょう」と声をかけると「いや、沖縄に比べれば大したことありません」と言われるものでした。幸い、条約課では私のおりました一九七〇年一月から七二年七月まで病人は出ませんでした。使命感を持って皆が頑張ったということですが、加えて中島課長、そして一九七二年一月から中島さんの後任で来られた栗山課長も仕事がよく出来るうえに円満なお人柄で、これによるところが大きかった。私の記憶が正しければ、北米一課も皆さん健康でした。千葉課長はべらぼうに優秀でよく叱る人だったけれども、酔っぱらうと部下を陰で褒めるという魅力的癖があった。決断において逃げる人がいなかった。

――課の中での担当官には他にどなたがいらしたのでしょうか。

柳井俊二君が総務班長で、この人は、どんなに難しい交渉ごとでも淡々とまとめ、条約文に練り上げていくという稀有な能力を持っていた。また、学者の道を選んで役所を辞めた浅井基文君。彼も課の通常の案件に加え返還の業務にも携わっていて、その後私が企画課長の時には首席事務官をしてくれ、また国際協定課長、中国課長、アジア局の地域政策課長などを務めました。

条約課は、沖縄の返還交渉ばかりやっていた訳ではもちろんありませんで、通常の、そしていつものごとく膨大な条約課の業務は林暘《あきら》君、折田正樹君、河村武和君がやってくれていました。全員一人一人極め付きに優秀だったけれども、それ以上に彼らの人柄があの難しい時期を無事のりこえさせてくれたのだとつくづく思います。この中で林君は残念ながら軍縮大使、イタリア大使を務め、インド在勤中に病を得て亡くなってしまった。

――有馬さんは首席としてどういう仕事をされたのですか。

それがよく覚えていないんです。私自身法律をきちんと勉強したことがありませんし、国際法の知識もそう大したことありませんので、課長から私におりてくる難しい話はすべて課員に流しておりました。その方がうまくいくんです。しかし、一人一人例外なく連日午前二時、三時まで仕事をしているのですから、心苦しいといったらありません。

もちろん沖縄だけではありません。通常の業務があるんです。ですから今でも当時課員が何をやっていたかはよく覚えている……例えば、さっき挙げた浅井君は、沖縄で私を助けながら友好通商航海条約などをも併せて担当していて、当時始まっていた東欧諸国との締結交渉で忙しくしていました。また、日独年金協定問題も担当し、これは私がドイツ大使時代に我が国にとっては最初の年金協定として締結にこぎ着けたんですが……私自身何をしたかとなるとよく覚えていないんですね。まあそれはどうでもいいのですが、ついぞ一回も誰も何を頼んでも、後ろ向きだったことがなかった。柳井君なんかは担当していない案件でも状況を見ながら「あっ、いいですよ。私がやりましょう」と言ってくれる。今でも彼の声が聞こえてくるくらいです。よほどしょっちゅう頼んでいたんでしょう。柳井君は一九七二年一月に国連代表部に赴任してしまいました。

あえて言えば、私はどんなに難しい複雑な問題でも一度論理の通ったところに漕ぎついていれば、条文であろうとなんであろうと担当官と一緒に完璧な英文に自信を持って仕上げることは出来まして、私にとってこの作業は楽しかった。ですからそのため返還交渉は全般をフォローしていました。もう一つ記憶に残っているのは、ある時期から千葉課長が国会に根回しに行かれる時、求められて折々お供をしたことです。金丸信議員が国対で沖縄担当の副委員長をしておられて、中身に強い関心をもち、かつよく分かっておられました。国会の委員部、調査室や自民党には先方からの資料要求などで――これには断りにいく場合がままあるんです――よく足を運びましたが、もはやこの辺りのことはすべて茫々です。

――楠田實さんが編集された『佐藤政権』という本によると、一九七一年の二月以降、特に返還協定交渉を行う中で問題になったのが、米国資産の補償問題と那覇空港の返還問題、ヴォイス・オブ・アメリカ（VOA）の中継基地の存続問題、米国企業の取り扱い方などが問題になったと記されています。このいずれについても条約課が関わった訳ですか。

そうです。VOAについては、返還協定で確か五年間の暫定的継続に合意致します。VOAは、野党から見ると反共プロパガンダの拠点ということでして、これの存続はけしからんと大反対でした。そもそも郵政省が電波は国家主権に関わることとの立場でやはり反対していましたが、最終的には政治的判断から同意してくれました。この取極の担当は法規課の鈴木勝也君でした。大変だったと思います。

――那覇空港も法的と言うよりもむしろ政治判断ですね。

そうですね。すぐには全面返還はなりませんで、日本政府に戻ったのですが、確か三年間米軍の共同使用を認めるという解決でした。

米国資産の補償問題というのは、米国が返還に当たって日本政府に引き渡すこととなった米国の費用で作られた公的施設への支払いのことでして、その詳細は返還協定の合意議事録に記されております。

那覇空港施設、多くの行政用建築物、道路や橋、その付属物等々でこれに一億七五〇〇万ドル。大蔵省は柏木雄介財務官が米側との交渉に当たられ、高いの安いのと色々とあったそうですが、私は財務当局はいい結果を出されたと思っております。次に核の撤去費用などに七千万ドル。これこそ安いか高いかよく分かりませんが、野党の方々も、いくら何でも金を払ったんだから米国は核を撤去したに違いないと言っておられました。最後に基地日本人労働者の給与が本土並になる結果、特に退職金が増える、この部分を支払って欲しいということで――当時労務費は地位協定上全額米軍が負担していましたが――退職金の増加分を持ってくれということでこれに七五〇〇万ドル。計三億二千万ドルを米国政府に支払いました。この数字は一方で積み上げの交渉も致しましたが、他方最終的には高度の政治的判断によって決定されたものです。佐藤総理の日記によれば、米側の当初の言い分は米政府の施設資産などで六億五千万ドルだったそうですから、納得のいく合意でした。

――米国企業の取り扱いというのはどういうことですか。

具体的には記憶にありません。これこそ日本の法体制の下におかれることとなったということです。

佐藤＝ニクソン共同声明（一九六九年）

――一九六九年の佐藤＝ニクソン共同声明（沖縄返還に関する日米共同声明）で何が問題になったのですか。

大まかに申して、朝鮮半島と台湾の安全と日本の安全との関係についての我が国の認識に関するものと、もう一つは、いよいよ日米安保条約としての関連取極がそのまま沖縄に適用されることとなって、「核抜き」を含め安保条約と地位協定の運用に関するものの二つでした。この二つは多分に関連し合っておりました。安保条約の解釈の基本は一九六〇年の新安保批准国会の過程で出来あがっていたのですが、沖縄返還に関する国会審議においてこれがさらに詰められました。

加えて、一九七〇年は、新安保条約の十年の有効期間が終了し、その後は日米いずれかが相手に終了の意思を通告すると、その一年後には終了するという節目の年ともなっていて、ちょうど発効十年目の六月二十三日には、将来に向かって日米安保を堅持するとの政策は「広範な国民的支持を得るものと確信する」という政府声明を発出したという次第で、いま読んでもなかなかの声明ですが、安保条約論争が改めて熱を帯びたんですね。

この共同声明の第四項に、総理大臣は「韓国の安全は日本自身の安全にとって緊要であると述べた」というくだりと、同じく総理が「台湾地域における平和と安全の維持も日本の安全にとってきわめて重要な要素であると述べた」というくだりとがあって、この「緊要（essential）」とは何か、「きわめて重要な要素（a most important factor）」とは何か、というのが繰り返し問われました。

特に、韓国についてこのような認識を明らかにしているのは、朝鮮半島有事の際、米軍が日本の基地から戦闘作戦行動に発出するに当たって義務づけられている日本政府との事前協議において、日本政府は「イエス」ということを予め約束していることを意味するのではないか、という質問です。佐藤総理は訪米中ワシントンのプレスクラブで講演をなさっていて、その中で万一韓国に対する武力攻撃が発生し、米軍が日本にある基地から戦闘作戦行動のため発進しなければならないような事態が生じた場合、日本政府は事前協議に対し「前向き、かつすみやかに態度を決定する」との趣旨を述べておられるんです。この「前向き」というのが英語ではpositivelyとなっていて、野党はこれは「イエス」ということで「前向き」という訳はおかしいと執拗に質問致しました。駐日大使を務めた後に政務担当の国務次官となっていたアレクシス・ジョンソン氏も新聞記者会見で、これが「イエス」を意味することを期待するといった趣旨のことを言っていました。誰が何を言おうと総理のスピーチの解釈は日本政府が行うのであって、事前協議には「イエス」もあり「ノー」もあるという基本が、実際なにも具体的事態が発生していない時の議論で揺らぐ訳がありません。

核については、第八項に書かれておりまして、短いので、そして実によく出来ておりますのでこれをそのまま再現致しますと、「総理大臣は、核兵器に対する日本国民の特殊な感情およびこれを背景とする日本政府の政策について詳細に説明した。これに対し、大統領は、深い理解を示し、日米安保条約の事前協議制度に関する米国政府の立場を害することなく、沖縄の返還を、右の日本政府の政策に背馳しないよう実施する旨を総理大臣に確約した」となっています。過不足のまったくない自己完結の一文です。

ここに言う日本政府の政策とはもちろん非核三原則のことであり、これに大統領は「深い理解を示し」、これに背かない形で沖縄を返還する、ただし、核の持ち込みについて日本政府に事前に協議することは出来るという安保条約上の米国の立場は維持される、となっているんです。ただ、核については、もし将来事前協議が行われることがあるとすれば、「ノー」と応えると日本政府が申していることはご承知の通りで、これが非核三原則なのです。いずれにしても、「事前協議制度に関する米国政府の立場を害することなく」というのが「核抜き」の実現を可能ならしめたと言っても過言ではなく、実は、キッシンジャーがこの知恵は自分とジョンソン次官が出したのだと自著 *White House Years* に書いていて、私が米国に在勤していた一九七〇年代後半、東郷大使が、いや、これは外務省が考えたものだと、社交の場ではありましたが、訂正を求めたということがありました。

ところで私ども当時の関係者はよく知っていたことで、すでに伝説のようになっていましたが、この佐藤＝ニクソン共同声明の政治、安保、返還の態様などの主要部分はある週末、東郷北米局長が病気で入院しておられた夫人の枕頭で書きおろされ、米側と協議した後もその基本的姿はほとんどそのままだったそうです。なお、先ほどご紹介した核の部分は、その後北米局、条約局で練り上げられていくのですが、東郷大使は、『日米外交三十年――安保・沖縄とその後』の中で条約局の役割を特に高く評価されておられます。いずれにしても、凄い起草能力をお持ちの方でした。これは蛇足かもしれませんが、岸信介氏と並んで当時政界の三筆と言われた宮澤喜一先生が外務大臣でおられた時、先生が秘書官だった私に「東郷さんという方は文章も凄いが立派な字を書かれるね」と一再ならずおっしゃっていたものです。

密約説

――若泉敬さんの『他策ナカリシヲ信ゼムト欲ス』の核の密約――有事の際核の再持ち込みにつき米政府から事前協議があった場合、日本政府は「イエス」と言うと予めペーパーで約束したとする若泉氏の記述――は、やっぱりあったとお考えですか。

私は政府間の約束と呼べるものはなかったんではないかと思っております。

――米側の公開記録にもあるあの小部屋の話はなかったということですか。

両首脳だけで小部屋に移られたということまで否定はしませんが、秘密取極の必然性が分からない。

――どうしてでしょうか。

先ほどご説明した共同声明第八項についての合意が成立した段階で必要なくなったと思うからです。佐藤＝ニクソン共同声明の起草は私の着任の前のことですから直接携わっておりませんので、権威を持ってお話し出来る訳ではない。しかし、その後これについての直接の当事者達によって書かれているもの、例えば東郷文彦氏の自伝『日米外交三十年――安保・沖縄とその後』、『佐藤榮作日記』第三巻、『楠田實日記』、ジョンソン国務次官やキッシンジャー補佐官のメモアール、そして若泉さんのこの御本を読めば読むほど、私は若泉さんの書かれておられること、ひとつひとつが真実だと信じていますが、この「極秘のペーパー」なるものは腑に落ちないのです。

まず、私も個人的に少し存じ上げるようになった佐藤総理の極めて慎重なお人柄があります。これについては、後ほどお話しするとして、この秘密の保証は、そもそも「核抜き」について議会、軍部を説得するために必要だとされたんですね。しかし、議会の説明に使う資料を極秘にするというのには基本的に無理があるというか、矛盾がある、いつかは出てくる、話題になる。たとえペーパーが出てこなくても、実は佐藤総理からは有事の際の持ち込みについてあらかじめ了承をとりつけてあるということがもし外に漏れたら、佐藤内閣はひっくり返ってしまいます。この辺りのことは佐藤総理が一番よく感じ取っておられた筈です。また、佐藤総理は若泉さんに何度か秘密の取極はいやだと言っておられます。ある時総理は若泉さんに、日米安保改定の際「岸と藤山（愛一郎外相）とが秘密協定を結んだのではないかとの噂が立ったが自分はそういうことはしたくない。どだい、そんなことはいまの我が国では無理な話だ」とまで言っておられる。また、沖縄の返還交渉に当たって密約は作らないという日本政府の方針は、若泉さんが密使として一九六九年六月訪米する前に総理の指示で愛知揆一外務大臣と面談した際、外務大臣から明快に伝えてあるんです。「密使」のつもりで遣わされる人に外務大臣は釘を刺した。これに若泉さんは、信念があってのこととはいえ、そむく動きをされた。

『他策ナカリシヲ信ゼムト欲ス』によると、核についての秘密取極が必要になるかもしれないとの若泉さんの説明に「総理はしぶい顔をして耳を傾けていただけだった」そうですが、若泉さんは続けて「核抜き返還を達成するためなら、多少の、秘密取極のようなものがあっても仕方がないのではないか」とのご自分の考えを書いた上で、「総理の態度は自分の立場だけに拘り、あまりに固陋すぎると思えた」

と批判までしておられる（三〇四頁）。そして実際ご自分からキッシンジャーに秘密取極を提案しておられる。これにキッシンジャーは、核は両首脳の決めることだと言って乗ってきていないんです（三五一頁）。ところで「秘密取極」が必要かもしれないと直截に若泉さんに言ったのはモートン・ハルペリンだけなんですね。しかし彼は返還交渉からは外されている。これを若泉さんは佐藤総理に「ホワイトハウス」が「言っています」と説明している。

国際政治学者のこのモートン・ハルペリンですが、彼は一九六一年に私と政治哲学者のハーヴィー・マンスフィールドと三人一緒に各々 Ph.D. 論文を仕上げたところで、ハーバードの政治学部の講師に任命されています。マンスフィールドと私はハーバードですが、ハルペリンは Ph.D. がエールでして、私はよく知らなかった。しかし、学者としてもその人柄も評価の高い人で、キッシンジャーの推挽で最初確か国防省に次官補代理として政府入りし、キッシンジャーがニクソンの補佐官になるとホワイトハウスのＮＳＣ（国家安全保障会議）に来るんですね。そもそもは、沖縄返還に際し「核抜き・本土並み」に尽力してくれた人なのです。しかし、若泉さんが一九六九年六月訪米した頃ハルペリンとキッシンジャーとの関係は微妙になっていて、『他策ナカリシヲ信ゼムト欲ス』に書かれているところによると、ハルペリンは若泉さんのためにキッシンジャーとのアポイントメントをとりつけ、その会談に同席するとしながら結局出てこないんですね。その後ハルペリンが若泉さんに批判的に話すキッシンジャーの秘密主義はありますでしょうが、それにしてもです。若泉さんの書かれたものによると、若泉さんが昵懇だったのはジョンソン大統領の補佐官であったロストウ博士とハルペリンであって、キッシンジャーとは特にそういう訳ではない。繊維で苦慮していたキッシンジャーにとって「佐藤総理の密使」、それもハルペリンはまさに繊維についても権限を持っているかのごとくに若泉さんのことをキッシンジャーに話しているようなのです。あえて忖度するに、若泉さんが「核抜き」について話しにきたと言ったらキッシンジャーは会うのをためらったでしょう。ハルペリンは一九七七年から私がワシントンに在勤した頃安全保障の研究所を主宰していて、ハーバード時代の縁に加え、双方の長男が同じ中学ということで親しくつき合うようになりました。その頃はすっかり民主党系になっていましたが、クリントン政権の第二期、オルブライト国務長官の下で政策企画部長を務めまして、私は政府代表として何回か会いました。

重ねて申せば、若泉さんは最初にキッシンジャーとのアポイントメントを取るのはハルペリンに頼んでいるんですが、キッシンジャーの回想録では若泉さんのことを繊維問題のために佐藤総理が派遣した密使だと思ってまずは会っている。ハルペリンがそのように説明して会うことを勧めたのだと思います。当時ホワイトハウスでは対日関係と言えば、沖縄もさることながら繊維であったことは事実です。

それはそれとして、この核に関し「秘密取極」なるものは多分ないと私が思っている理由は、先ほどご紹介した「核抜き」についての第八項が佐藤＝ニクソン間で合意された段階で、即ち、アレクシス・ジョンソン国務次官が『日本回想』にいう「コミュニケで、アメリカは沖縄返還後、日本政府の同意なくしては核兵器を配備しないことを示唆」したところで交渉は完結したんです。キッシンジャーは回想録*White House Years* の中でより詳しく次のように書いています。「日米安保条約には『事前協議』という規定があり、共同声明においてこれに言及することによって日米双方の要件が充足されることとなった。

即ち、佐藤は日本政府の反核の立場を維持することが出来るし、ニクソンは、米国政府は危機の際沖縄の核問題を事前に提起する権利を有していると主張することが可能となった」。これで議会も軍も説得出来ると米国政府が考えたからこそ、ジョンソン次官は、前出の『日本回想』において、続けて「全体的に見て、きわめて満足出来る成果であった」と書くことが出来たのだと思います。「秘密取極」のようなおどろおどろしいものの入る余地のない明快な回想です。そのような知恵だったからこそキッシンジャーは、自分とジョンソンが考え出したんだと他人の功を奪うことを書いているんです。もし洩れれば日本で大きな政治問題となるような「秘密取極」を伴って初めて一体となる合意を作って、これが自分達の功績だとことさらに書き残すものでしょうか。この最終案文で大方まとまるということを総理はご存知で、ニクソンとの会談の前にかかってきた若泉さんからの電話で、その旨をおっしゃっているんです。加えて、先ほど申し上げたように佐藤総理は、帰国直後から核についての事前協議には常に「ノー」と言うと言い続けられます。もし持ち込みを予諾したペーパーなるものがあれば、これほどはっきりと断言出来るものでしょうか。佐藤総理はそういう方ではなかった。

――佐藤首相は核について二枚ペーパーを持ってニクソンとの会談に臨んだそうです。

若泉さんが書いておられますね。核については総理と大統領との間で最終的に決着をつけるということに最初からなっていたそうですが、実際には愛知・東郷＝ロジャーズ・ジョンソン・スナイダーの外交交渉でも九月中旬から相当に論じられていた。いずれにせよ佐藤総理の持っておられた二枚の紙というのは、ご存知の通り、一つは「事前協議」に言及のないもの、日本の腹一杯の案、これをA案と呼んでいて、もう一つは米側の立場を慮って「事前協議」の含まれているもの、即ちB案と呼ばれているものので、B案でまとまった。二枚のペーパー、素直な話です。

最後に一つ。当時佐藤総理の側近中の側近だった楠田實氏の証言があるので、ちょっと長くなりますがここに採録しておきます。

佐藤さんが亡くなったあと、一九七八年私は寛子未亡人のお供をしてワシントンを訪問したことがある。ワシントンの日本大使公邸が新築され、そのオープニング・セレモニーに、当時の東郷文彦大使に招請されたもの。その機会に有馬龍夫参事官（現ドイツ大使）の案内で、市内のキッシンジャー博士の事務所を訪問した。佐藤さんがノーベル平和賞を受賞されたとき、キッシンジャー博士が推薦人になってくれたことへのお礼を申し述べるためである。博士と寛子夫人の間に、回顧談が続いたあと、博士が私の方を向いて「何か聞きたいことはないか」と促した。そこで私は「共同声明の第八項は、よくあの線でまとまりましたね」と聞いた。すると博士は、キッとした顔になって「ミスタ・クスダ、もしアジアで非常事態が発生し、日米が共同してこれに対処しなければならなくなったら、一片の紙キレが何の役に立つと思うかね」と答えた。私は、世界の平和と安定に責任を持ってきた、米国の指導者の気迫に圧倒される思いだった。しかし「一片の紙キレ」というのは何を指したものなのか。未だに解明できずにいる。

（「政治記者のOB会報」一九九六・二・十五）

ここで取り上げられている佐藤寛子総理未亡人、楠田實氏とキッシンジャー氏との会談のお膳立てと通訳は私がしたのですが、キッシンジャー氏は確かに“a piece of paper”と言われましたが、私は、これは共同声明の第八項に一般的に触れたもの、先ほどお話ししたA案とB案は二枚のペーパーになっていたのですから、何ら奇異に思わなかった。キッシンジャーは第八項と言ってもピンとこないと思って、私は第八項については、「核」に関すると付け加えたと記憶しています。

ところでキッシンジャーは *White House Years* の中で、この共同声明の第八項について「我々はある意味でどうやって体裁を整えるかを議論していたのである。核兵器の持ち込みという重大な決定が古びてしまっているであろう共同声明の中身を引用することによって下される筈はなく、そのような決定はまさにその時の具体的情勢にかかっている」(三三四頁)と書いていますが、これこそキッシンジャーが楠田さんにここで言ったことなんです。楠田さんには、何か他にペーパーがあるんだろうという先入観があって、このように書いておられるんでしょう。

それはそれとして、核について一応合意の目途が立ったのちも若泉さんとキッシンジャー氏とのやりとりが最後まで何故つづいたのか、良く判らないところです。私の推測ですが、一方でキッシンジャー氏は、ひとつに、核の問題は、最終的に大統領が決める、両首脳間で決められるという米国の原則的立場からして、その機にいたるまで若泉さんとの交渉を中断するわけにはいかなかったのではありますまいか。他方、若泉さんは緊急時に核の再持ち込みについて米国から事前協議のあった場合イエスと言う約束をしておかなければ「核抜き」返還は実現しないと思っておられるだけではなく、この約束は日本の安全保障のためになると確信しておられ、この合意の成立に最後まで尽瘁されたということがありますまいか。この密約の推進に当たっては若泉さんの、なんと申しますか、真摯な迫力のもとで、キッシンジャーとしてもこれを終える機を逸していたのではありますまいか。

――佐藤総理の慎重な性格とおっしゃいましたが、もう少し話していただけますか。

若泉さんご自身書いておられるのですが、当初佐藤総理は若泉＝キッシンジャー間に極秘のチャンネルを作ることに躊躇いがおありになったんですね。ですから若泉さんによると、佐藤総理に頼まれての第一回目の訪米について、総理は日記に「若泉君がやってきてどうしても訪米してキッシンジャーと会談する要ありという。まず電話して、充分話して、然るのち出かける事」と伝えた、と書いておられるんです。それでも若泉さんは一度行かれるとチャンネルは作ってくる、「核抜き」についてキッシンジャーが軍や議会を挙げてはっきり答えないのにしびれをきらして、若泉さんの方から秘密取極を考えてもいいなどと示唆します。総理の躊躇を含めこれらは、ご自分でこの『他策ナカリシヲ信ゼムト欲ス』にはっきり書いておられるんです。

――繊維についてはどうですか。

この本の繊維についての部分を読みますと、若泉さんは明らかにあまりよくご存知ない。その後相当勉強はされたようですが。キッシンジャーもこの問題の重要性を理解出来ていなかったと彼自身告白しているのは有名なことです。しかし、繊維問題が尖鋭化しているところへ総理の密使として若泉さんが現れたのは、キッシンジャーにとっても他の関係者にとっても都合のいいことであったのではありますまいか。問題はまず繊維なのだと言って、色々難題を若泉さんにかつがせます。この間若泉さんはご自分とキッシンジャーとのやり取り、このチャンネルの秘密保持に、楠田さんが『楠田實日記』に「少し度がすぎているようだ」と書くほどに拘って、佐藤総理にだけ話しておられる。これほど高度に専門的知識を必要とする交渉に当たって、若泉さんには相談相手が誰もいません。ところが、キッシンジャーの方は、自分はそもそも沖縄も繊維もよく分かっていないとして、主要関係者には伝えているんです。若泉さんは随分危険なことをなすっていた。あの段階で若泉さんがキッシンジャーに接触していなければ、繊維問題が首脳レベルであれほどギクシャクすることはなかったとすら私は思っています。繊維は所詮米国の国内問題です。それにも拘らず、首脳レベルであそこまで細かく約束するのしないのが論じられたのは、やはり尋常ではない。

しかし大切なことは、共同声明にも触れられなかったし、返還協定交渉に携わっていた私どもが、繊維ゆえに米側が交渉の進展を遅滞させているという印象はついぞもたなかったということです。一九七二年中に返還を実現するというのはニクソン大統領にとって極めて重い対日政治約束で、これを全うするに当たってニクソン大統領、米国政府にぶれるところはありませんでした。

――どうして若泉さんはこんなに秘密にしていたことを本にされたのでしょうか。

私は、若泉さんは楠田さんに約束している通り、そもそもは回想録を書くつもりは多分なかったんだと思います。他方、『佐藤榮作日記』の存在を知るに至って、佐藤家の了承で該当する部分を読まれた。ところが、ほとんどのところが素っ気なく書かれている。一番重要な「密使」については、佐藤さんが頼んだのではなく、いやそれどころか、秘密のチャンネルづくりには消極的だったのに、若泉さんが買って出たことになっている。私はそれに加えてキッシンジャーの *White House Years* での若泉さんへの言及ぶり、若泉さんはヨシダという仮名を使ってキッシンジャーと交渉しているんですが、これが若泉さんの真摯な使命感を反映していないことへの不満も、執筆の動機だったと思っています。

例えば、先ほど、若泉さんの秘密保持への拘りについて楠田さんが「少し度がすぎているようだ」と日記に書いておられると申しましたが、キッシンジャーも回想録の中で若泉さんがキッシンジャーとの電話では、佐藤総理のことは「私の友人」と呼び、ニクソン大統領は「貴方の友人」と呼ぶこととするから、キッシンジャーの方もこのルールでやってくれと主張し、このやり取りで「正気が試された（my sanity was tested）」と書き、それも「世界のどこの諜報機関にも誰が喋っているか二分で分かる」という調子なんですね。これらのあたりに若泉さんが後世への遺言として執筆を決意された理由があるように思われるのですが。私には痛い程良く理解できます。そしてよく御書きになられました。

――若泉さんのことを外務省はまったく知らなかったのでしょうか。ちょっと信じられませんが。

私は東郷局長はある程度ご存知だったのではないかと思っています。すでにお話ししたように、総理に言われて愛知外務大臣は、ニクソン政権との間に秘密のチャンネルを作ると総理に自ら申し出て訪米する若泉さんと会っておられますね。若泉さんは秘密が洩れると不満を述べていますが。総理にしてみれば外務大臣の耳には入れたということだと思います。他方外務大臣にとっては「核抜き・本土並み」という返還交渉の山場を迎えて総理から若泉さんのことを聞いて、多分不快というより、不安を覚えられたと思う。この不安感を事務方の責任者、同志ともいえる東郷局長と分かち合っておられなかった、とは考えにくいのです。私は総理ご自身東郷さんに話をしておられたという気がしています。十月、十一月頃総理は東郷さんに核について「本件は他言無用だ、俺も心配して居り、君達ばかりに委せているのではない。責任は俺が取るのだから君達は安心して思う通りにやれ」と話しておられます。それだけだったのかどうか。ただ、ここで大切なことは、東郷局長が自伝に「もし本当にそうであったとしても、私はあの当時のことを考えて総理に含むところは全くなく……」と書いておられることでして、事務当局責任者のこの気持は若泉さんに自伝から読みとってもらいたかったと今思います。

私は若泉さんの愛国心とか善意にまったく疑いを持っておりませんので、いささかの躊躇いを感じながらもう少し具体的にお話し致します。『楠田實日記』の十一月十一日の記述にちょっと品が悪いのですが、次のようなくだりがあります。「先に、共同声明の第八項についての部分修正案を総理に渡しておいたところ、総理『東郷北米局長に渡したか。東郷に渡さなければマスターベーションみたいなものじゃないか』と。そこで、小杉君が『総理はどうされましたか』。総理『あんな危険なものは破り棄てたよ。楠田か、小杉か、コピーを持ってるだろう。それを東郷に渡せよ』」。楠田さんは「第八項の部分修正」について注を付しておられますが、この注をみると外務省が提案しているものなのです。ですからどう読んでも「あんな危険なもの破り棄てたよ」といった性格のものではないし、外務省の案文を「東郷北米局長に渡したか」というのはもっとつじつまが合いません。そして、この品のない表現の意味はさらに分からない。

ところで、これは何だということですが、私は、これは『他策ナカリシヲ信ゼムト欲ス』に沿って次のようなものだったと思っております。若泉さんは、総理訪米を控え日米交渉の大詰めを迎えた段階で、十月二十三日、二十七日そして十一月六日と三回繊維と核を中心に総理と面談しておられます。そして、その都度総理は、秘密取極に極めて強い逡巡を示しておられるのです。若泉さんは一回などは、「一国の宰相に相応しい聡明な決断をされ、歴史に責任を負っていただかないと困ります」と言って総理に迫っている。これには総理は「まあ頼む。俺もきちんとやるつもりだ。このごろは、だいぶ俺も神憑りになっているから大丈夫だ。安心してくれ」と答えておられるのです。

二十三日には若泉さんは、総理が核についての日本政府案に対する米側の回答を待っているところだと言われたのに対し「核については返事はきませんよ。……返事を待っているのは逆に先方です」と応えている。核の問題は、大統領の専管事項であって、事務レベルの関与するところではなく、それゆえに首脳会談に先立ち「核抜き」について合意を得ておくためには、自分がワシントンに返事の一案を持っていかなければならない、ということなのです。返事というのは、核抜きに当たって再持ち込みについての日本側の約束のことです。

私は、総理が東郷に渡さなければとして、品の悪い表現で言及された紙は、若泉さんが「核について米政府から外務省へ返事はありませんよ。返事を待っているのは米側です」と言っている返事の、若泉さんの案文なのかなと思っています。十一月六日訪米に先立ち総理に会われた際に渡されたのでしょうか。一つにこの総理と楠田・小杉（照夫）両総理秘書官とのやり取りは、総理が東郷局長にはいろいろと話しておられたことを示唆しています。「破り捨てたよ」という総理の気持ちのよく分かる性格の紙です。加えて、極秘極秘と言い、両首脳のみが知っていて各々「首相官邸、ホワイトハウスに奥深く――極秘に保管しておく」というのでは、何のための約束か分からない。中身を官邸だけが知っていて、「核抜き」は大丈夫だと思うとすれば、これはまさに自己満足、あの品のない表現も分かるというものです。この秘密の紙はキッシンジャーが書いたということになっていますが、実態は共同というか、原案は若泉さんも起草に参加しています。この『他策ナカリシヲ信ゼムト欲ス』にまさにこの「紙」の若泉さんの英語をキッシンジャーが直すところが出てきます。若泉さんの原案に危機（emergency）の形容詞として dire とあったものをキッシンジャーが extreme と変え、最終的には great となっています。

『他策ナカリシヲ信ゼムト欲ス』の末尾に向けて、若泉さんが帰国された佐藤総理を訪ねられた時のことが詳しく認められています。総理は、「第一日目の核はすべて筋書き通りにいった。……外務省案よりよくなっていたので、外務省の連中も驚いていたようだね」と話されます。核についての総理の話はそれだけです。その次のやり取りは、『他策ナカリシヲ信ゼムト欲ス』に次のように書かれています。「『ところで総理、〝小部屋の紙〟（日米秘密合意議事録）のことですが、あの取り扱いだけはくれぐれも注意してください』と、総理の眼をぐっと見つめる私に、『うん。君、あれはちゃんと処置したよ』と、総理は心なしか表情を弛めて言った。〝安心してくれ〟といわんばかりの響きがあった。それは具体的にどういう意味なのか、と一瞬訝しく思ったが、それ以上深追いはしなかった。それこそ、内閣総理大臣の〝専管事項〟であって、一私人が訊ねることではあるまい。しかし、この時の、総理のこのたった一言が、四半世紀経ったいまもなお、私の耳朶に鮮明にこびりつき、脳髄深く鋭利な弾片として突き刺さっている」。

若泉さんご自身、この極秘のメモランダムと呼ばれていた紙が実際に取り交わされたか否かについて知ることが出来なかったことが、ここに滲み出ています。ご自身が全身全霊を賭して沖縄の「核抜き返還」のために尽瘁したその結果について、「私は知らないのである」と書き、「そのことが私をして畏怖と自責の念に苛まさせ思わず身震いさせるのである」とまで書いておられるのです。

最後に、繊維について一言。十一月十日の会談でキッシンジャーは、若泉さんが用意していたメモランダムを手渡すと、これに「丹念に眼を通したあと、やや声の調子を落とし、『自分にはよく分らん。スタンズと話し合ってみなければ駄目だ。彼は、どう反応するかな……。もともとこんな問題で取引きするなどという意図は全然なかったんだが』」と申したのだそうです。ここに言う「こんな問題」とはもちろん繊維のことです。改めて引用することは致しませんが、佐藤総理御一行がワシントン入りした後、若泉さんと総理の間で頻繁な電話のやり取りがあります。この事実には総理、楠田、若泉のお三方各々が言及しておられますが、脈絡からして中身はほとんどすべて繊維です。

使命感は使命感として、それも善意に基づくものであったにはせよ、誠に好ましからざる二つの密約説が残った。

——有馬さんが、ないのではないかと言っておられた佐藤＝ニクソンのペーパーが佐藤家で見つかりましたが。（※二〇一〇年八月二十日追加質問）

私どもがこのインタビューを行った時、『他策ナカリシヲ信ゼムト欲ス』によれば、佐藤総理は例の「小室」の会談のあと若泉さんに電話をしてこられて、そもそもはイニシアルのはずだったのに「やっこさん」（ニクソン）はフルネームでサインしたので自分もそうしたと連絡してこられたことをとりあげ、しかし、私はそれでも腑に落ちないと申したと思います。

いずれにせよ、すでにインタビューで引用しましたが、若泉さんは総理帰国後総理と会って、「小部屋の紙はくれぐれも注意して下さい」と言われ、その際の総理の応答について、「『君、あれはちゃんと処置したよ』と総理は心なしか表情を弛めて言った」と記され、その意味は分からなかったが「深追いはしなかった」と続けておられる。このペーパーは総理の御自宅にあったんですね。一種のプライベート・ペーパーにしようという何かの了解があったのではありますまいか。それでちょっとほっとしておられた。国家間の約束という、それも極秘の約束という重みを感じさせない総理の応答。それを感じとって、若泉さんは「この総理のたった一言が、四半世紀たったいまもなお、私の耳朶に鮮明にこびりつき、脳髄深く鋭利な断片として突き刺さっている」という悲痛とも呼べる感懐を吐露しておられるのだと思います。

——当時の安保論議とはどんなことが中心だったのでしょうか。

当時ベトナム戦争の終結は見通せませんで、沖縄基地から米軍がベトナムへ向けて発進する場合、日本との事前協議を必要とする「戦闘作戦行動」とはいかなる態様の軍事活動をいうのかとか、日米安保条約に基づき日米が共同で対処することとなる日本に対する「武力攻撃」についてその着手時期はいかに判断するのかとか、色々ありました。米軍が日本の基地を使用することを許されている理由の一つ、「極東」の平和の維持にいう「極東の範囲」如何というのもよく出ました。横須賀や佐世保から米軍の艦船がインド洋に行くのはけしからんという議論もそうです。

「戦闘作戦行動」で言えば空爆、空挺部隊の戦場への降下、上陸作戦などを典型的ケースとして挙げていましたが、野党はこのような軍事活動に加え、これらに密接に関係する補給活動も事前協議の対象とすべきだと論じたものです。政府は、なるべく具体論は避け、かつ事前協議は日本の基地から直接発進し、直接戦闘に従事する場合のみなのだと答えておりました。

「武力攻撃」発生の場合については、よく記憶している面白い質問がございます。これは、実際には武力攻撃が生じていないのに、米国が勝手にそうだと判断して、戦線を開き、拡大し、日本がそれに巻き込まれる危険があるという、当時はよくあった問題意識によるものでしたが、次の事例で統一解釈を示せというのです。「一．『ニイタカヤマノボレ』の無電が発せられた時点、即ち攻撃の意志を持って日本艦隊がハワイ群島に向け反転した時点。二．攻撃隊が母艦を発進し、いまだ公海、公空上にある時点。三．来襲機が領域に入った時点」。答弁は、一方で予防戦争は許されないとしつつ、抽象的に論じる訳には参らぬという常識的なものでありましたが、何と言うか、凝った質問でした。幸い、いまでは日米安保条約をそもそも悪とする見方はあまり聞かれないようになりました。この質問は一九七〇年三月、もう三六年も前に出されたのですが、よく覚えています。もっとも先制攻撃の可否は九・一一以降の対テロ軍事活動で改めて活発になりました。

その後も、特に湾岸戦争の際は国連平和維持活動への自衛隊の参加を可能ならしめる立法作業の過程で、自衛隊がどこまで国連軍に協力出来るかが集団的自衛権にからめて細かく論じられましたが、この下敷きは一九七〇年当時に出来たと言っていいでしょう。

電信漏洩事件

——沖縄国会では、外務省から秘密が漏れること、具体的には、『毎日新聞』の事件ともう一つ、『朝日新聞』が取極を把握しているのではないかということが問題になりましたが、この時はどのような状況だったのでしょうか。

私どもは毎日毎日忙しくて、誰が喋っているのだろうということはありましたが、そしてあることないことが書かれていたものですから、いちいち詮索するということはありませんでした。

ところが、交渉も最終段階に入ったところで、あれはもう五月に入っていましたが、霞クラブの『朝日』のある記者が中島課長のところへやってきてボソボソしばらく話をしていったことがありました。すると中島課長が「有馬、『朝日』は協定案文を抜いていて明日朝刊に載せることに仁義を切りにきた」と言われたんです。私は驚いて「そんなことあり得ません、配布先は分かっておりますし、余部は保管してあります、本当に全文を持っているのでしょうか。一部関係の向きに広く配った経済関係の条項はご存知のとおりありますから」と申したら、「いや、彼は『前文』にある on the basis はどう訳すんだと聞いていた。『前文』は外務省だけだろう」と言われるんですね。これは誠に的を射た質問なのです。

というのは、前文に沖縄の返還は佐藤＝ニクソン共同声明の「基礎の上に行われる」というところがあります。共同声明は政治的文書です。協定は双方を法的に拘束する文書です。ですから私どもとしては、一方で共同声明に謳われている「核抜き・本土並み」といった、返還の基本的姿となるところはもちろん条文にしたい。他方、共同声明第四項の韓国や台湾の安全についての我が国の認識は未来永劫我が国を拘束するといった性格のものではありません。ですから共同声明と協定との関係をどのように書くかは配慮のいるところでした。いずれにせよ、これで抜かれていることは分かりました。翌朝テキストのほとんどが出ました。省外では折々木村俊夫官房副長官に進捗状況をご説明に上がっていましたが、コピーは戻ってきていました。アメリカ側から漏れたという人もいました。何年か経ってその前後の状況を話してくれた『朝日』の記者がいて、協定案文――まだ英文だけの段階――を入手すると、社内に翻訳班が出来てその作業に携わった由の記者なのですが、右肩に「極秘」と判が押してあったと言っていましたからアメリカではない。外務省として漏らす理由はもっとない。いまもって分かりません。

――『毎日新聞』の西山事件についてお話し下さいますか。

私の記憶、理解は次のようなものです。交渉の過程で米国政府が沖縄の米軍基地の地主に支払うべき復元補償費の一部約四百万ドルが未払いだということが分かりました。ところが、米国政府はすでに議会に対し沖縄人の対米請求はすべて処理した、あるいは、返還に伴う米側の追加費用はないと明言してしまってあるので、この四百万ドルは議会との関係で絶対に払えないというのです。日本政府としては、米国の支払うべきものを肩代わりする訳には参りません。そのやり取りの過程で米側は、日本政府の支払う金額の中にこの四百万ドルが含まれていると言ってくれと申してきました。日本にとってみれば一度支払った金を米国がいかように使おうと米国の勝手なのですが、日本の支払い額の中に、実は米国の借金の肩代わりが入っておりますと言える訳がない。そのやり取りの過程が漏れて変な話のようになってしまったのではないかと思います。

――西山（太吉）記者はご存知でしたか。

いいえ。

ところで当時職務上主管の文書課長を人事課長が兼任しておられて、当たり前のことですが、この機会に文書の管理ぶりを査察するという話にある晩急になり、課員は全員疲労困憊ですから、私はみんなに帰ってもらって一人で対応した記憶があります。さらに、条約課と北米一課の首席等が査問を受けました。

これについてはすでに北岡伸一教授を座長とする有識者委員会が調査報告を行っており、これに足すことはありません（その他『霞関會会報』二〇一〇年八月号所収の栗山尚一「『密約』問題（三）」等を参照）（二〇一五年一月追記）。

綴じ違い事件

――他に印象に残っていることはありますか。

この協定は一九七一年六月十七日に、東京ではロジャーズ国務長官がすでに署名したテキストに愛知外務大臣が、ワシントンでは愛知大臣の署名のあるものにロジャーズ長官が各々同時に署名し、これが宇宙衛星でテレビ中継されるという極めて異例の方式がとられました。通常ですと、愛知大臣とロジャーズ国務長官が同席して日米各々が保管するテキストに、即ち二つのテキストに各々が署名するものでして、そして双方の閣僚レベルが一緒になれない場合には、署名地に駐箚する大使、この折は東京ですからマイヤー大使が署名するんです。しかし、この頃日米間のテレビ中継が可能となっていて、どなたか知りませんが、我々事務方にとってはいささか突飛な考えをする人がいてこうなった。条約の署名、テキストの交換というのは間違いの許されない不可欠の手続きですから、事務方は不必要に繁雑になるのは避けたいんですね。しかし、私がこのことをよく覚えているのは、そのような理由ではなく、米側が保管することとなる愛知大臣の署名のある協定のテキストは、先ほどお話しした林暘君がそもそも大臣の署名の介添えに始まり、クーリエとしてワシントンに運んだのですが、彼は後々まで、そもそも鞄探しに始まり、万が一の紛失を恐れていかに気をつかったか、そしてまったく眠れなかったということをよく話してくれていたからです。この面倒な仕事をそれこそ笑いながらしていた林君、それに柳井君、丹波君、折田君、考えてみるとみんな条約局長を務めているんですね。偉いものです。

もうそろそろ沖縄の話はおしまいにしましょう。しかし、もう一つ。「綴じ違い事件」というのがありました。いよいよ沖縄返還協定案批准審議ということで衆議院の本会議で福田赳夫外務大臣が、これは恒例でありますが、提案趣旨説明と呼ばれるものを読まれました。昼時でした。この部分は私が担当していたのでテレビで見ておりました。そしたら途中で説明の流れがおかしくなったんです。原稿の順に乱れがあったんですね。すぐに福田大臣はお気づきになって演壇でごく落ち着いてこれを直されました。ところが、議事運営委員会の野党の若い議員達が議長席にまさに駆けあがって議事を止めてしまったんです。何でも福田大臣が「間違いました」との趣旨を言われたらしくて、それがなんでも本会議場では許されない発言なんだそうですが、それよりも、野党側は政府は不真面目だと言って協定審議には応じないということになって、これが随分と長いこと何日も続きました。

私は大臣にお読みいただく原稿を秘書官室に届ける前に、自分で読み直し、柳井君でしたか、浅井君でしたか、一緒に読み合わせをして、注意して綴じたものですから、テレビを見ながらこれは一体どうなったのだろうと狐につままれたような感じでした。本会議だけの日は、普通、政府委員以下政府側国会担当者は国会には出向かないのですが、確かこの日は念のためにということで井川局長は国会に詰めておられて、審議中断という混乱の中、小和田（恆）秘書官にたまたま会われて、どこで綴じ違えたんだと聞かれたら「おたくです」と言われたらしい。これは大臣の「お宅」で手違いがあったらしいということだったんだそうですが、井川局長はてっきり「おたく」はご自分のところのこと、即ち「条約局」のことと勘違いされて、電話をしてこられたらしい。局長室の七海祥朗さんが私にそれを言ってきたので「絶対それはないから安心してくれ」と申しましたら、間もなく「すまなかった」との趣旨が伝わってきました。

審議拒否というのは当時は実によくありましたが、この時覚えているのは、何しろしばらくすることがありませんので、課の某君が夫人の名前で、この重要な協定の審議をこの程度のことで拒否するのはおかしいと新聞に投書したんですね。取り上げてくれませんでした。振り返るとちょっとほほえましい。重要な文書について私どもは何度も何度も読み合わせを致します。条約の条文の場合には法制局の審議がございますので二重のチェックがあります。しかし、綴じ違いというのは、我々は初めて出喰わしたという感じで。その後私は、特に秘書官時代大臣の国会での外交演説、国連総会での代表演説などはもとより、極めてインフォーマルな場面での挨拶、ステートメントの類の場合でも原稿の綴じる順番を何度もチェックしたものです。

ニクソン・ショック

——一九七一年七月にはキッシンジャー補佐官の訪中、そして八月にはドルの金兌換停止といういわゆる二つのニクソン・ショックがあります。当時どのように受け止められましたか。

最初に申し上げなければならないのは、沖縄返還の仕事に携わっていた頃、私はあまりにこれに埋没しておりまして、例えばニクソン・ショックにしましても「よど号事件」にしても「三島由紀夫の割腹事件」にしても、同時代に体験した事件だったという実感に乏しいのです。

キッシンジャー補佐官の訪中ですが、ニクソン氏が大統領になれば、冷戦構造の中で対「中共」関係の改善に向かうのではないかと言われておりました。その趣旨の論文を在野のニクソン氏は一九六〇年代に『フォーリン・アフェアーズ』誌に寄稿していますし、その後ライシャワー先生の自伝を読むと、先生が一九六四年の春刺傷事件に遭われて間もなく、同氏が大使公邸に見えて大使と会談され、「北京承認ののぞましいことをJ・K・フェアバンクと同じように力説した」と書かれております。この会談のことを私はもちろん存じませんでしたが、ニクソン氏の冷戦下における対ソ関係を視野に入れた戦略的リアリズムはよく知られていました。ソ連の極めて積極的対北越経済・軍事支援、これをも背景とする中・北越関係の冷却、文化大革命時代の中・ソ国境武力紛争など米国にとって対中接近の戦略的理由はあったんです。

問題は、我が国への事前通報がなかったことで、これについて私は不快感を覚えました。例えば、我が国政府は、国連における中国代表権問題を巡って、国内世論の強い反発にも拘らず、米国政府ととことんつき合ったといったことがあったからです。これは外務省の中で深刻な論争を呼び、国内論調でも厳しく批判をされたのです。それでも、米国と歩調を合わせて台湾を守った。それにも拘らず米国は日本を蔑ろにした。これは外交の作法として極めて不躾なことだと思いました。

――なぜ事前に通告してくれなかったのでしょう。

当時米国政府の関係者は、漏れるのを恐れたと言っていましたが、多分それが一番真実に近い。当時駐日大使をしていたマイヤーという人が、自伝にはっきりそう書いています。この米中対話の始まりを巡っての秘密への拘りはニクソン大統領自身のもので、そのことは一九七一年七月のキッシンジャーと周恩来との第一回目の会談に明らかです。

――これも想像の話ですから、あまり意味のないことですが、繊維で約束してくれたのに、その約束を守ってくれなかったから、その仕返しだというようなことを言っている人もおりますが。

そうではない。キッシンジャーなんか、なぜ繊維問題でこんなに騒ぐのだと言っているんですから。私にとって今一つ分からなかったのは、ニクソンは佐藤総理に恩義を感じていた筈なんですね。一九六〇年の大統領選挙ではケネディに僅少の差で敗れ、一九六二年でしたか、カリフォルニア州の知事選でもまた敗退し、もう政治生命は失われたと言われていた時代、ペプシ・コーラの顧問となってケンドールという会長と時々日本を訪れ、その都度、岸（信介）さんの頼みで佐藤総理は彼らを官邸に招いて会談に応じておられるんです（キッシンジャーの *White House Years* によるとニクソンは在野時代六回訪日している。三三三頁）。私自身何度も通訳を致しました。そのような関係にあった佐藤さんに、まあ恥をかかせたのですからいい話ではなかった。

キッシンジャーももちろん秘密主義の人で——私は必ずしも批判している訳ではありません——、世界を驚かせようと思ったのかもしれない。大統領のため劇的効果を狙ったんでしょう。

——外務省はやはりショックを受けたのでしょうか。

ええ。事前に通報がなかったということで。

——対策を取るという話はありましたか。

私は存じません。しかし、このニクソン・ショックに先立つ一九七一年の一月に、佐藤総理は施政方針演説で「中華人民共和国政府」という正式名称を日本政府として初めて使っておられます。これには佐藤内閣の対中政策の見直しが示唆されているのでしょう。この経緯も私はもちろん知りませんが、橋本恕中国課長の説得によるものだと言われておりました。いずれにせよ一九七一年七月ですが、福田赳夫氏が外務大臣になられた頃から「アヒルの水掻き外交」と福田さんが呼んだ水面下での対中接近が試みられ、保利茂官房長官が動く、美濃部亮吉都知事も政府に協力するといった時期が始まるのでしょう。いずれにせよ、しかし、私どもは当時佐藤総理が岸信介氏の実弟で台湾との関係がことの外深いので、結局正常化は佐藤後だと省内で聞いておりました。

金兌換停止の方はあまり印象に残っていません。

天皇皇后両陛下御訪欧

——ところで、一九七一年の九月から十月に天皇皇后両陛下が欧州諸国を歴訪されています。有馬さんは、十月五日からのイギリス公式訪問に通訳としてお供されていらっしゃいますね。

はい。

——この経緯についてお話しいただくことはできますか。

聞いた話ですが、ロンドンで私がお仕えした島（重信）大使が東京に戻られて式部官長になられ、島大使の後任の湯川（盛夫）大使、この方にも私はロンドンでお仕えしたのですが、このお二人の大使が公式訪問の英国は有馬に通訳をさせたいと強く言われたんだそうです。ところが中島課長にしてみると、条約は六月に署名されていたけれども、十月前半と言えば国会審議開始の直前でその準備たけなわの時ですから猫の手も借りたい状況でした。課長は当然逡巡かつ抵抗されたようです。しかし、ロンドンでご一緒した柳谷謙介さん（会計課長）が、二代にわたる駐英大使からの要請を断る訳にはいかないだろうということで、結局お供することになりました。名誉なことでありました。身のひきしまる思いでした。

――ロンドンには十月五日ご到着になられて、それでバッキンガム宮殿をご訪問なさったそうです。

両陛下は、公式御訪問国ベルギーのブラッセル空港からロンドン郊外のガトウィック空港にお着きになりました。ここにはマーガレット王女がエリザベス女王陛下の名代としておでましになっておられまして、英国空軍の儀仗隊の栄誉礼をお受けになり、同王女と御夫君スノーデン卿の御案内でガトウィックからは御召列車でヴィクトリア駅に到着、お出迎えの女王陛下とフィリップ殿下に初めてお会いになられました。ここでの通訳はコータッツィというその後駐日大使をも務めた日本専門の外交官が致しましたが、日英の君主の紹介はマーガレット王女がなさっておりました。ヴィクトリア駅でも栄誉礼があって、これは近衛兵の儀仗隊によるものでありましたが、閲兵のところで先導されるフィリップ殿下がどうした訳か私に「念のため」ついてこいとおっしゃるんです。予定外のことでした。このような行事ですと文字通り秒きざみ、立つ場所も細かく指示されておりますので困ったなと思ったのですが、仕方ありません。その後間もなく、フィリップ殿下は万般色々と両陛下のことを細かく気遣われる方だということが分かりました。親切な方なんですね。偉いものだと思うようになりました。駅からバッキンガム宮殿までは馬車でしたが、ちょっとした距離でして、天皇陛下と女王陛下が進行方向に並んでお座りになり、私はお二方の前に面と向かって座って通訳を致しました。

女王陛下は、一九二一年に天皇陛下が皇太子として英国を訪問された時のことをお父君、後のジョージ五世からよく聞いたと、その辺りから会話を始められました。陛下は女王のお父君とウィンザー公のお二人とその折大変親しくなられたと伺っております。ウィンザー公は、一九二二年、皇太子として訪日され、摂政宮となっておられた天皇陛下と東京ゴルフ倶楽部で九ホールプレイしておられます。そしてこの御訪欧の際、天皇陛下はほぼ五〇年ぶりにパリの郊外でウィンザー公に会われたと確かうかがいました。天皇陛下はロンドンの町並みが明るくなった、きれいになったとしきりにおっしゃられて、女王は戦後軒並みビルを洗ったこと、暖房に石炭を使わなくなったこと、使っても良質の石炭でそれほど煤がでないのだといった説明を詳しくされていました。

ヴィクトリア駅からバッキンガム宮殿まではちょっと距離があると先ほど申しましたが、モールと呼ばれるトラファルガー広場からバッキンガム宮殿に至る大並木通りで道路沿いに並んでいた観衆の中から突然一人の男性が走り出てきて、私どもの馬車をめがけて黒いマントを投げてきました。私は東京を出発する前に、「欧州では日本赤軍のテロリストが徘徊しているので、動物園、植物園といった公のそしてオープンな場所では注意するように。しかし、英国の治安・警備当局はしっかりしているので大丈夫だ」といった話は聞いておりまして、万一何かあった場合末代の恥になるような行動は取るまいと心の準備はしておりました。幸い、周りの護衛の馬のひづめの音が乱れるくらいで済みましたが、一八八一年のロシアのアレクサンドル二世の暗殺事件が頭をよぎりました。あの時こそ馬車に爆弾が投げ込まれたんではなかったでしょうか。そして、私は馬車の周りを中世の騎士のごとき装束をして刀をさげ馬にのって供奉している人達が、皆さんかなり年配であることに気付いて、ちょっと心許なく思いました。確認は致しませんでしたが、貴族の奉仕なのだそうです。もちろん警備の人達は別におられ重々に両陛下は護られておられましたが、私の記憶にこの男性が警官に取り押さえられているというイメージが残っていないんです。いずれにせよ、天皇陛下もエリザベス女王も全て何もお気がつきでないような御風情でした。

この御訪問において「過去の問題」が取り上げられたという記憶はございません。

——有馬さんは全部同席なさったんですか。

はい。結局そうなりました。

公式行事として主なものは女王陛下御主催のバッキンガム宮殿での歓迎晩餐会、ウエストミンスター寺院にある無名戦士の墓への供花、聖ジェームス宮殿での外交団の接見などでしょうか。いまも同様かと思いますが、当時英国政府は国家元首を国賓として招待すると、聖ジェームス宮殿で英国に駐箚の外交団、公館長の謁見の機会を設けるのを慣例と致しておりました。王室の儀典長が大使、または、英連邦諸国から遣わされている場合は高等弁務官を一人一人着任順に国名と氏名を呼び上げて元首に紹介するというなかなか重々しい行事です。原則会話はないのですが、しかし、例えば東京在勤経験者が話をすることも有り得る。まさに「念のため」ということで私は陛下の斜め後ろに侍立いたしておりました。この外交団の中にハイメ・ゾーベル・アヤラというフィリピン大使がおりました。彼は私とハーバードで同期、それもアジアから来ていたのは同期約千人のうち確か私達二人だけでして、寮は違いましたが当然のように親しくなりました。卒業後もクリスマス・カードのやり取りをしております。もっとも彼は生粋のスペイン系で容姿はまったくの白人であって、御存知かもしれませんが戦前からのフィリピン屈指の財閥アヤラ家の御曹司なのですが。それはそれとして実は私は彼がロンドンにいるということを知っておりました。というのは、私がロンドンから東京へ戻る直前彼から近々英国に大使として赴任することになったので会うのを楽しみにしているとの手紙がきて、私からは残念ながらすれ違いになるという返事を出したという経緯があったからです。さて、彼は侍立している私を見て、実に吃驚したと言うんですね。日本大使館に照会したら確かに有馬というのがいるというのでと言って、私の泊まっていたクレアリッジェスというホテルに電話をくれました。「なんであんなところに立っているんだ」と聞くものですから、実はこれこれで御通訳なのだと言って「なんだ」ということになりました。

しかし、それについてもう少しこの辺りの話を続けさせて下さい。その頃のヨルダンの駐英国大使ザイード・リファーイもやはりハーバードの同級生でした。この人も広い意味でのアジア人。アラブ人は彼一人だったと思いますが、彼とも自然に親しくなりました。この人はいまヨルダンの上院の議長をしていますが、先代国王にことの外重用され、首相を七年あまり、加えて外務大臣、国防大臣、王宮庁長官をも務めました。ロンドン在勤中パレスチナ・ゲリラに襲われ、九死に一生を得たという経験までしています。そして陛下御訪英の時には入院していたらしい。彼のテューターはキッシンジャーで、卒論は彼の指導で書いています。彼には、私がいま日本政府の中東和平特使をしているものですから、現地でよく会うようになり、我が国政府にとって極めて貴重な意見を聞かせてもらっております。私が宮澤外務大臣の秘書官をしておりました時、フセイン・ヨルダン国王が国賓として訪日され、首相だった彼は首席随員として同行してきましたが、宮中晩餐でたまたま宮澤大臣の隣に座ったということがありました。考えてみると彼は三十年前すでに首相だったんですね。御令息も最近まで王宮庁長官でしたが、いまは実業界におります。

アヤラはいまアヤラ財閥の頭領、二人の息子さんはいずれもハーバードの学部とビジネススクールを卒業していて、長男はアヤラ総業の執行責任者ですが、三菱商事の国際諮問委員会のメンバーになっています。大学の同級生で親しくしているのは他にもいますが、親子二代にわたってというのはこの二人だけです。

さて、本題に戻って、私はすべての場所にお供致しましたが、動植物園、研究施設など陛下が学者と会われるところでは英国に留学中の若い研究者が通訳されると聞いておりました。ところが最初は王立科学院(The Royal Academy of Science)だったんですが、結局その方がお見えにならなくて。そうしたら黒田(実)さんとおっしゃる式部の方が、「有馬さん、困りましたね。有馬さんやって下さい。僕も動物や植物の名前はそれなりに分かるからそばにいてあげますよ」と、年輩の方ですが、そうおっしゃるんです。やるもやらないも、やらざるを得ません。動物園はどうにかなります。名札もついてますから。他のところは弱りました。もっとも陛下は私が分からないことを御存知だったのでしょう。動植物の名前などはラテン語でおっしゃっておられました。魚の病気の話が随分出ました、魚も眼底出血するんですね。確か動脈硬化もあるんです。研究所はもとより行かれたところではどこでも陛下御関心の標本を準備していてくれて、標本によってはすぐに顕微鏡で御覧になれるようにしてくれておりました。御会話もまさに学者同士、仲間うちの話し合いといった雰囲気でした。本当にお楽しそうでした。

昭和天皇にはちょっとせっかちのところがおありになったのでしょうか。学問に関係する御会話はごく断片的な通訳で十分でして、先へ先へと御質問をされながら対話を進められました。もう一つよく覚えておりますのは、どこに参りましてもお相手される英国の学者の方々が昭和天皇の学問的御業績を実によく御存知で、また、陛下の御論文などもとり揃えてあった。何と申しますか、学者同士の敬意溢るるやり取りだったということです。

ちょっと整理すると、陛下は御研究に関わるところとして最初に王立科学院を訪問され、まさに学者として科学院の会員に選ばれ、続けてそこの海洋生物学部門を視察されました。また有名なスウェーデンの植物学者リンネの名を冠したリンネ協会を訪れられ、さらにリージェンツ・パークにある英動物協会では会長のフィリップ殿下と事務総長のザッカーマン卿の御案内で隣接の動物園でチー・チというパンダが実に元気よく笹を食べているところを御覧になっています。もうこの辺りは通訳のいらない雰囲気ですから、私はちょっと離れたところにおりましたら、飼育係の人が私に「今日は朝食を抜かして両陛下がお見えの時によく食べるようにしたらうまくいってよかった」と、まるで自分も朝食を抜いたという調子で満面笑みを浮かべておりました。私は帰国後英国政府から記念にと一枚一枚の写真に説明の付いた立派なアルバムを頂きましたが、この中に両陛下がパンダの笹を食べているところを御覧になっている写真が載せられております。今日お話ししていることもこのアルバムを大きなよすがと致しております。このように動植物園研究施設を御訪問される際、私は度々島式部官長からここは君だけがお側にいるのだから、ご出発の時間になったらそのことを申し上げるようにと言われておりました。そうするとその都度陛下は「ああ、そうか」と仰せになって、実にお名残り惜しそうにお立ちになるのです。御説明役の英国の学者の方々も辛そうでした。望むべくもないことは重々承知しておりましたが、もう一回両陛下に英国を訪れられる機会がおありになればと、しみじみと思いました。ほとんどの場合、皇后陛下も御一緒でした。どこでもお見送りの先生方が、ぜひまたの御来訪をお待ちしておりますと、心から言っておられました。御訪英の終わる頃、英側の護衛の責任者が私に「こんな立派な王室の御夫妻の警護に当たったことはない。時間は守られるし、我々にも挨拶をされる。まったく我がままがない」と述懐していました。

いよいよバッキンガム宮殿から御出発の朝、一階広間でエリザベス女王、フィリップ殿下とのお別れの挨拶のため階段を降りてこられた両陛下は、ちょっと離れたところに御滞在中お仕えした宮殿の職員の人達が並んでお見送りに出ているのにお気がつきになられて、つかつかとそちらの方へ歩み寄られ、ニコニコされながら軽く会釈をされました。忘れられない無言の風景でした。

ここで私がよく覚えていることとしてもう一つお話ししておきたいのは、エリザベス女王もフィリップ殿下も接遇に当たって何を話されるかに大変気を遣っておられたことです。フィリップ殿下は当時から動植物保護の立場から環境問題に深い関心を持っておられ、御到着の日の女王陛下主催の晩餐会の前のカクテルの時、環境問題について陛下と話をされました。その時の陛下の該博な知識と御識見に殿下はすっかり感銘を受け、話がはずんだんですが、事前のブリーフで昭和天皇の御関心の分野については教えられていたのでしょうが、それでもこれほどまでに専門的学問的な次元におられるということまでは御存知なかったんでしょう。エリザベス女王もフィリップ殿下も昭和天皇皇后両陛下には親にかしずくように大切にされた。フィリップ殿下はジョークをも交えて場を和ませ、盛り上げようとされていた。

――他の人達とはどんな話をされましたか。

ヘルシャーム卿という、この人は侍従だったのかな。「自分は陛下が皇太子として英国にお見えになった際イートン校に在学しておりまして、ここにおられるヒューム外務大臣の下級生でしたが、陛下が学校に御到着になると同時に生徒一同で『万歳（バンザイ）』と申し上げた記憶があります」と言っているんです（笑）。そして「自分の父は実は上院議長であったが、一九二九年に訪日し、その後亡くなるまでその訪日がいかに楽しいものであったかを繰り返し述べていた」とも言われています。陛下が英国に行かれたのは一九二一年ですからちょうど五十年前のこと、卿は六十二、三歳だったのでしょうか。ヒューム外相御夫妻主催の昼食会もありました。ヒューム卿と言えば、最後の日、湯川大使公邸でお別れ晩餐会がございまして、女王陛下御夫妻始め英王室政府関係者がお見えになったのですが、ヒューム御夫妻は普通のミニの車を御自分で運転してお見えになりました。偉いものです。

翌日両陛下は女王の名代としてのチェンバレン宮内庁長官のお見送りをお受けになって、御到着になったガトウィック空港から英国を離れられました。空港では湯川大使御夫妻、ロジ始め全体の総括責任者だった柳健一参事官などが見送られましたが、お召しの特別機が視界から消えますと西日は差しているのに薄い雨が降り出しました。御存知の通り英国の十月はどんよりと曇って雨のしとしとと降る陰鬱な時期なのですが、野外での行事も多かった昭和天皇の英国御滞在中ついぞ一回も雨が降らなかった、それどころか、ほぼ晴天が続きました。空港からの帰路、柳さんと不思議だなとつぶやき合ったものでした。

大使館にとっては館を挙げての大行事だった訳です。ロジ全般は柳さん、そしてその下で政務班の次席で私の後任だった都甲岳洋一等書記官、財務班からきてくれていた小川是二等書記官が中心となって運営していましたが、小さいミスすら一つもない御訪英でした。私どもは湯川大使の昭和天皇に対する敬愛のお気持ちを折に触れ伺っておりましたので、ガトウィック空港でいよいよすべてが終わってきびすを返され、笑みを浮べながら涙をぬぐっておられる大使をみて、本当によかったなとつくづく思ったものであります。

日中関係

——また条約課の話に戻ります。国会が終わって、一九七二年八月に官房調査部の調査室長になられますが、そこに至るまでには、条約課で沖縄の後に……。

そうですね。一月に栗山さんが法規課長から中島条約課長の後任として着任されました。返還協定は前年十一月に強行採決されたのですが、それでも、いやそれだからですが、通常国会の予算委員会の審議は専ら沖縄、しかも、協定と附属文書について難しい質問が次々と出され、例の密約なるものについての話がそれこそ衆議院予算委の最終段階、確か三月二十八日に出てくるといった状態でした。しかし、栗山課長の主たる関心は日中国交正常化の準備に向けられていたという印象でした。

——日中国交回復がもう俎上にあがったということですか。

ええ。佐藤内閣が退陣することはもう分かっていて、福田さんになろうと田中（角栄）さんになろうと、いずれもが日中国交正常化に取り組むつもりでおられることは分かっておりました。その段階では、もうすでに公明党の竹入義勝委員長の訪中が二度あって、中国側は、いわゆる日中国交四原則と言いましたか、台湾が中国の一部であることを認めろとか、日台平和条約は無効であるとか、そういったような原則を日本側に伝えてきておりました。

——そうすると、田中さんがなろうと福田さんがなろうと……。

外務省としては当然、理論的な準備を始めた訳です。

——それはどなたのご発案だったのですか。

それは、外務省全体の思考の流れと申していいかと思いますが、その中で橋本恕中国課長が指導的役割を果たされたことはよく知られた事実です。沖縄について我々は、新聞に漏れたの漏れないのと騒いでいたけれども、外交目標としての沖縄返還は、強行採決の段階でもう終わっています。もちろん、我々事務方は引き続き山のように答弁を用意しなければならないし、大変でしたが、国内政治はそれに関わりなく、佐藤総理は五月十五日の返還を檜舞台として退陣ということでした。それで、外交としては七二年二月のニクソンの訪中があり、中国も日本との関係正常化を、ポスト佐藤に期待しているということがあった訳です。ですから、中国との間に国交正常化した国々の発出している文書の整理分析という作業が始まりました。中国の言うところの平和五原則というのがあるのを御存知でしょう。

――それは、アジア・アフリカ会議で周恩来氏が唱えたものですよね。

まさにそうです。だから、平和五原則と国連憲章の目的と原則との理論的整合性、平仄、日本が中国との共同文書の中でこの五原則についての認識を分かち合って問題があるかないかとか、理論的な準備はもう始まっていました。それから、日台平和条約ですね。中華民国と日本との間の平和条約と日中国交正常化との関係、法的意味。それを破棄する場合には、国会の承認が必要かどうかといったような議論が条約課の中ではもうすでに始まっていました。

――そうすると、佐藤内閣の時に、そういう準備というか動きが始まっていたということでしょうか。

そうです。それは、佐藤総理御自身でなさるおつもりがあったのかどうか分かりませんが、前の年くらいから保利幹事長や、福田さんが動き始めておられたんです。当時、岡田（晃）という人が、香港の総領事をしていて中国側との接触に努力しておりましたが、中国側の反応は佐藤政権に対して先ほどお話しした通り冷やかだったらしい。しかし、先方も国交正常化には、深い関心を寄せていたんですね。

六月でしたか、当時ＡＳＰＡＣ（アジア・太平洋協議会）という東・東南アジアの協力機構があって、その第七回閣僚会議がソウルで開かれたんですが、日本は愛知揆一氏が代表で出席されました。これにはその時の主管課長だった木内昭胤アジア局地域政策課長に頼まれてお供を致しました。この会議における演説で愛知さんは、日本政府として国際場裡では初めて「中華人民共和国」という国名を使うことになっておりまして、このことを台湾の代表沈昌煥外交部長に事前に伝えるという場面がありました。自民党内の台湾派への配慮もあっていささか厄介な出張でした。会談に陪席していて愛知さんの誠に丁重な御説明ぶり、凜とした台湾代表の応答ぶりが印象的でした。一言で言うと先方は抗議というよりは聞きおくということだったと思います。日本は国連における台湾議席を守るために最後まで頑張ったんですから、それも評価してくれていたのでしょう。ちょっと淋しいような場景でした。

ニクソン訪中もさることながら、中国もようやく文化大革命を収束させる方向に動き出していました。東アジア全体が少し変わり始めていて、豪、ニュージーランド、タイ、フィリピン、南越、韓国、台湾がメンバーだったこのASPACも、実はこの第七回のソウルでの閣僚会議を最後に事実上解消してしまいました。そもそも中国を包囲しているがごとき印象を与えていることを一部加盟国が嫌ったためです。

——保利さんや福田さんの動きについて印象に残っていることはありますか。

幹事長になっておられた保利さんが、自民党として中国との国交正常化に関心のある旨を盛った書簡を美濃部都知事に託し、周恩来総理に届けた話は有名です。その書簡は楠田さんが原案を書いています。私のよく知らないことですが、福田さんは「アヒルの水掻き外交」です。表には見えてないかもしれないけど、実は一所懸命に頑張ったということです。あの方は非常にユーモラスな人だったから、こんな表現を使われました。

第4章　佐藤栄作前首相の訪米と第一次石油危機　1972-74

官房調査部調査室長

――一九七二年八月に官房調査部の調査室長になられています。異動の経緯についてご存知ですか。

経緯は存じません。ただ、ここに行くことを聞いて一番嬉しかったのは、そこの首席が私が心から敬愛していた渋谷治彦君だったことです。この時からちょうど二十五年経った一九九七年九月、彼は私の後任としてドイツに赴任致しました。半年足らずで病にたおれ、帰国を余儀なくされ、亡くなってしまいました。彼は東大の経済出身でドイツ語の人でしたが、私がロンドンにおりました頃ウィーンにいて、共産圏情報の収集で目覚ましい仕事をしていました。また、欧州経済について卓越した論文を書いていた。渋谷君は裁判官であられたお父上と御母堂を戦後間もなく結核で亡くし、いわゆる苦学力行の人でしたが、どんなことにもめげない知恵者で、楽観主義者でした。読書と麻雀――私は麻雀は出来ないんですが――両方をひとしく愛し、朴訥さで教養をかくし、生来の暖かさでみんなから愛されていました。北東アジア課長の時は、長きにわたって懸案だった、北朝鮮につかまっていた漁船の紅粉（勇）船長救出に極秘の交渉で成功します。当時私はアジア局にいて見ておりましたが、凄い企画力実行力の持ち主で、その後シカゴ総領事、国会を担当する総括審議官、国際情報局長、国連局長を務め、イスラエル大使の時はラビン首相の訪日を実現しました。惜しい人を亡くしたものです。

――ところで、調査室長としてどういう仕事をなさったんですか。

この調査室の仕事は、国際問題研究所（国問研）を始め欧亜協会など外務省所管の研究機関の補助・監督、在外公館の情報収集の支援、本省・在外における委託調査の調整・監督、『外務省調査月報』の編集発行など、小規模の予算ながらなかなか大変で、国問研は理事長は島津久大大使、欧亜協会は式部官長を退かれた島（重信）大使が理事長に就任されておりました。欧亜協会は日露戦争後、日露関係の改善を目指して作られた名門の組織でしたが、財政的にたちゆかなくなって私が室長の時に国問研と合併致しました。

当時一つちょっと新しい話がありました。それは佐藤（栄作）内閣時代、楠田（實）さんが官邸に国際関係懇話会というものを作っておられ、そもそもの人選は京極純一さんと楠田さんが中心になって、それに梅棹忠夫さんも入ってなさったのだと聞きましたが、ここには梅棹さん、江藤淳さん、山崎正和さんのような人文系の学者の他、石川忠雄、高坂正堯、神谷不二、永井陽之助、衞藤瀋吉、中嶋嶺雄等々当時の一流の国際政治学者も入っておられた。そしてここが楠田さんの凄いところなのですが、お一人お一人と極めて親しい関係を作り上げておられたんですね。

ところが厄介だったのは、楠田さんは総裁選ではっきりと福田（赳夫）支持を表明されていて、もちろん楠田さんは保利（茂）幹事長が美濃部（亮吉）都知事に託して周恩来総理に送った書簡を起草しているくらいですから日中国交正常化には前向きだったんですが、このグループの中にはこれに反対の中国学者もおられた。従って、新内閣はこの集まりを続けるつもりはない。しかし、徒らに対立関係をもたらすのは避けたいということで、しかし何にもまして、せっかくのこれだけの知識集団をただ解散するのはあまりにもったいないということで結局外務省がお預かりするということになったんですね。そしてどこが主管するか、これは私が移る頃に決まったんですが、調査室ということになりました。率直ちょっと大変だなと思いつつ、それでも外務省にとってもいい話です。一カ月か二カ月に一回外務省の関係幹部には出てもらい、外務省側は学者先生方の自由討論を原則聞いているだけ、しかしこれを参考にさせてもらうという趣旨の会合を始めました。外務審議官だった東郷（文彦）さんは次官になられてからも、また後任の有田（圭輔）さんもよく出席しておられました。中には特に田中（角栄）内閣の対中外交批判をする人もおられました。会合の趣旨もあって外務省側が反論していたという記憶がないんですね。それに、いつも中国の話をしていた訳でもありませんし。幸い、これが御縁でその中で何人かとその後もお親しくさせていただきました。その後、高坂さんのまさに夭逝は残念でした。

——国際問題研究所についてお話しいただけますか。

財団法人で、私が着任した当時の予算規模は確か八千万くらい、そのうち政府補助金がどのくらいだったのか覚えていません。この研究所は鹿島守之助氏からの寄付金五千万円を基本財産として作られたもので、虎ノ門の森ビルのひとつにありました。また、人件費など管理費は法人会員の会費で賄い、研究・出版活動は政府からの補助金に頼る。調査室長の仕事はこの補助金の確保を主計局にお願いするということでした。

もう三十数年前の話ですが、研究所には何人か若い研究員がおられ、その中の毛里和子先生、中国現代政治史の碩学ですが、この方とは私がドイツから帰国して早稲田大学政治経済学部の特任教授としてお世話になった一九九八年から同僚として、それも六年間、研究室が隣同士でした。また、私のこのポストにおられたことのある村田良平さんと岡崎久彦さんとの御縁で、神谷、永井、高坂の三教授が特別研究員として各々部屋をお持ちで、研究会の主催などをしておられました。これも経費の関係で私の時退いていただきましたが、皆さん事情をよく御理解下さいました。ただよく覚えているのは、この研究所では度々ストが起きていたことです。勤務環境は悪くなかった筈なのですが。島津理事長は大変で、私はよくお見舞いに参上致しました。非生産的なことでした。何のためのストだったかは忘れてしまいました。

それはそれとして、私の直前の調査室長は荒木(忠男)さんというドイツ語の方でしたが、ちょっと体調を崩され比較的短い任期でして、その前任の加藤千幸さん、この方もドイツ語ですが、この加藤室長と渋谷首席が外務省の危機管理体制の不備を痛感して、オペレーション・ルーム設置を企画・立案された。「いざ鎌倉」という時に大臣以下関係幹部が集まって協議し、世界のあらゆる場所に直接電話、電信で指示することの出来る、かつ、地図なども完備したシステム作りです。ところが、部屋もなければ予算もない。予算請求はしたいけれども調査部の中でも認めてもらえていない。ちょっといまでは信じていただけないと思いますが、「オペレーション・ルーム」を日本語にすると「作戦室」となって、野党の先生に分かったら何と言われるか分からないから「ブリーフィング・ルーム」にしよう、といった具合のところへ着任したのですが、しばらくして、黒田瑞夫さんが部長でこられ、私がこの構想を話しますと、ぜひ作ろうということになりました。

一九七二年の暮れでしたか、私は渋谷首席に米国に出張してもらって米国政府のオペレーション・ルームを実際に見て、かつその運営ぶりをも聞いてきてもらいました。立派な説得力のある調書を書いてくれて、これを持って國廣道彦官房書記官のところへ部屋をくれと陳情に行きましたら、しばらくして國廣さん御自身が私のところへわざわざ見えて、「新庁舎六階の国際会議室の一つを使ってもいい」と言ってくれたんですね。同期の加藤千幸さんが長年あたためていた構想ということがあったのかもしれませんが、國廣という人は納得すると凄い実行力のある人なんです。予算も七三年度でしたか、必要な予算がつきました。

その間渋谷君はドイツに赴任してしまいました。これには参りました。その後任はどうした訳かまたドイツ語の若い人だったのですが、研修中に会ったドイツ人の女性のところへ戻ると言って早々と役所を辞めてしまいました。その過程で私は、専門職で入ったウルドゥー語の竹内好一君を首席として一緒に仕事をするようになっていて、この竹内君が國廣さんのくれた六階の会議室を、営繕と相談しながら大工さん達と一緒になって大改造してくれました。しかし、当初は電話機数台、世界各地の地図、主要都市の現地時間を示す時計、大きな幻燈のような説明セット、そもそもあった同時通訳のブース・システムはそのままにして、といった具合です。電信の端末もなければＦＡＸもまだない時代でした。確かに言うなれば「オペレーション・ルーム」というよりは、「ブリーフィング・ルーム」の体裁でした。

私は、翌年の二月、クウェート大使館人質事件の時、國廣さんの後任で官房書記官となった遠藤実さんと一緒に、まさに危機管理の一環で二晩でしたか徹夜で仕事をしました。機具はまだまだ幼稚でしたが、多くの課にまたがる関係者が一緒にいるというだけでも従前に比べて改善でした。かなり経ってからですが、私は加藤千幸さんをこの部屋に御案内する機会があり、大変に喜んでいただきました。私は、「オペレーション・ルーム」が剣呑なら「加藤ルーム」と呼べばいいなどと言っておりましたから。加藤さんはベルリン総領事時代に、廃墟となっていた旧ベルリン日本大使館・公邸を、コール首相の要請を受けた中曽根（康弘）総理の御指示で、よく御存知のベルリン日独センターとして復旧されました。渋谷君を大切にした人で、シリア大使、スイス大使をされたんですが、この方も亡くなってしまいました。巡り合わせで私が大使の時、このセンターを日本大使館・公邸に戻し、センターの方は当時の津守（滋）ベルリン総領事と一緒にドイツ政府と交渉して旧米軍士官クラブ跡に移設しました。立派なものが出来ているそうです。

佐藤前首相との連絡官

――ところで、佐藤内閣は沖縄を花道として一九七二年七月七日に総辞職なさって、その後佐藤さんと外務省との連絡官をされたという話を聞きました。『佐藤榮作日記』を見ると、陛下の訪米について有馬さんが話にきたというようなことが度々書いてあるんですが、どういうお仕事だったんですか。

これは正式の発令といったものではありません。いつでしたか。鹿取（泰衛）官房長に呼ばれて、退かれた佐藤さんのところへ適当に見計らって主要外交案件のブリーフに行くように。また、佐藤家から外国政府との関係で依頼ごとがあったらこれを処理するように。関係各課には遠慮しないでつないで協力を求めたらいい。何かあったらいつでも自分のところへ相談にくるように、とのことだったんです。私はロンドンに行く前ですが、北米一課の事務官時代に一時佐藤総理の通訳を致しましたが、多分佐藤総理の信頼の極めて厚かった本野盛幸元秘書官がパリから戻って官房総括参事官になっておられていて、本野さんが有馬ならどうだと言われての人事だったと思います。

――どのようなお仕事だったんですか。

ほぼ定期的に題目は私が見繕ったのですが、通常は調査部長、案件によっては主管局の幹部にお願いして国際情勢のブリーフを致しました。

――陛下の御訪米というのを佐藤元首相のところにご説明に行かれた理由についてお話しいただけますか。

昭和天皇の御訪米そのものについて私はあまり存じませんが、天皇皇后両陛下の御訪米というのは一九七一年秋の御訪欧の大きな御成功もあって、その後すぐに検討が始まったのだそうです。そして田中内閣にこれが引き継がれ、佐藤さんが首席随員を務められるという話もあったらしい。いずれにしても、本件を引き続き佐藤さんのお耳には入れておくというのは宇佐見(毅)宮内庁長官と湯川(盛夫)式部官長との御意向もあった由で、法眼次官から直接の御指示で現状を御説明に参上していました。しかし、度々ということではありません。

――佐藤元首相の日記を読みますと、ソ連情勢であるとか金大中事件についても、ご関心を持たれている雰囲気が伝わってくるのですが、それについては状況報告的なお話が多かったのでしょうか。

主要外交案件について必要に応じ調査部長か担当部局の幹部と御一緒に参上し、ご説明しておりました。当時、特に日本とソ連との関係に関心を持っておられたというのは、一九七三年十月田中総理の訪ソがあって、その時初めてブレジネフと田中総理との間で、未解決の諸問題の中に、四島の問題が含まれることを相手に認めさせたということが、大きく報じられていたこともあったからです。ただ、日ソ関係や金大中事件だけではなくて、『佐藤榮作日記』にあるようにその他の主要な案件についてもお話ししておりました。

たまに国内政治の話をされました。それ自体はたいへん興味深いことでしたが、私は断片的にしか覚えていません。ただ一つ、『佐藤榮作日記』にあるので話しますが、七四年夏に予定されていた田中総理の中南米訪問について部長と説明に参った際、田中内閣が段々と苦境に立たされるであろうと言われました。まだ『文藝春秋』に立花（隆）論文が出る前でした。

前総理にとり福田さんが意中の人だった訳ですが、それが実現しなかったこともあって、必ずしも田中内閣を評価するということではなかった。田中内閣が成立して最初の大事業が日中国交正常化でしたが、佐藤総理は親しい友人を多数台湾政権の間に持っておられましたから、正常化に異論はなくても、そう積極的という訳でもありませんでした。でも、私共に対しては、外交面での批判をされるというようなことは全くございませんでした。ただ、『佐藤榮作日記』を見ると、時々「注意を促す」ということが書いてあります（笑）。あれは私の場合、主管課からもらった資料に基づいてのブリーフですから、いつも判断がいささか楽観的で、「それでいいのかね？」という指摘をなさっていたということです。

佐藤前首相訪米

——それから、一九七三年一月、佐藤元首相が御夫妻でニクソン大統領の第二回目の就任式に招かれて訪米され、有馬さんがこれに同行された時のことを伺いたいと思います。佐藤さんは寛子夫人と一月十七日に日本を発たれてサンフランシスコで一泊、その後ワシントンに行かれて、途中ニューヨークにも行き、またワシントンに戻ってニクソン大統領夫妻が佐藤さん御夫妻のために催したディナーに出られて、二月四日に帰国されておられますが、有馬さんは、この全日程にご同行なさったのでしょうか。その間、有馬さんは楠田さんとハーバードに行っておられるのですね。

はい、全日程です。この佐藤総理の訪米については総理御自身が詳しく日記に書いておられるので、私のお話しすることはこれとかなり重複しますが、私の記録と記憶を辿ってみます。

佐藤さん御夫妻には木村俊夫、山中貞則両先生御夫妻も同行され、それに楠田さん、木村先生の政務秘書の小島平八郎さん、さらに北米一課の法眼健作君などもご一緒致しました。木村、山中両先生は、佐藤総理の助さん、角さんと呼ばれていたこともあったと聞いたことがありましたが、三人の夫人方が特にお互い親しくしておられました。それに木村先生は佐藤総理と同じ鉄道省の御出身で、事務次官、官房総務課長の関係だったこともおありだったんだそうです。一行が米国に着いてからジョンソン前大統領が急逝され、閣議決定で佐藤前総理が政府特使としてワシントンで行われた葬儀（国葬）に参列されるといったことがありました。

ところで、佐藤さん御夫妻に招待状がきた後はすべて楠田さんが準備されました。どのようなチャンネルを使われたのか、私は聞きそびれてしまいました。ディナーは出発前から決まっていましたが、大使館は当初はあまり関与していないんですね。一九六九年十一月の共同声明発出までの大使だった下田（武三）さんは、最高裁入り含みで七〇年八月に帰国され、次に着任された後任の牛場（信彦）さんも佐藤総理とは親しくしておられて、御一行に実に丁重なおもてなしをなさいました。私ども一行は、そもそもテキサスのジョンソン前大統領の牧場に行って会談をすることとなっておりました。総理には、米側で沖縄返還に最初に踏み切ってくれたのはジョンソン大統領であったとのお気持ちが強く、この際直接改めて会って礼を言いたいのだとおっしゃっておられました。残念ながらそれが取り止めになったものですから、後ほどお話しする楠田さんと私のハーバード訪問が可能になったんです。私自身出ておりませんでしたが、就任式後のギャラの舞踏会では、大統領が佐藤夫人と、総理がニクソン夫人とダンスをする場面があって、これが日本で報じられたりしていました。

一月三十一日にニクソン大統領との一時間ほどの会談がございました。総理は日記に「差し」の会談と書いておられますが、我が方は牛場大使とノート・テーカーの私が入り、通訳は米側の人で、キッシンジャーがノート・テーカーで入っていました。木村、山中両先生はホワイトハウスには来られてニクソンと写真は撮られたのですが、会談には入っておられないんです。中身はベトナムを除くと懐旧談、よもやま話が主でした。

実は、その前年夏に発生したウォーターゲート事件は、『ワシントンポスト』にかなり詳しく報じられていて、私は勝利が確実と言われていたニクソンの陣営がどうしてこんなくだらないことをしたのかと思いつつ、興味深く推移を読んでおりました。この三十一日の会談の時も、補佐官だったハルデマン、エアリッヒマン双方が挨拶に出てきていて、この事件はホワイトハウスにすでに影を落としているのかどうかと私は関心を持っておりました。もちろんそんなことはみじんもありませんでした。一年半あまり経って翌年八月ニクソンは辞任に追い込まれる訳ですが、その節は佐藤総理は日記に「沖縄返還を実現してくれた『ニクソン』の厚意は忘れられないので、有馬秘書官を通じ謝電をニクソンに打つ」と書いておられます。その頃私は、この佐藤訪米の時に御一緒された木村先生が外務大臣になっておられて、秘書官として仕えておりましたが、ニクソンの刻々深まる苦境を伝える大使館からの電信を読みながら、有為転変の激しさをかみしめておりました。この辺りの状況は木村先生御自身が総理に電話で伝えておられました。

御参考までに申し添えますと、私は調査室長の後、当時の経協局の技術協力二課長を半年ほど務め、その後木村俊夫、宮澤喜一両外務大臣に秘書官として仕えましたが、佐藤総理は両大臣の御就任時に各々電話され、引き続き有馬に自分の連絡官をやらせて欲しいと頼まれたということがありました。木村大臣は佐藤内閣で官房長官、副長官を務められ、宮澤大臣も佐藤総理によって議席のないまま官房長官に擬せられたことがあったほどの御関係ですから、出来るだけお助けするようにと指示されておりました。

ところで、このようにニクソン大統領が行き届いた心遣いを佐藤総理になさったのは、すでにちょっと触れたように、一九六〇年の大統領選挙でケネディに僅少の差で敗れ、六二年にはカリフォルニア州の知事選挙にも負け、もう政治的将来はないと言われたニクソンを、実兄の岸（信介）総理が安保改定のための訪米時常に世話になったという、そして岸から頼まれているという、ただそれだけのことで訪日する度に官邸での会談に応じ、懇ろにもてなした、そういうことがあったからなんです。

――佐藤元首相とニクソン大統領との個人的関係を見ると、繊維に関してトラブルがあったために、ニクソン大統領は佐藤元首相に対して、個人的にも相当ご機嫌を損ねられたということが書かれている本もありますが、そういうことに関してはどのように考えられますか。

どうなんでしょう。南部の票を確実なものとして二期当選を大差で果たしていたニクソンにとって、繊維は恩讐の彼方でしょう。いや、共和党が南部の地盤固めにまだ汲々としていた第一回目の当選直後――まさに沖縄返還交渉がたけなわの一九六九年のことですが――、その時ですらキッシンジャーは、日本との繊維問題の国内政治上の意味合いを自分自身十分には理解していなかったと書いているんですね。もし、ニクソンがこれを感情的になるほどに深刻にとらえていたら、それはキッシンジャーにも当然伝わり、こんな悠長なことは言っている訳には参りませんでしょう。

しかし他方、南部の共和党地盤強化を直接担当していた人達、その立場から対日繊維交渉に当たっていた人達、彼らには明らかに佐藤総理は解決を約束したと誤って伝わっていて、展開の遅さに苛立っていたことは事実です。

――佐藤元首相は、ジョンソン元駐日大使、キッシンジャー補佐官にお会いになっていますし、マンスフィールド、チャーチ、ジャヴィッツ、スコットといった当時の錚々たる上院の指導者達にも面会されています。

また、大統領のディナーには一部閣僚のほかマホン下院議員など私の全然知らない名前も出ていますが、幅広い交流関係を佐藤元首相はお持ちだったんですね。

これら下院議員を総理が個人的に御存知だったのかどうか私は覚えておりません。もちろん日本とゆかりのある方々ではありましたが。この晩餐会にはロジャーズ国務長官、キッシンジャー補佐官、ラッシュ国務次官、ジョンソン国務次官各夫妻、アイゼンハワー未亡人、それにペプシコーラの会長のケンドールも来ておりました。我が方は木村、山中、牛場各夫妻、それに私も呼ばれました。

――御印象に残っている会談はどんなものですか。

先ほど申した通りニクソンとの会談は率直とりとめのないものでした。他方、佐藤総理の会われた政治家の中にはっきりと言葉にする人はいませんでしたが、ベトナム戦争の挫折は明らかで、厭戦気運は覆うべくもありませんでした。

総理は二十三日に民主党のマンスフィールド上院議員と会談しておられますが、その時マンスフィールド議員は次のようなことを言っておられます。「日米関係はあらゆる面で平等になってきた。そして、いま総理が言われたように、戦後の日本の大きな経済回復、安定した政治というものが、日米防衛協力によってもたらされたということだけれども、もはや防衛面でも、日本が米国に一方的に依存していることは、だんだんと無くなっていくのではないか。遠からず、沖縄を含め在日米軍基地が全面的に返還される時が来るのではないか」と。言うなれば防衛面での日本の独り立ちを示唆された。そうしたら、総理が「自分は、そのような事態が早急に到来するのは好ましいことではないと考える。最近では横須賀港について、横須賀の市長は革新系であるにもかかわらず、米国空母に対して好意的措置を取っている。日米関係を一層強固なものにするに当たっては、現在の日米安保関係というものの堅持が重要である」と強く言われました。それに対してマンスフィールド議員は「もちろん基地の整理・統合が、米国の一方的意思によって実施されることがあってはならない。日本側の要望に沿った形でなされるべきであろう。しかし、自分が強調したいのは、日本はいまや米国と対等の立場に立つ強固な国であって、安全保障の分野においても、真に平等の原則に基づき、これが運営されることが望ましい」と重ねて言われるんですね。

その後、マンスフィールド議員は、カーター政権の時に大使として日本に来られて、レーガン政権になっても大使を続けられた訳ですが、その間、このようなことはついぞ一回もおっしゃらなかった。佐藤総理とのこの会談は一九七三年一月のことで、この一月二十七日、パリで米軍の撤退をも決めたベトナム和平協定が調印されている。ですから三十一日の佐藤＝ニクソン会談に陪席したキッシンジャーは大仕事を終えてきたところだったんです。いま振り返ると、この段階で米国が、特に米国の一部の政治家が、ベトナム戦争を背景として対外コミットメントの整理をしなければならないということを、たいへん強く感じていたのは当然ですし、ニクソン大統領の有名なグアム・ドクトリンの重要なテーマの一つは、米国は自らを守る気概と力を持っていない国のため米国軍人の血は流さないというものでした。

それから、やはり佐藤さんというのはたいへんな人だなと思うのは、すぐその場で、そうではないんですよということを言っているんですね。多分これが一番記憶に残るやり取りだったと思います。

――マンスフィールドさんというのは、院内総務をされていた頃から、アメリカのアジア政策に関して、ご関心を持たれている方だったのですか。

いいえ。お若い頃からです。彼はモンタナ出身の政治家ですが、第一次世界大戦の頃海兵隊の一兵卒として中国に来ているんです。その後、モーリンという方と結婚され、奥さんが学校の先生をなさって、マンスフィールド大使の方は、モンタナ大学で米国の対中国政策についての論文で修士号を取って、大学でしばらく教えておられたという経歴をお持ちです。ですからアジアにはたいへん強い関心をお若い頃から持っておられたんですね。ちなみに彼は一九〇三年生まれです。

ハーバード大学訪問

――ハーバードに行かれた時のことをお話し下さい。

先ほど申し上げた通り、ジョンソン前大統領の急逝でテキサス訪問が取り止めとなったため時間に余裕が出来たので、ハーバードに日帰りで行ってこようと考えたら、楠田さんがぜひ一緒に連れて行けと言われ、総理もそうするようにおっしゃって、訪問が実現致しました。この旅行については『楠田實日記』の後記に書かれております。帰国後私は、ハーバードとニューヨークで会った旧師旧友の話をとりまとめ、省内で米国に特に関心のある人達に配ったことがあります。ハーバードではエドウィン・ライシャワー、ベンジャミン・シュワルツ、ロイ・ホフハインツ、エズラ・ヴォーゲル、ジョセフ・ナイ、ジュディス・シュクラーなどに会いました。また、ニューヨークではセント・ポールズ、ハーバードからの親友で、その当時 *New York Review of Books* 誌の社主となっていたホイットニー・エルズワースと編集長ロバート・シルバー。ハーバードではアポイントメントづくりと案内を、当時中間研修でハーバードの国際問題研究所にきておられた西山健彦さんが全部して下さいました。

これら米国知識人の主たる関心は、ベトナム戦争の後遺症であり、これが日本ではどのように理解され、今後の日米関係にどのような影響を及ぼしていくかということでした。米国社会そのものについては多くの人が次の趣旨を述べ、米国の将来について当時日本で見られていた悲観論をいましめていました。

近頃、日本の知識人、ジャーナリスト、特に知米派と言われる人々の間に米国社会の衰退、崩壊論が流行していると聞いている。もちろんそのような見方は欧州にも米国の中にもある。確かに戦後四半世紀を経て、米国の力は政治的にも経済的にも相対的に後退していることは事実であり、かつ、米国社会がいま難しい問題を抱えていることは否定しえない。ベトナム戦争を契機として米国国内においては人種、麻薬、犯罪、若手層の政治的疎外、大学教育等々の問題、いままで米国社会内部に巣喰っていたこれら病が一挙に表面化してきた。しかし、一つの社会が困難な問題を抱えて、その処理に苦しんでいるからといって、その社会が崩壊過程にあると結論するのは、誤りである。米国が黒人問題に典型的にみられるように、自ら抱えている問題を隠蔽することなく、これを浮彫りにし血を流してまでして解決に努力しているということは、米国社会の基本的強靭さ、柔軟さの証なのだ。なぜ米国社会はそのように強靭であり、かつ、柔軟であるのかといえば、人種問題を含め、鋭く対立するグループが、米国の統治・憲法体制に対して基本的信頼感、信仰とも呼べるものを共有しているからだ。いかにその時の政権、社会の現状に不満を有しているグループであっても、米国の政治理念、政治の枠組そのものまでをも否定するものはいないということである。これの強靭さ、柔軟さを理解すれば、米国の衰退など容易に論じられ得るものではない。

いずれにせよ、他人の社会について解体するとか、崩壊過程にあるとかいった前提で論ずるのは、たとえ善意であっても――日本の知米人は友人たる米国に警笛をならしているのだと説明している由であるが――学問的にはおかしい。いかに脆弱な社会であっても、一つの国家を形成している以上これは実に複雑な構成、性格を有しており、崩壊か否かといった単純な二者択一的アプローチは、許容しえない。一つの社会について語る時、特に他人の社会を、ましてや米国のごとき強大かつ膨大な社会を語る時、その複雑さゆえに、単純な結論を拒否する謙虚さを有していなければならない。米国は崩壊するといったアプローチは、マルクシズム的考え方が浸透している日本の知識人には理解が容易なのであろうか。

また、日米関係の将来について、ライシャワー先生は、次のように話しておられました。

ニクソン政権は、基本的に日本に対し無関心である。これは、ホワイトハウスに日本の専門家が一人もいないことからも明らかだ。自分（ライシャワー）は、二年くらい前までは、キッシンジャーに対し将来のアジアにおける日本の一層の重要性を説くと共に、具体的に何人かの名前を挙げてホワイトハウスに日本の専門家を入れることを勧めてきたが実現していない。他方、インガソール駐日大使は、有力財界人としてニクソン大統領が一目も二目も置いている人物であるのみならず、日本についての理解を急速に深めており、幸いな人事だったと思っている。

最近、米国の一部に、将来のアジアにおける日中角逐を予測して、米国が必ずやアジアにおいて日中いずれかを選ぶ必要に迫られることとなろうとの考え方が出てきているが、自分は、経済的にもイデオロギー的にも、アジアにおける米国の唯一の友邦国は日本であり、米国が選択の有無を云々することすらナンセンスである、とあらゆる機会に説いている。ベトナム戦争終了後のアジア問題について、米国政府が日本政府を差し置いて中国と直接話し合いをするといった事態は、絶対に避けるべきであり、そのようなことになれば、米国にとって不幸といわざるを得ない。キッシンジャーの念頭にあるのは常にソ連であり、その関連で中国が浮かんでくる。またベトナム休戦実現の関連でも彼にとり中国は、意味を有していた。しかし、中国そのものに関心を有している訳でもなければ、中国を理解している訳でもない。米国の現在の対外政策において日本に対する配慮が足りないのは、ホワイトハウスのこのようなメンタリティーの投影である。

今後の日米関係で重要になるのは経済問題ではなく、安全保障の分野であると考える。最近の経済関係の悪化は、相互間の理解を深める努力の欠如に負うところが大きく、米国内には日本の経済発展に敬意を抱いている向きも多く、日米両国経済の補完性などについて十分理解が深まれば解決する。しかし、安全保障問題はより深刻である。ベトナム戦争を体験し米国国内にはアジア全般の安全保障問題に対する倦怠感が深まり、それが無関心さに転化しつつある。日米安保条約について、これを以て日本軍国主義の再興の可能性を阻止するといった考え方が米国内に存在することは否定しないが、議会など一般的には、日本がより多く防衛義務を分担すべしとする日本の努力の欠如に対する批判の方がはるかに強い。日本において基地の整理統合のテンポ、規模に不満が強いと聞いているが、遠からず米国の国内政治の要請から沖縄を含め在日米軍を全面的に撤収するという事態がくると思う。その時日本政府は、いかに反応するつもりなのだろうか。あらかじめ引きとめるよう努力するのか、あるいは日米安保体制に対する依存を徐々に弱めて自衛力の一層の努力に努めるのか。その場合、日本はアジアにおける戦略的立場をいかように認識することとなるのか。また、今後日本が対中国関係を進めていくに当たり、米国との関係はいかなる姿であるべきと考えているのか。もちろん、その場合、日本にとっても重要なのは、今後の米中関係の進展であるが、その点、日米両国政府間に対話と理解は存在しているのか。ベトナム後の米国の対アジア政策は依然として模索の状況にあるが、日米間の政策対話は実質的に行われているのか。

このライシャワー先生の見解は、先ほど御紹介したマンスフィールド上院議員の意見と相通ずるものがあります。

ちょっと話がそれますけれども、先ほど私はアポイントメントづくり、案内は西山健彦さんがして下さったと申しましたが、一日の日程を終えて私どもは西山さん御夫妻と一緒にライシャワー先生のお宅に夕食に招いていただきました。いま御紹介した先生のお話もその際伺ったのですが、ニューヨークへ向けてのシャトルの最終便に乗るため一同辞去して西山さんの車に乗せていただくと、どうした訳かエンジンがスタートしないんです。結局先生がアノラックをひっかけてボストンのローガン空港まで送って下さったんですが、楠田さんはこのことを心暖まる筆致で書いておられます。凍つく満天、明るいほどの星空の下カチッカチッとエンジンのかからない乾いた音を、いまでもあの親切だった西山さんの面影と共に鮮やかに想い出します。

西山さんは、フランス公使、サンフランシスコ総領事、欧亜局長を務められた後アルジェリアに転出、次にEC代表部大使になられた時、冷戦後の日本とEC(EU)との政治対話に道筋をつけることとなった日・EC共同宣言を一九九一年に仕上げると、間もなく病を得て亡くなってしまわれました。この宣言で日本とECとは初めて双方の関係の基盤をなすのは自由民主主義という共通の価値であることを謳い上げます。最高首脳レベルでの定期的協議開催もこの中で合意されました。いずれについてもどうした訳かフランスが頑として反対していて、私どもはソ連への配慮かと思っていたら、冷戦が終わってもフランスはまだ反対しておりました。オランダがEC議長国の時、西山大使と同期で仲の良かった小和田(恆)外務審議官とが二人協力して交渉に当たり、妥結に漕ぎ着けました。率直いまでもあの時のフランスの理由なき反対を思い出すとちょっと不愉快になるほどです。西山さんは対欧外交の担い手として大変に嘱望され、英語、フランス語にまったく不自由のない傑出した外交官でした。この人も生まれつき親切、かつ巧まずしてユーモラス。痛恨極まりない出来事でした。その後奥様から追悼集に一文をとお招きを受け、私もこのハーバードでのエピソードを書きました。

第一次石油危機（一）二階堂官房長官談話

――一九七三年十月上旬に第四次中東戦争が始まり、第一次石油ショックが起きます。印象に残っていることをお話しいただけますか。

あの秋私は、八月にワシントンから戻られた牛場大使が出席されることとなった十二月の第一回日本・インドネシアコロキアムへお供することとなっていて、それまでアジアはどこにもいったことはなく、それもバリ島ということで、大いに楽しみにしていました。牛場大使の御意向でもあるとして、アジア局に頼まれたスピーチの原案も早々と作り上げ、丁重に見て下さったアジア局の中江（要介）参事官がこれならいいだろうと言われて、牛場大使に提出してありました。

第四次中東戦争は十月六日に始まり、国連安保理が直ちにこれに介入し、十月二十二日に停戦が一応成立しましたが、実際には戦闘はあちこちで続いておりました。さて石油ショックですが、簡単に申しますとアラブ諸国は、開戦を背景に十月のアラブ石油輸出国機構（ＯＡＰＥＣ）の閣僚会議で、それまで一バレル三ドル一セントであった石油価格が五ドル一一セントに引き上げられ、さらに十二月には翌年一月以降一一ドル六五セントに値上げすることが決定されました。さらに――これがより深刻なのですが――、イスラエルに味方する国については石油供給を十二月までに二五パーセント一律カット、その後も一月から毎月五パーセント削減を続けるということを決定します。また、石油輸入・消費国についてアラブ諸国に対し友好的国、中立的国、敵対的国と三つに分け、この供給削減の割合を案配するというのです。要するに、アラブ産油国が、第四次中東戦争におけるアラブ側の勝利を以て、一九六七年イスラエル軍が占領した地域からの撤退を実施するため、石油を政治的武器にするという決定なのです。

しかし、率直私にはこれが正確に何を意味するのか、まずもって日本がこの三つのどこに分類されているのか、よく分からなかった。友好的国ではないが、どうも敵対国でもないらしい。しかし、たとえ日本は中立と言われても、輸入の九割をこの地域に依存している日本としてはパニックに近い状態に陥らざるをえませんでした。石油関連製品価格の急上昇、トイレットペーパー、洗剤などはスーパーから姿を消すといった事態です。

そのような時、もう十一月に入っておりましたが、ある日、山本学中東課長が私のところに見えて、官房から正式にお願いするが、課員が疲労困憊なので助けてくれと言われたのです。すぐに官房参事官の本野さんも来られて、同じようなことを言われる。私の方から実は牛場大使に随行することが決まっていてと申しましたら、それは分かっている、官房から大使にもアジア局にも事情を説明するから心配するなとおっしゃる。心配しているのではなくて、未練があるということなんです。しかし、すぐに喜んで協力させていただくと申しました。すると山本課長は「僕の隣に机を置いたからすぐ来てくれ」と申し越され、それはいくら何でも調査室の人達の志気に関わるのでとお断りしましたが、調査室の人達ともども色々と手助けをしました。しかし、その段階では三木副総理の派遣ということは聞いておりませんでした。

厄介だっただけによく覚えているのは、二階堂（進）官房長官談話の起草でした。一つは、国内的配慮からアラブ寄りの立場を出来る限り鮮明に出すべきだという田中総理のお考えと対米配慮からの大平（正芳）外務大臣の慎重論、第二に現地――サウジアラビアですが――に在住の邦人からもたらされる情報、即ちサウジ政府始めアラブ諸国は日本のイスラエルに対する煮え切らない態度に業を煮やし、いつ日本を「敵対国」に格下げするか分からない、だから可及的速やかにアラブの立場を強く支持する政府声明を発出すべきだというもので、これが一部日本人政治家、財界人に伝わる。それに、やはりジュネーブで和平交渉に携わっていたキッシンジャー国務長官が、交渉は微妙な時期にあるので、日本のような重要な国が中庸を欠いた立場をとるのは好ましくないとして大平大臣を直接牽制する、これが大変でした。

これら一つ一つ私は直接関わることはなく、ただこれらのやり取りを聞きながら二階堂談話を起草していったのです。この大平＝キッシンジャー会談で大平大臣が、それならば米国政府は米国の石油会社、いわゆるメジャーに対し日本の苦境救済を働きかけてくれないかと頼まれ、これには素気ない返事だったということを聞いて、それでは我が国の民生、国益を考え、我が国の信ずるところをまとめて発表しようということになって出したのが、我が国の中東和平実現のための四原則を持った、十一月二十二日の二階堂官房長官談話なのです。私自身はキッシンジャーの発言を聞いて、中国やら通貨でのニクソン・

ショックのすぐ後のことですから、この人はまったく日本のことを分かってもいないし、分かろうともしていないと感じたものです。

この談話の中核をなすのは、一九六七年第三次中東戦争の際に採択された安保理決議二四二についての我が国政府の解釈ステートメントでありますから、これの起草に当たってはこの決議に関し、他の主要国政府が公にしてきた見解等を参考にしての作業でした。責任者は山本中近東課長。それに安保理では日々第四次中東戦争につき審議がなされ、次々と決議が採択されるという状況で、国連局政治課も事実上本件共管ということでして、山本さんと小和田政治課長は同期でことの外親しく、常に連繫しておられたので、私は主に山本さんと御相談しておりましたが、仕事は実にやりやすかった。文章の最終チェックは栗山尚一条約課長がしてくれました。

ここに、その二階堂談話の全文を掲げましょう。

中東問題に関わる官房長官談話

昭和四十八年十一月二十二日

一、我が国政府は、安保理決議二四二の早急、かつ、全面的実施による中東における公正、かつ、永続的平和の確立を常に希求し、関係各国及び当事者の努力を要請し続け、また、いち早くパレスチナ人の自決権に関する国連総会決議を支持してきた。

二、我が国政府は、中東紛争解決のために下記の諸原則が守られなければならないと考える。

(一)武力による領土の獲得及び占領の許されざること。
(二)一九六七年戦争の全占領地からのイスラエル兵力の撤退が行われること。
(三)域内のすべての国の領土の保全と安全が尊重されねばならず、このための保障措置がとられるべきこと。
(四)中東における公正、かつ、永続的平和実現に当ってパレスチナ人の国連憲章に基づく正当な権利が承認され、尊重されること。
三、我が国政府は、上記の諸原則に従って、公正、かつ、永続的平和達成のためにあらゆる可能な努力が傾けられるよう要望する。我が国政府としても、もとより出来る限りの寄与を行う所存である。

我が国政府はイスラエルによるアラブ領土の占領継続を遺憾とし、イスラエルが上記の諸原則にしたがうことを強く要望する。我が国政府としては、引続き中東情勢を重大な関心を持って見守ると共に、今後の諸情勢の推移如何によってはイスラエルに対する政策を再検討せざるを得ないであろう。

いくつかポイントがありますが、一つは第二項(三)の「域内のすべての国の領土の保全と安全」は、当然のことながらイスラエルを含みます。また、前文にもある「パレスチナ人の自決権」と第二項(四)の「パレスチナ人の国連憲章に基づく正当な権利の承認」は、パレスチナ国家の成立を示唆しております。ちなみに、安保理決議二四二は、パレスチナ人の問題を基本的に難民問題としてとらえていて、その政治的立場には触れておりません。第三に、そしてこれが一番難しい問題でしたが、第二項（二）の「一九六七年戦争の全占領地からのイスラエル兵力の撤退が行われること」の部分でして、まず決議二四二には「全ての」という趣旨の表現はなく、さらに、この「占領地」に定冠詞が付いていない。しかし、この際、「全占領地」とし、これに定冠詞をつける決断をしました。撤退の地域を具体的、かつ、明確にしたのです。他方、聞かれた場合というか、我が国政府としての含みとしては、当事者が合意する場合の調整を排除するものではないということでした。当然のことです。

最後に、末尾第三項の「今後の諸情勢の推移如何によってはイスラエルに対する政策を再検討せざるを得ないであろう」というくだり、これも難しかったのですが、先ほども触れたように一部の邦人筋からは産油国はイスラエルとの外交関係断絶を要求しているといった情報が寄せられていて、注意深く入れたものです。これについては、何を聞かれても「将来とるべき措置について今とやかく言うべきではない」で通すということに決め、これを応答要領として関係者に周知させたのを覚えています。

第一次石油危機（二）三木特使中東訪問

――有馬さんは第一次石油ショックの際、一九七三年十二月十日から二十八日まで当時「油乞いミッション」と呼ばれた三木（武夫）副総理の中東八カ国（アラブ首長国連邦、サウジアラビア、エジプト、クウェート、カタール、シリア、イラン、イラク）訪問に調査室長として随行されます。この経緯についてお話し下さい。

十一月二十二日に官房長官談話を発出はしたものの、その後アラブ諸国の方からは対日石油輸出規制――先ほども申した通りそもそも規制の実態があまり鮮明ではありませんでしたが――について何もかんばしい反応はなく、国民の不安感は深まるばかりでした。そのような状況の中で、官邸も外務省もこの際現地に特使を派遣して、我が国の中東紛争に対する基本的立場をすでに「談話」として明らかにしてはあるが、アラブ諸国の指導者に直接重ねて説明するのが望ましいということになりました。

大平外務大臣という案もありましたが、臨時国会開会中に中東に関わる問題についての責任者が長期に外国出張をするのはいかがなものかという配慮からこれは見送られ、内閣の副総理であり、かつ、外務大臣経験者でもある三木さんに田中総理からお願いするということになりました。三木さんは快諾されたと伺っております。ところでたまたまですが、三木さんは、安保理決議二四二が採択された第三次中東戦争の時の我が国の外務大臣でした。後ほど御説明しますが、三木さんは先方首脳との会談でこのことに触れられ、ちょっと厄介な状況をもたらしたことがありました。しかし、振り返るとこれは些細なことでして、この中東訪問は結論からいうと大成功を収めたのであります。

さて、特使派遣は決まっても、いくつかの懸念がございました。一言で言うと、二階堂談話で明らかにした我が国の立場を越えてエルサレム、難民、対イスラエル政策などについて、よりアラブ寄りの見解の具体的表明を求められた場合どうするかということでした。その中でも最も憂慮されたのはやはり談話末尾のくだりに関してのことでして、もちろん先ほど申したように、将来については何も予諾出来ないで通せればいいのですが、実際現地において我が国にとり焦眉の急となっている石油の供給の対価として対イスラエル経済・外交関係断絶などを求められたらどうするのか。そのような要求があるかもしれないといった情報も実はあった訳で、三木さんと東郷外務審議官のお二人、あまり口にはされませんでしたが、そのような局面が生じた場合特使としては意見を添えて政府に請訓する必要があるのですから、どうするかと苦慮しておられました。関係の断絶となれば、せっかく談話で掲げた中東和平四原則、なかんずく「全占領地からのイスラエル兵力の撤退が行われること」についてイスラエル政府に圧力を加えるすべを失うと反論するにしても、「もし撤退しない場合には」、日本政府は断絶する用意があるのかどうか。そう迫られたらどうするのか。いま振り返って、いや、率直その当時ですら、日本の発言なり行動が果たしてイスラエルに対しどの程度効果的な圧力となり得るのか、日本の国際場裡における影響力はちょっと買いかぶられすぎているのではないだろうかという思いはありました。しかし、日本政府の我々当事者が東京でこのように自問自答をしていても詮ないことなんですね。

詳しくは話しませんが、アラブ諸国の間でも「産油国 対 非産油国」、エジプト、シリア、ヨルダンなどの「直接の交戦国 対 宣戦布告はしていても実際戦闘に参画していない国」等、さまざまな立場の対立があり、産油国の間でもこの石油の政治的利用について意見の対立があるという情報が入ってきておりました。その中でもクウェートの石川良孝大使の産油国側の考え方についての情報は、当時の本省ではいささか楽観に過ぎると見られていましたが、その後その正確さが段々と明らかになっていって、感銘を受けたものでした。

それから一つ大切なことを。そしてもっと早く申すべきだったことを取り上げます。三木特使は、アラブ諸国に対し石油輸出規制が豊かな先進工業国のみならず、非産油開発途上国により、深刻な打撃を与えていること、また、日本のごとき主要な援助国が今後その力を失っていくことへの憂慮を強く指摘されました。他方、これについてはアラブ側からそれだからこそイスラエルやイスラエルを支援する米国などは怪しからんのであって、イスラエルにもっと厳しい圧力を加えて欲しいという意見も当然のことながらありました。

訪問時の会談については後ほどお話しすることとして、特使派遣が部内で検討され始めると間もなく、山本課長から中近東アフリカ局もそのつもりでいるのだが、事務方の首席随員に内定した東郷外務審議官の御意向もあり、貴君には同行の心づもりはしておいて欲しい、共同声明ということになると東郷さんを補佐する人が必要だし、通訳要員には優秀なアラビストをつけるけれども、文書作業は英語になるので、とのことでした。私自身、ことの成り行きからして山本課長が本省を離れる訳には参りませんので、多分随行することになるだろうと思っておりましたから、すぐに承知致しました。

その頃私は、このアラブ諸国による石油の政治的利用の経済的意味について、日々大きく報じられていたトイレットペーパーだの洗剤などが店頭から消えたとか、深刻なインフレが懸念されるとかいったその現象面以上のことはよく分かりませんでした。何しろ「談話」「その想定問答」「特使の御発言要領」の起草作業に追われていて、経済がらみのものは経済局が作った資料を読んでいるという状況でした。

ところが、私の随行が決まると間もなく、宮崎（弘道）経済局長がちょっと来てくれと言っておられるということがありました。それまで宮崎さんとは直接お話をしたこともなく、何だろうと思って早速参りましたら、「いやすまん。わざわざきてもらうことほどのことではないかもしれないが、君は経済のことはあまり知らないそうなので」と言いつつ立ち上がられると、机の横に立ったままで次の趣旨を言われました。

いまアラブ諸国は、アラブ正義のためにと言って、石油の供給を漸減し、価格を引き上げ、輸入国を政治的に識別し、供給量を決めると言っている。確かに石油価格の高騰は厳しい。しかし、日本には金があるので、ゆくゆくは市場で買えるから心配するな。しかし、輸入国の中には経済力からして買えない国もこれから段々出てくる。このような石油市場の状況は、畢竟石油は売らざるを得ない産油国にとって、いや本音では石油を売りたい産油国にとって好ましいものではない。このような人為的石油市場の硬直状況が続けば、消産双方が疲弊していく。加えて、ここが大切なところなのだが、いま産油国はこの貴重な資源が涸渇してしまう前に工業化を達成したいとの強い願望を有しており、これには危機感すら伴っていると聞いている。この工業化に手を貸せるのはその歴史体験からしてまずもって日本なのだ。この辺りのことは心あるアラブの指導者はよく分かっている筈であり、日本はもっと自信を持っていい。

このような話をなさった後、宮崎さんは次のように述べられました。

先日の官房長官談話だが、あれはアラブ諸国による石油の政治利用という誠に好ましからざる背景の下でのものではあったが、中東紛争についての我が国政府の立場を自主的に述べたものとして、かつ、納得のいくものだったので僕はサインした。ここで貴君に念のため言っておくが、自由市場経済の擁護は我が国にとり揺るがすことの出来ない国是である。従って、石油の政治的利用を正当化する、あるいはこれに屈服したかのごとき言質をとられることがないように。あの「談話」を越えることがないように。日本にはアラブ諸国の必要とする金と技術がある。心配しないでいってこい。ああ、それに東郷さんは安保のことしか分からないような顔をしているが、お若い頃は経済局のGATT課長もしておられ、経済のことはよく御存知だから心得ておけ。

私は、その時ここに、我が国経済を戦後自由市場経済体制へ法的かつ実質的に組み込ませていった外務省の経済局育ちの人々の、ちょっと言葉が見つかりませんが、透徹した理性に基づくしたたかさを見たという印象を深く持ちました。また、「君はあまり経済のことは知らないそうなので」と「心配するな」でありますが、私が初めて条約課に行った時に、当時の松永（信雄）条約課長に国際法について似たようなことを言われたことはお話ししました。いずれも、いまでもその通りですが、大切なのは「心配するな」なんですね。相当経ってから、三木夫人が「あなた、私が中東に行く三木を羽田に見送りにいったら、私に『何も心配するな』とおっしゃったけれど覚えている?」と言われたことがあります。私は忘れておりましたが、ああ、宮崎さんの言われたことがよほど強く頭に残っていたのだなと思ったものであります。しかし、本音のところ私自身は凄く心配でした。

三木副総理に特別補佐として山田久就政務次官、顧問として大来佐武郎海外経済協力基金総裁、平澤和重NHK解説委員、首席随員として東郷文彦外務審議官、随員として通産省天谷直弘国際経済部長、外務省中近東アフリカ局中村輝彦参事官や私どもがお供しました。

特使一行は、十二月十日に羽田を出発して、最初の訪問国アラブ首長国連邦のアブダビ空港に同日夜七時過ぎに到着します。そして翌十一日の一日の間に、三木特使は前夜空港に出迎えてくれたハムダーン副首相、それに続けてオタイバ石油相、ザーイド大統領、スウェイディ外相各々との会談、それに内外記者会見を行い、午後三時サウジアラビアに向け出発、一時間あまりでリヤド空港に到着、ナーゼル中央企画庁長官の出迎えを受け、夜七時から日本・サウジアラビア合同会議の日本側議長を務められました。当時三木特使は六十五か六十六、まだお若かったと言えばそうだけれども、二十八日に帰国されるまで連日このような、あるいはこれ以上の過密な日程を実に活き活きとこなされた。ただただ見事でした。

ところでア首連のオタイバ石油大臣との会談で、ようやくアラブ側の言っている石油供給削減の考え方と実施の態様、見通しが分かってきました。それは、次のようなものでした。オタイバ石油大臣の英語は流暢そのもので、同大臣の希望で会談は英語で行われ、私が通訳もし、記録を作りました。まず、三木特使の方から、極めて短時間の滞在にも拘らず、ザーイド大統領始め主要関係閣僚との会談が準備されていて、ア首連の日本に対する伝統的友誼の現れとして感謝すると申された上で、御自分の今回の中東訪問の目的について、中東和平実現、これなくして石油問題の解決も困難であるが、これのため日本としていかなる貢献をなし得るかを探索することであり、第二の目的はアラブ諸国と我が国との友好関係をさらに強化することだと言われました。ただ単なる「油乞い」ではないということを強く滲ませておられる訳です。しかし、もちろん続けて石油供給削減の我が国経済に与えている深刻な打撃、それに先ほどお話ししたところですが、特にアジア諸国に対する日本の援助能力の低下のもたらす意味を話されました。

これに対してオタイバ石油相は次の趣旨を述べました。

中東問題についてアラブ側は忍耐強く、長年にわたり、解決のため努力してきたが、何ら見通しが得られないままに、今次戦争が始まった。アラブ側は今回こそはこれを契機として早急に解決を得ようと決意している。公正な解決とは第一にイスラエルは一九六七年に占領した全領域から撤退すること、第二はエルサレムはアラブの領域であることを認めること、及び第三はパレスチナ人の全ての権利が保障されることの三つの条件の実現である。

アラブ側は現在、石油供給削減実施に当たり、（1）敵対国（2）友好国及び（3）きわめて友好的な国との基準を設けており、（1）については資材、あるいは人的面でイスラエルを支持している米国、オランダなどの国に対し全面禁油を行っている。（2）は国連において示されているアラブ側の立場を支持している日本及び独などの多くのＥＣ諸国であるが、これには供給削減を行っている。(3)はイスラエルと国交断絶を行ったスペイン、パキスタン、アフリカ諸国等及び友好的措置(武器輸出のこと)をとってきている英・仏であって、それに対しては本年一月~九月の供給水準を保証している。

自分は、日本は先の官房長官談話の発表前からアラブ側に対し、友好的であったと思うが、日本がアラブ諸国と同様、アジアの一国であること、日本がアラブ諸国をイスラエル以上に必要としていること、アラブ諸国も日本の経済力に大きな期待を寄せていること等よりして、日本から従来に比しより大きな支援を期待したい。もし日本がイスラエルと断交すれば今後、日本の全需要に応え得るとまでは約束しえないが、本年一月~九月までの水準の確保は保証出来る。

いずれにせよアブダビの石油政策は柔軟である。中東及び石油問題の見通しについては今後、和平の話し合いの結果、イスラエルの占領地からの漸進的撤収計画について合意が成立、その実施方について米国が保証し、イスラエルがその計画の第一ステージを実施すれば米国に対する取り扱い振りを他国と同様にすることを配慮する。その後は予定された撤収計画の実施振りに応じて供給水準を徐々に通常のレベルへ戻していくということである。撤収計画実施の過程でその促進につき日本が米国に対し、その影響力を行使することを期待している。なお、過般のOAPEC石油相会議でとられた来年一月の五パーセント生産削減の決定は最終的なものである。

これを訳しながら、確かに「日本がイスラエルと断交すれば」といった発言はありましたが、まったく要求がましくなく、さらに我が国からの経済協力に対する期待、条件をつけつつも石油供給水準を徐々に平常に戻すことへの意欲、これは石油市場の正常化指向を濃く滲ませていました。宮崎局長の言っておられたことが、正鵠を射ているなと、ちょっとほっとしたものであります。もちろん産油国としてアラブ首連が歴史的に日本に対しことの外好意的であったことはよく承知していながらのことでしたが、それにしてでもあります。

さて再び中東御訪問中の三木副総理と先方要人との会談でありますが、最も重要な会談は当初から予想されていた通り、十二月十二日リヤド（サウジアラビア）で行われたファイサル国王及び同十八日カイロ（エジプト）郊外で行われたサダト大統領との会談の二つでありました。いずれもいわゆる小規模会談でして、私は出席致しておりませんでしたが、各々について東郷外務審議官から詳しく話を聞きましたので、それに沿ってお話し致します。

ファイサル国王との会談は約二時間にわたるものでした。私ども中に入らなかった随員はがらんとした控え室で待っておりましたが、終了すると東郷さんがまず足早に出て来られて、「有馬君、君は車は副総理と一緒だったな。三木副総理に、宿舎に戻ったら東郷から御説明するから、待機している同行記者諸君に本日の会談の内容は一切伏せておいていただきたい、楽観的印象は与えないでいただきたい、と申し上げてくれ」と言い残して自分の車に向かわれたんです。三木副総理の車には後部座席に平澤和重さん、前に私が同乗しておりましたが、出発すると私は振り向いて副総理に東郷さんの伝言を申しましたら、三木さんは極めて不愉快そうに「東郷君には国民感情が分かっておらん」と言われ、会談に出ておられなかった平澤さんは、「何だ何だ、国王は何と言ったんだ」という具合に三木さんに迫られるという、あまりよくない雰囲気でした。さすが三木副総理は話を変えて、副総理が外務大臣の時小笠原返還交渉が行われ、当時の東郷北米局長が硫黄島摺鉢山山頂にあった海兵隊員が星条旗を掲げている銅像記念碑の残置を希望する米側の要求を一部受け入れたことを私に説明され、もちろん私自身はこの経緯はよく存じておりましたが、「東郷君は極めつきに優秀な外交官だが、国民感情が分かっていない」と重ねて言っておられた。私は東郷さんらしからぬ深刻な調子からこれは何かあるのだろうと、迎賓館のロビーには同行記者さん方がおられて副総理を囲もうとしたのですが、副総理御自身、「後ほど後ほど」と言いつつ私の先導で階段をあがって部屋に入られました。そこに東郷さんが高杉（幹二）駐サウジ大使、中村参事官等と一緒に入ってこられ、「副総理御退出の時、先方で同席していたカマール・アドハム国王顧問が私のところに来られて、本日の会談で国王は、日本を英仏並みの友邦国扱いにすると述べられたが、これについてはまずサダト大統領の同意が必要であり、自分が明日カイロに行って大統領に本日の会談の経緯を説明して了承をとりつけるので、それまで万が一にも本日の国王の発言が外部に洩れることのないよう配慮してくれとのことでしたので、先ほど有馬に右の次第をことづけたのである」と説明され、副総理も納得された次第でした。

東郷さんの私への話によると、会談では、まず、ファイサル国王の方から前年の国賓としての訪日に触れられ、天皇皇后両陛下にくれぐれも改めての謝意を伝えて欲しい、日本の皇室には深い感銘を受け、敬意おくあたわざるものがあるとして、サウジと日本との友好協力関係の進展への期待を述べられたというのです。その後三木副総理の方から、石油問題を取り上げられて、我が国の苦境を述べられたそうですが、国王の方は日本が事実上敵対国扱いになっているのをどうも御存知なかったらしい、そして国王としては日本の友人のために「石油の全必要量を保証する」あらゆる努力をするし、その努力が翌年一月には実を結んでいることを願っていると二回言われたというのです。

他方、側近の人達にしてみれば、いくらサウジアラビアの国王であっても、アラブ諸国の団結を未曽有に謳っている事実上の戦時にあって、独断で日本の地位を上げる訳には参らぬということだったのでしょう。しかし、ここまで強く表明された国王の意向が実現しないとなれば文字通り国王の沽券に関わることであり、当時アラブ政界で最大の実力者とまで言われたカマール顧問をサダト大統領のところへ派遣することになったんですね。これはその夜カマール顧問自ら迎賓館にみえて縷々御説明下さった次第でした。これは地域の政治の現状分析の客観性と情報の正確さにおいて卓越したものでした。このカマール顧問という人は、サウジアラビアの治安の最高責任者なのだと聞きましたが、別に確認も致しませんでした。

私が通訳をしたのですが、カマール顧問は、中東和平の見通しには悲観的でした。それは、米国政府が乗り出す乗り出すと言いながら実際には何も出来ないでいるからだというんです。アラブ側が石油の対米禁輸を決めると、キッシンジャー長官が早速飛んできて、ファイサル国王に中東和平は米国に任せてくれ、しかし、イスラエルに圧力を加えるに当たって米国内の反アラブ的世論感情を鎮めるため禁輸を中止してくれと要請したというのです。確かにこの要請を受け入れられる訳もない。しかも、任せてくれと言った米国は、和平の話し合い開始の最小限の条件である、イスラエル軍の十月二十二日の休戦ラインまでへの撤退すら、実現することが出来ないでいると申しておりました。

サウジアラビアにおいては一行の送迎にナーゼル中央企画庁長官が当たられましたが、これは象徴的でして、ここでもまさに宮崎局長の言われていた通り、サウジも自国経済の発展に当たって日本からの協力、なかんずく技術協力にいかに大きな期待を寄せているか、中央企画庁主催の閣僚レベルの日サ合同会議と実務者レベルでの経済協力に関する日サ関係者会議とでひしひしと感じられた次第でした。

ちなみに、サウジ政府が日本の立場の改善に努力してくれることとなったとの趣旨は、多分三木さんが田中総理か大平外務大臣に電話されたのでしょう、翌日の国会での政府側の答弁の中にこれが出てきています。当時サウジ駐箚の外国大使館はジェッダにあって、首都リヤドからは電報を打てませんでしたので、電話だったと思います。今考えると三木副総理の言われた「東郷君には国民感情は分かっておらん」というのは、有馬を通じての「黙っていろ」ということに外交的配慮はあるのだろうが、それにしても日本国民はいま良いニュースはないかと待ち焦がれているんで、それに応えたい自分の気持ちくらい分かってくれよということだったんでしょう。

先ほど三木さんが第三次中東戦争時外務大臣をしておられたと申しましたが、サウジで閣僚級の合同会議を行った際、三木さんはそれを披露されて御自分の国連演説の中東の部分を御説明になり、以来事態は少しも改善されていない。安保理決議二四二に賛成した者として責任を感じていると言われたのです。これに続けて「特使としての自分の使命は中東和平実現の道を見出すことである」と言われ、これを枕に石油の話をされました。ここでもただ油乞いにきた訳ではないのだということです。問題は「責任を感じる」というところで、賛成したのは日本政府であって三木さん個人ではありません。「責任を感じる」がアラビア語でどのように訳されたのか、いかなる語感を与えるのか分かりませんが、大仰に言えば、中東和平進展の遅滞、安保理決議二四二の不履行について我が国政府の責任を問われかねない御発言で、これはやめていただこうと、東郷さん中村さんとも御相談して、結局私が御説明に参上し、「フム、フム」と聞いておられるのですが、次の訪問地カイロでまたおっしゃったら、エジプト側がこれに感銘を受けたとして共同声明にぜひこれを入れろと言ってきかない。

これの起草は、他の随員が全員経済協力の実質的協議に入ってしまい、事実上私一人でやっておりまして、歴史的事実に鑑みても、国際関係の常識からしても、ましてやあまり難しいことは言いたくないが、国際法上も、日本の責任云々と言える訳がない、個人的感慨を述べられたのであろうが共同声明に特使の個人的感慨を記せる訳がないと頑張っても、向こうは譲りません。ファハミ外相の強い意向だとのことで、必要ならファハミ外相を呼んでくるとまで言うのです。とうとう東郷外審の御出馬を願ったのですが降りない。そしたら東郷さんが「有馬、しようがない。三木さんが言ってしまわれたのだから、僕の責任で入れよう」ということで入ってしまいました。私どもの予想に反し、政治的色彩を帯びた共同声明発出を求めてきたのはエジプトだけでしたが、交戦国代表としては当然のことでありました。しかし、この部分には閉口しました。

帰国後関係のところを回りましたら、どうしてこんなことが入っているのだと指摘する向きもありました。しかし、特使が使命を見事に果たされたので、ちょっと懸念された国会での提起も、新聞で取り上げられることもありませんでした。

このようにサウジアラビアでは国王から大いに勇気づけられる約束を頂いた訳ですが、これの実現にはサダト大統領の同意がまず必要であると言われ、お預けを食うことになりましたが、幸いなことにサウジアラビアの次の訪問国はエジプトでして、カマール殿下の説得工作の成否如何という期待と不安をないまぜにして十四日にカイロ入りを致しました。

ところが、空港に着くと、出迎えにきておられた和田（力）大使が副総理と東郷さんとに「実は、サダト大統領が急病でカイロ郊外の別荘に引きこもってしまった、だからカマール顧問はまだ大統領に会えていないし、そのようなことで三木副総理と大統領との会談もセットされていない。明朝副総理が最初に会われるハーテム副首相がその間政務を取り仕切るということになっているそうだ。幸いハーテムは実力者で親日的政治家であるが、どこまで取り仕切れるのか分からない」という話をされた。一行の中でカマール顧問が派遣されるに至ったことの次第を知っていたのはほんのわずかで、東郷さんはただサダトは病気だそうだということだけを同行記者を含め一行に説明されましたので、騒ぎになりませんでした。

長い話になりますので簡単に言うと、サダトとの会談は結局到着後四日目の十八日の午後ようやく実現しました。一行車でナイル河沿いに南下、別荘だと聞きましたが河を見下ろすように建てられた質素な家で会談は行われました。私を含め、会談に入らない団員は前の道路に文字通りたむろしておりました。どのくらい経ってからでしょうか、三木副総理以下会談参加者が出て来られて、サダト大統領の方から、中東和平に関する我が国政府の政策についての二階堂官房長官談話に納得したとして、日本は英仏並みの友好国として取り扱われるべきだとはっきり言われたと聞きました。東郷さんによるとサダト大統領はまだ具合が悪そうで、熱があるのか眼が潤んでいたそうです。しかし最も印象に残る首脳会談だったとも言っておられました。エジプトの後、副総理は、クウェート、カタール、シリア、イランそれにイラクを訪問され、イラクではフセインにも会っておられますが、一応肩の荷をおろしての旅でした。

――最初は表敬出来ないということだったんですか。

そうでした。何しろ四日目にようやく会えたんですから。

――表敬訪問と言いつつもサダトさんとは実質的な話をしているのですね。

そうです。一時間近く。

――そうすると病気は治った訳ですか。

いいえ。私が当時聞いたのは、サダト大統領はベッドに座っていたというのです。東郷さんはあまり人の話はなさらないのですが、まずファイサル国王に会われたあと「凄い威厳のある国王だ」と感に耐えぬように言われたのですが、サダト大統領の時も、宿舎に戻って「ああいうのをカリスマというんだろうな」とおっしゃっていた。サダトは完全には治っていなかったのでしょう。この話は、かつて在京のエジプト大使にしたことがあって、深刻だったと言っていました。

サダト大統領との会談では特使が、いま中東和平に向けて一つの機会が訪れていると思うが、どのような方策があるのかと聞かれます。そうするとサダトは、二つあると言って、一つはイスラエルに武器援助を行っている米国に日本などが圧力をかけてイスラエル軍の撤退を実現することだといい、もう一つは、「日本のような国にイスラエルとの外交関係を切れとは言わないが、経済関係があればこれを『ポストポーン』して欲しい」と言ったそうです。これには片倉（邦雄）さんが通訳として入っていて、彼はアラビア語と英語でやっていたそうですが、サダトの英語はもちろん完璧ですから、このポストポーンは英語だったのでしょう。しかし、具体的には何をイメージしていたのか。いずれにせよ「外交関係を切れとはいわないが」というのは安堵感を与えるものでした。

その後十二月二十五日クウェートで開かれたＯＡＰＥＣの会議において「日本を生産削減措置のもとにおかない」との決定がなされたことなど、当時の石川良孝クウェート大使の名著『オイル外交日記——第一次石油危機の現地報告』に詳しく書かれています。文字通りクリスマスプレゼントでした。

ところで、このように話して参りますと、まるで私一人で仕事をしていたように聞こえるかもしれませんが、実情は全くそうではありませんでした。まさに宮崎経済局長の言っておられた通り、特に産油国で繰り返し聞かされたのは、「石油資源の涸渇する前に工業化、近代化を達成する必要があり、それに向けて日本の協力を期待している」と具体的プロジェクトを伴う要請でありました。産油国ではいずれにおいても経済技術協力に関する閣僚級協議が開かれ、分厚い共同文書が作成されておりました。当時の資料を見るとアルミニウム精錬工場、ミニ製鉄所、消費財産業、ＬＮＧプロジェクト等々が挙げられています。イランのパーレビ皇帝拝謁でも「石油化学、製油及び電子工業の各分野において、日本にとっても報いの多い協力が可能と考えている」といった発言でして、イスラエルとの国交断絶を口にしたのは最初のア首連のみ、それも、したからと言って石油を必要量供給するというのではまったくなかったことは前に述べた通りです。非産油交戦国、エジプト、シリアでの我が方に対する経済協力への期待はもちろん極めて強かった。カイロに着くとすでにスエズ運河の浚渫協力を見込んで我が国の代表的企業の社長さんが来ておられました。経済局国際資源室の片倉邦雄さん、経協局国際協力課の石垣泰司さん、中東課の塩尻宏さん、それに東京からの同行記者十四名のアテンドをした嶋根浩一さん方は大変でした。カイロ、ダマスカスはまだ戒厳令下にありましたし。同行記者はほとんどがいわゆる三木番でして、『朝日』はその後社長になった松下宗之さん、『読売』は老川祥一さん、『日経』は政治評論家として有名な金指正雄さん、その他、『毎日』の北村正任、『産経』の那須吉正、『中日』の最首公司の各氏など、お一人お一人よく勉強する実力豊かな記者でした。

私は、田中総理退陣後、三木さんが総理に推された背景の一つは、この中東訪問の御出張だったと思っております。

――安川（壮）大使の回顧によると、日本政府は、二階堂談話で発表されているような政策内容の変更というものを、実はもう相当以前に決定していたそうです。しかしながら、安川大使がその政策変更をキッシンジャー長官に伝えに行ったところ、キッシンジャー国務長官は、自分はこれから中東に行くから待ってくれと言われて、日本は待つことになったそうですが。

よく知りませんがそういうことはあったのでしょう。

――このために待つことになったのですか。

結果においてはそうなっておりますね。先ほどもお話しした通り、キッシンジャーはその後中東に行ってその帰路日本に立寄ります。その際、日本政府が何を言うかについて慎重であって欲しいと重ねて釘を刺し、それならば米政府として我が国のため石油について何か出来ることはないかと尋ねたら、それには消極の答えしかしなかった。それでは、日本政府の立場は、はっきり言わざるを得ない、となったというのが、すでにお話ししたように私の記憶です。

――一方、大平さんは『私の履歴書』の中でも、自分はとにかくアメリカのことが心配だから、こういうものは出したくないと言っていたと、振り返っています。しかし、だんだん政府部内で孤立するようになったとも書いておられます。

大平大臣が強く逡巡しておられたこと、これはよく承知しておりました。誰も出したいとは思っておりません。特に対イスラエル政策の見直しの可能性を示唆した部分。米国との関係で心配でした。私は、これの発表が決まりますと、佐藤嘉恭事務次官秘書官に、御如才ないことだが北米課に頼んで早急にニューヨーク総領事館に対し、この談話発表について、米国の主要ユダヤ人団体の代表に我が国の現下の経済的苦境と共に説明するよう訓令を出して欲しいとメモで伝えたのを覚えています。すぐに官房の本野参事官から電話で君の示唆の通りだとわざわざと言ってこられました。どのようにこれが執行されたのかは存じませんが。その後三木副総理は一月訪米し、ニューヨークにも行かれてユダヤ人団体の代表と会談しておられます。

私のところには、最後の段階で「アメリカは大丈夫か」と聞いてこられた方がおられました。大丈夫も何も、表現は悪いけれども、背に腹は代えられないということであり、私の理解している限りでは田中総理は腹をくくっておられた訳で、実は心配でしたが、「アメリカも本音のところでは日本のやむにやまれぬ事情は分かってくれる筈だ」と答えておりました。私自身官邸と外務省のやり取りは間接的にしか知りませんでした。また、東郷さんの御本の中に出てくる「談話」案文の最終的決定がなされた大平大臣の下での会議にも出ていません。

しかし、これら会議での討議資料づくり、手直し、英訳作業はやっていました。もちろん安川大使が米国政府の了承をとりつける努力をしておられることも存じておりましたが、対イスラエル政策の見直しのくだりが入った談話を米国政府が素直に受け入れる筈はありません。ですから、談話発表直後の十一月二十三日に米国国務省のスポークスマンが、米国政府は、日本政府がイスラエルに対し一九六七年戦争の際占領した領土からの撤退を迫るアラブ寄りの談話の発表を必要としたこと、しかも、将来における対イスラエル政策の見直しを示唆していることは、石油禁輸の下にある日本の困難な状況は分かっているものの遺憾である、と述べたとの報道を読んで、この程度ならまあまあだなと思ったものでありま す。その後、キッシンジャーはもう少しソフトな文章に手直ししたのだが、よりきつい原案がそのまま出てしまったのだという話を耳にしましたが、どうだったのでしょう。安川壮大使のメモアール『忘れ得ぬ思い出とこれからの日米外交』にはこのスポークスマンの発言にはキッシンジャーの手が入っていたとなっています。いずれにしても大した話ではない。

私は三木副総理の中東訪問にお供をし、この談話があったからこそ、難しい政治の話を抜きにして、即ち、中東和平についての難しいそもそも論を省いて、石油に関しての討議に入り、好ましい結果が得られたのだと確信しております。事実一月訪米した際、米政府関係者の中にこの談話を批判する人はいませんでした。

なお、石川良孝大使の『オイル外交日記』によると、当時の田中秀穂中近東アフリカ局長の言葉として、大平外務大臣がこの「談話」に最後までサインされなかったとなっていますが、私の理解では、東郷大使の『日本外交三十年』にあるように「国内の空気は固より直截に（対イスラエル政策）再検討を謳うべしということであったが、……結局大平外務大臣のところで議論の末『今後の諸情勢の推移如何によってはイスラエルに対する政策を再検討せざるを得ないであろう』という表現を採ることとした」というものであります。田中局長と大平大臣とのやり取りは、発表の前夜羽田空港貴賓室のもので、あえて忖度するに、大臣はすでに案文を了承はしていたものの、サインはしたくないということでありましょう。もし、外務大臣が最後まで反対であったら発出され得る訳がない。田中局長はこのやり取りを法眼次官、東郷外務審議官にどのように報告しておられたのでしょう。

第一次石油危機（三）三木特使訪米

――有馬さんは他の部署にいながら、時々他のところの仕事に参画されることが多いですね。例えば、川島正次郎さんが東欧に行かれる時にも同行なさいました。そして、山本学中近東課長の考えで、あるいは東郷（文彦）外務審議官からお呼びがかかって、中東諸国歴訪に同行されています。これはやはり、共同声明など文書を出す可能性がある場合、英語で微妙なニュアンスを出すのは、特に余人をもって代え難い人物ということで、参加されたということなのでしょうか。

余人をもって代え難いということではもちろんありません。川島自民党副総裁のお供をしたのは、私がロンドンで共産圏を担当していたことと、それに加えて、東京から見ていると、わざわざ東京から人を同行させるよりは、すでに欧州に在勤している省員の中で、東欧諸国に随行せしめても実態は一応知っているし、必要に応じて共同声明のごとき文書を起草出来る者がいればということで多分、私が選ばれたのだと思います。

それから、二階堂官房長官談話の起草に協力を求められたのは、私が山本学中近東課長と親しかったこともありますが、官房調査部調査室長というポストは、遊軍的な役割を果たすようなところもありました。私が三木ミッションの同行を求められたのは、東郷外務審議官が、有馬を同行させたいと言われたというふうに聞いています。それでお供をしましたが、その際は、すでに官房長官談話の起草に携わった結果中近東和平に関わる国連安保理事会の関連の決議などを知るようになっていたことと、共同声明について相手と交渉する訳だけれども、その責任に当たった東郷さんから見れば、まあ英語の出来る有馬を連れて行くと楽だなという感じがあったのだろうと思います。

――三木特使は今度、年が明けて一九七四年一月に訪米します。有馬さんはこれにもご同行されたそうです。

この訪米が決定された経緯についてお話をお聞かせ下さい。

三木副総理の訪米が、中東訪問に先立って決まっていたのかどうかは記憶にありませんが、副総理が最後の訪問国にまだおられる間の十二月二十七日に、二階堂（進）官房長官が年明け早々の三木訪米を発表されました。我が国の対中東外交が米国政府の理解なくして実効を期しがたいのは明らかです。それに、大平外務大臣の米国政府、なかんずくキッシンジャー長官に対する配慮からする御心配もありました。このような状況の下で副総理御自身が米国に行かれ、要路に中東訪問につき、場合によっては二階堂談話発出のやむなきに至った事情についても説明されるというのは自然の流れでした。

この発表について二十七日付の『ワシントンポスト』紙は、米国政府として三木さんからアラブ側の圧力を受けるのは避けたく、この訪問を受け入れるかどうか決めかねているところだという、中東政策を巡る日米対立を強く示唆するオーバードーファー同紙在京特派員の三木さんに批判的な記事を載せています。しかし、米政府は、「圧力」には神経質でしたが、副総理の訪問そのものには最初から歓迎の姿勢でした。

――どなたが御一緒されましたか。

三木副総理に同行したのは、外務省からは大河原（良雄）アメリカ局長と私の二人。それに國弘正雄、高橋亘両秘書。國弘さんは、我が国同時通訳界の先達のお一人で、三木さんの知遇をも得てその後参議院議員になられた方です。高橋さんは三木さんの女婿で医師、若くして亡くなられました。夫人の高橋紀世子さんはいま徳島県選出の参議院議員です。

――米国ではどういう日程でしたか。

一月八日夕刻ワシントンについて、翌九日午前サイモン・エネルギー庁長官、午後キッシンジャー国務長官、十日午前フォード副大統領、昼民主、共和両党上院議員若干名、ニューヨークに移動して夕刻スタイン主要ユダヤ人団体代表など、十一日朝ジェイミソン・エクソン会長、外交評議会での講演、午後ロックフェラー・チェース・マンハッタン銀行会長、ワルトハイム国連事務総長、夕刻アジア、アラブ諸国国連常駐代表招待レセプション、連日の内外記者会見等々と、中東の場合もそうでしたが、繁忙を極める御日程でした。それにキッシンジャー氏との会談は一時間五十分、ワルトハイム氏とは一時間四十分、フォード副大統領とは――これには私は出ておりませんでしたが――四十分と、一つ一つ極めて実質的な会談でした。

――三木副総理は、主に日本がなぜこのような談話を出したのかということを話されたのですか。

そのような場面も多かろうと思っておりましたが、実際には中東訪問の目的とその成果についての説明とこれを巡ってのやり取り、それに時を同じくして米国政府が提唱した主要石油消費国会議についての討議が中心となって、「談話」が取り上げられたのはニューヨークでのユダヤ人団体の代表との会談だけでありました。

まず、私どもが関心を寄せていたキッシンジャー氏との会談ですが、副総理は冒頭次の趣旨を述べられました。

今回の中東訪問の目的は、「油乞い」ではなく、中東における公正、かつ、永続的平和の達成に向けいささかなりとも貢献したいとの我が国の立場を伝え、かつ、これら諸国との間の友好関係の基盤を強化することであった。いずれの会談においても自分からは日米友好関係の維持が日本外交の基本であり、これを損なうがごとき措置はとりえないことを明らかにした上で、中東問題解決に当たっての我が国の考え方、就中安保理決議二四二の早期実現の重要性、それの端緒となるイスラエル軍の占領地からの早期撤退の必要性、イスラエルの国家としての存続は当然認められるべきことを説いた。また、石油禁輸のもたらした我が国経済の苦境、さらに、日本経済に大きく依存する東アジア諸国へのこれの波及を説明した。これに対しアラブ側は、イラクを除き国家としてのイスラエルの存続を否定する国はなかった。中東紛争解決に当たっては、イスラエルに影響力を有するのは米国のみであるとして、特にキッシンジャー長官に大きな期待を寄せている。しかし、米国がその影響力を行使してくれるか否か懐疑的な国もあり、日本に米国に圧力をかけて欲しいと述べる向きもあった。ソ連の役割はシリア、エジプトを含めどこも期待していない。パレスチナ人の権利といい、エルサレムといい、原則論以上の話はなく、アラブ諸国の間でも具体策について合意が得られていないようだ。また、石油問題で産油国は資源涸渇前に石油を自国の近代化工業化に供したいとの強い希望を表明していた。ところで『ニューズウィーク』に自分が一〇億ドルを持って旅をしているとの記事があったが、スエズ運河再開工事第一期分の一億四千万ドルのみであった。

以上の趣旨を副総理は他の会談でもほぼ同じようにくり返されました。これに対し、キッシンジャー長官は、中東政策について日米間に意見の対立があると報じられているが、これは誤りで、日本の対中東政策は日本が自主的に決められるべきことであって、米政府の容喙するところではない、これははっきりさせておきたい、中東問題の解決のため役割を果たし得るのは米国のみであり、実質的に努力しているのも紛争当事国と米国だけだ、他の国々は勝手に一方的に宣言をすれば済む立場にある。他方イスラエル、アラブ双方と話し合う米国の立場は微妙であって、アラブ諸国の指導者の中に米国に圧力をかけるよう日本に頼んだところもあったとのことだが、中東問題は米国にとっては国内的にもデリケートで、第三者から圧力を受けること、あるいは受けているかのごとき印象を与えることは困る。ところで近々エジプト、イスラエル双方を訪問して兵力引き離しについて話し合い、ジュネーヴ会議に向けて最終合意が得られればと願っているが、中東紛争についての日本の関心に鑑み今後の和平の進捗ぶりについて日本側に詳細通報をすることとしたい、と応じていました。

一方的宣言で済む云々、これは日本への皮肉だったのでしょう。また対中東政策は日本が自主的にお決めになることと言ってはおりますが、二階堂談話発出に先立って色々言っていたことはお話ししましたし、日米間でそのようなやり取りがあるのはむしろ自然です。

ところで、話が後先になって申し訳ありませんが、私ども一行はキッシンジャー長官との会談に先立って九日午前、サイモン・エネルギー庁長官と会談しております。サイモン長官は、三木副総理の石油危機のもたらした我が国経済の苦境、これの東アジア諸国への不幸な波及についての話を遮るようにして、いま副総理の話された世界経済の困難な状況は米国政府も深く憂慮しているところであると言いつつ、主要消費国会議を二月十一日にワシントンで開くこととした、正式の発表は明日十日キッシンジャー長官と自分の共同記者会見において行うのでそれまでは含んでおいて欲しいが、具体的には消費抑制、代替エネルギーの研究開発、輸入の配分、関連国際金融などの問題が取り扱われることとなろう、エネルギーについては多数国間の解決が重要で、生産国と消費国との「二国間」の話し合いは実りのないもので、好ましくないと、間接的にではありますが、三木副総理の中東訪問に懸念を表明しておりました。

この会議については私どもが米国へ出発するちょっと前に米国から内報があって、早速にこれについての政府部内の検討が行われていて、その内容は私どもには伝えられてきておりました。これをも踏まえてのことだったと思うのですが、三木副総理は、石油以外の資源を持たない中東諸国が、これの涸渇する前に近代化工業化を進めたいとする真摯な希望を我々は理解し、これの実現にまずは協力すべきだと言われ、この会議が消費国と産油国との対決をもたらしかねないことへの懸念を述べられました。サイモン長官は、これはすぐに分かって、それは大丈夫だ、事実この会議のことは産油国に通報済みで、先日サウジアラビアのヤマニ石油大臣が米国に来た時にも、いま三木副総理の取り上げられた産消国間協力につき話し合ったところである、会議の結果としては、石油の問題の解決が二国間交渉によってではなく、多数国間協力の基盤に立って得られるべきだとの姿勢を示すことにあるのだと言っておりました。それでも三木副総理は消産対決への懸念を繰り返しておられたのが印象的でした。

またここで、三木さんとキッシンジャー長官との会談に戻ります。長官が、今後中東和平交渉については、日本政府に通報すると述べたところで、副総理は、サイモン長官の説明した主要消費国会議を取り上げて、我が国政府の正式回答は追ってお届けするが、エネルギー問題の解決に当たって消費国が生産国と対決し、これを力で押し切ろうとする印象を与えるのはぜひ避けたいとここでも改めて言われました。これに対し、キッシンジャー長官はきつい調子で、消費国会議開催は資源確保を巡る消費国間の無原則な競争を避けるためのものであり、産油国側も原則的に理解を示している、これに異存を唱えているのは二国間取引に利益を見出す国だけだとした上で、もし資源確保についてまったく自由な競争ということになれば、米国は中東諸国との歴史的繋がりという資産を有しており、かつ経済、財政基盤も圧倒的に強いので必ず勝つと思うが、それは他国に犠牲をもたらすものであって、同盟諸国の繁栄実現を希求するという戦後米国外交の基本方針の転換を意味し、ぜひとも避けたいと述べましたが、ちょっと迫力がありました。会談が終了して、対報道ブリーフィングぶりについて打ち合わせた際、キッシンジャー長官は、日本が米国に圧力をかけているとの印象は絶対に避けて欲しいと重ねて申しておりました。

翌十日副総理は、午前中フォード副大統領と表敬会談、昼は議会を訪れ、その後夕刻ニューヨークに到着するとすぐに主要米ユダヤ人団体のスタインという代表一行四名と会談されました。これは先方の強い希望に応じてのものでありましたが、私自身先方からの申し入れがあったと聞いて当然受けるべきだと強く進言しただけでなく、良い機会が与えられてよかったなと思ったものであります。

スタイン代表は、副総理が面会に応じられたことに謝意を表明しました。その上で、穏やかな口調ではありましたが、我が方官房長官談話はあまりにアラブ寄りであり、かつ、ジュネーヴ会議直前という時宜にも適さず、一部に日本産品ボイコットの動きもあったが、それは得策ならずとして自制を促した、今後改めて日本がアラブ側の「恐喝」に屈するようなことがあれば、過激なグループを押さえることは出来なくなる、と申しました。続けて、議長は、特に日本人には我々在外ユダヤ人のイスラエルについて抱いている強い感情を理解して貰いたいのだ、建国後のイスラエルは、まさに自由民主主義の具現化であって、これを孤立化せしめるがごとき日本政府の見解の表明は、我々米国人が友邦国からは期待していないところであった、安保理決議二四二についてはさまざまな解釈が可能であって、またそれゆえにこそ当時これが採択されたのであるが、日本がアラブ側の立場に立たされたのは、極めて遺憾である、と敷衍していました。

これに対して三木副総理からは、右決議採択当時自分は日本の外務大臣であり、これが実現されないまま放置されていることについてことの外遺憾に思う次第である、日本政府は従来とも武力による他国領土の占領は許されないとの原則を堅持しており、今回改めて見解を変更したというものではない、日本は、世界の平和なくして自己の繁栄を確保しえない国柄であり、中東和平達成には特別の関心を有している、自分は、キッシンジャー国務長官が兵力引き離しの合意実現に成功されることを心から祈っているが、この機会を逸することなくぜひとも和平の糸口をつかみたいものである、自分はアラブ諸国の指導者に対しイスラエルの国としての存続を否定することには与しない旨を常に述べたが、イラクを除いてこれに異を唱える向きはなかったなどと述べ、また、先方の質問に答えアラブ諸国の中に我が国の対イスラエル断交を求める国はなかった、との趣旨を述べられました。ちなみに、さすがに米国では、安保理決議二四二が実施されていないことについて責任を感じるとは言っておられませんでした。

副総理は翌十一日朝一番にジェイミソン・エクソン会長と会談しておられます。私はこの会長の執務室でしたか、会議室の大きさに吃驚しました。二階分吹き抜けと思える程の天井の高さ。しかし別にケバケバしいとか贅沢な調度品があるというのでもなく、全体の色彩の印象は灰色なんですね。思い出すと、僧院の大きな部屋のようでもあり、修道師達が三々五々静かに立ち話をしていると似合うような、そんな部屋でした。メジャーとかセブン・シスターズというのはこういうところで戦略を練っているのかなと思ったものです。しかし、この記憶は率直曖昧です。

ところでジェイミソン氏は、日本がいわゆる友好国に格上げされたことはつとに承知していて、早速に、「昨日十日の夜サウジアラビア政府から当エクソン社に対し対日石油供給を十二月に比し二一パーセント増加するようにと申し越した」云々と述べ、「エクソンの昨年十一月及び十二月の対日原油供給は、一～九月平均の九八パーセントであって、我々は日本が大きな打撃を受けているとは考えていない」との趣旨を言うのです。

偶然なのですが、一九七〇年代後半私が在米大使館におりました頃、テキサスのヒューストンにあるライス大学の政治学部で米国議会制度を教えていたハーバード時代の同僚ジョセフ・クーパー教授に招かれて講演に行ったことがあります。我が方のヒューストンの総領事は吉田貴久夫さんという、私が北米課におりました頃の調査班長だった方で、せっかくの機会だからジャパン・アメリカ・ソサイエティ

（日米協会）でも話をして欲しいとのこと、喜んでお受けしたところ、このジェイミソンさんがもう引退しておられ、このジャパン・アメリカ・ソサイエティの会長をしておられたんです。スピーカーとして食事の際私は隣に座らされたものですから、早速三木副総理との会談に私が陪席していたことを申しましたら、会談のことはもちろんよく覚えておられて、私がその折貴会長は「日本がなぜ騒いでいるのか分からない、と言われたが、他のメジャーもあの年、一九七三年十一月、十二月の対日供給量の削減はエクソン程度だったのか」と聞きましたら「それが当時の私の理解だった」と言われ、私がさらに「例えそうではあっても、あの時三木副総理が日本の地位を友邦国レベルに上げるのに成功しなければ、やはりゆくゆく危機的状況になったのでしょう」と重ねて聞きましたら、「それはそうだろう。自分は決して日本の事態に同情していなかったというのではない。しかし、あれは産油国にとり長続きする筈のない事態だった」として、宮崎（弘道）経済局長が私に言っておられたことと同趣旨を話してくれました。その頃、イラン革命がもたらした第二次石油ショックで、あの車社会のアメリカ人がガソリンスタンドで長い行列に苛々しているのを見て、もちろん私もその渦中にいた訳ですが、石油の供給の実態は一体どうなっているのだろうかとしみじみ思ったものです。私は、その後米国政治史上稀な現職大統領の敗北という、カーター大統領とレーガン候補との選挙戦をもフォロー致しましたが、現職カーター大統領の敗因の一つは、イラン革命に続いて起きた石油ショックと在テヘラン米国大使館員人質事件とが米国国民に与えた屈辱感だったと思っております。私ども素人というか、普通の市民にとって、石油というのは分かりにくい世界です。

副総理は、十一日朝ジェイミソン・エクソン会長に会われた後、ロックフェラー・チェース・マンハッタン銀行会長とも会談されました。私どもの方はジェイミソン会長のところと同じく、安川大使、澤木大使、大河原アメリカ局長など、先方は同銀行国際関係及びエネルギー問題各々担当の役員が同席しておりました。因みに、これらニューヨークでの会談にはすべて通産省出身の領事の方が陪席、記録をとり、そして通訳もしておられた記憶があります。

副総理は、ここでも中東訪問について話されましたが、ことの外強調されたのは、アラブ諸国の近代化へ向けた希望を汲んだ消費国と産油国の間の協力でありました。ロックフェラー氏は、これに異論を唱えることはしませんでしたが、それでもアラブ諸国が団結して資源配分の独占化と政治的利用を図り、国際金融にも支配を及ぼそうとしていることは決して許されない、消費国は自衛のため協力すべきであってニクソン大統領の主要消費国会議構想は歓迎すべきだ、米国とて産油国の近代化、工業化への希望はよく分かっているが、我々消費国としては、彼らが我々にとって受諾可能な価格と供給量を約束するのであれば、初めてこれに協力するとの態度を堅持するべきだと強調していました。これに続けて、ロックフェラー氏は、近々ヨルダン川周辺開発推進のため、中東を訪問することとしており、これに先立ちこの自分の構想に賛意を示しているキッシンジャー国務長官、マクナマラ世銀総裁と会談することとしている、アラブ産油国は収入を自国のためだけではなく、非産油アラブ諸国、アフリカ諸国の経済開発のためにも使用すべきであって、例えば、エジプトの有する人的資源を産油国の資金により広く活用することが可能であろうと、三十年あまり経ったいま日本が計画、推進していることを述べています。

第5章　木村外務大臣の秘書官として　1974

経済協力局技術協力第二課長

――一九七四年の一月に有馬さんは、調査室長から経済協力局技術協力二課長に就かれています。これは訪米から帰国されてからのことでしょうか。

そうです。米国から戻って羽田空港に着きますと、佐藤（嘉恭）次官秘書官からのメモが届いておりまして、「急な話だし、すでに貴君が聞いていた話とは違うとのことだが、貴君は今度経済協力局に行くことになった、詳細は柳健一技協一課長が説明すると聞いている」とありました。親切なものです。柳さんはすでにお話しした通り在英大使館の政務班で私の直属の上司でしたし、昭和天皇御訪英の際には接伴ロジの責任者でしたから、御通訳として随行していた私は現地では事実上彼の指揮下にいた訳で、よく存じ上げている方であります。

翌日出勤すると、柳さんは早速に私のところへお見え下さって、先の石油危機、それに続く三木副総理の中東訪問などを契機として我が国政府援助体制の徹底した見直しが行われ、その結果、外務省主管の海外技術協力事業団、海外移住事業団、農林省主管の海外農業開発財団の業務と通産省主管の海外貿易開発協会の業務の一部とを統合して外務省所管の新しい特殊法人を作ることとなった、とりあえず、国際協力事業団と呼ぶこととしているが、これの設置の法律を今国会中に通す必要があり、その作業に私にぜひ協力して欲しいと言われるのです。

協力も何もありません、人事のことですから。それも敬愛している先輩が引っ張って下さるというのですから率直ありがたく、かつ、嬉しくもあった一方、ちょっと弱ったなとも思いました。というのは、柳さんは私に「君は日韓国交正常化の際請求権に関する国内法の起草に携わっていて、いま外務省の課長クラスで国内法を担当して法制局と仕事をしたことのあるのはあまりいない。だから人事課に頼んであったのだ」と言われたのです。すでにお話ししたように、確かに私は難しい国内法の起草に関わりましたが、法制局と仕事をしたというのは正しくなく、どうであったかと言えば――これもうお話ししたことですが――松永（信雄）条約課長と法制局第三部長とのやり取りを茫然と見守っていたというのが真実なのです。私は、このことをあまり期待されると御迷惑をおかけすることになると、正直に柳さんに申し上げました。ところが、柳さんはそこはよく分かっておられたようで――それはそうでしょう、私ども二年ほどロンドンで御一緒したのですから――「この法律はそう難しくはない。厄介なのは農水、通産など一部省庁との権限配分の調整だが、これは自分が直接やるつもりでいる。特殊法人設置のための法律、いわゆる『団法』にはいくつか先例があり、君のところに届けるようにしてあるから見ておけ。法律を書くのはみんなでやるから心配するな。事業団設立の実務は人事・組織両面の膨大な作業になるが、これは股野（景親）君にやってもらう。技協二課のいまの首席は近々定期移動となるが、後任には浦部（和好）君という若い人が着任する。極めつきに優れた人物だと聞いている」。と、こんな具合の話でした。法律は難しくないとのことでしたが、私にとって決して易しくはなく、みんなでやると言っても、難しいところは官房経験の長い柳さんが御自分でさっさと書かれました。

難しいところというのは、もちろん省庁間の権限分掌の部分もありますが、より重要なのは、例えば、我が国の食糧など資源確保のための「開発輸入」という当時農水省の川村（浩一）という参事官が中心となって提唱した構想に基づいて、民間企業の行う開発事業の周辺地域の教育施設、道路、水道などインフラ整備のため、民間企業に低利の資金の貸し付けと債務保障を行うといった、新しい業務に関わる条文づくりでありました。この川村さんは、私の友人の若林正俊君と農水省の同期、大親友でして、若林君の紹介で私は前からよく存じ上げていた方でした。熱血漢でしたが若くして亡くなってしまいました。若林君の悲嘆をよく覚えています。

想定問答は、法律がらみのものに加え、この新しい組織は我が国の対外政府援助をどのように改善していくのかという、協力のまさに実体の来し方行く末についてのものが多く、政策課の内田勝久首席始め、西村六善、阿部知之等々関係各課の優秀な担当官が動員され、短期間に仕上げてくれました。法制局には他省庁の担当の人達と一緒に私ももちろん参りましたが、難しいところは柳さんの出馬を願ったものであります。この法律は、総理府、外務、大蔵、農林、通産、自治各省の共管で、特に農林省とは煩瑣な調整を必要としましたが、柳さんが最初に言っておられた通り、折々鹿取（泰衛）官房長の応援を得ながらも、豊かな人脈を駆使して事実上一人でやり遂げてしまわれました。それに基づく法律の案文作りも同様でした。

その間技術協力二課の、例えば我が国が設立したとして有名なベトナムのチョーライ病院に関わる資材供与専門家派遣等々広汎な通常の業務は、浦部首席が処理してくれていました。さらに、新事業団は、先ほどちょっと触れた資金協力と技術協力を結びつけた開発事業を目玉としていて、浦部首席にはこの分野においてすでに実績のある世銀や米国政府から話を聞くためにワシントンに出張してもらったりも致しました。優れた報告書をまとめてくれまして、私どもが、法律の意図しているところを具体的にイメージする上で大変に役立ち、関係者にとって幸いでした。また、股野君も、人事・組織・事務所作りを始めとして猛烈に忙しく、私は、いまでもよく覚えておりますが、彼の案内でまだ建設中だった新宿の三井ビルを柳さん始め数人で訪れ、ヘルメットをかぶらされ、柳さん、股野君の作った組織図を見ながら部屋の割当て構想を聞いたことがありました。

法案は先ほど申した通り関係省庁の共管でしたが、新たに設置された国際協力事業団が、大平（正芳）大臣の強い御意向を田中（角栄）総理が受けて外務省所管ということになっておりましたので、衆参両院の外務委員会で審議され、幸い、いわゆる与野党対立法案ではありませんので、五月三十一日に成立、即日施行されました。同事業団は八月一日に発足、八月十五日田中総理、木村（俊夫）外務、中曽根（康弘）通産、倉石（忠雄）農水各大臣が出席してホテルニューオータニで創立披露祝賀会が開かれました。

まさにその祝賀会の席に、「その日の朝韓国ソウルで開かれていた光復節記念式典において朴（正熙）大統領暗殺未遂事件が発生。しかし、それた拳銃の弾が陸英修大統領夫人の頭を貫通、重傷を負い、女子高生一人が死亡した。犯人はすぐ取り押さえられたが、日本国旅券を所持している」という衝撃的ニュースがもたらされました。夫人は夕刻亡くなられました。私は、この国際協力事業団の祝宴には技協二課長としてではなくて、これに先立つ一カ月ほど前、内閣改造があって七月十六日に福田（赳夫）

大蔵大臣の後を継がれた大平外務大臣の後任として就任された木村俊夫大臣の秘書官として出ておったのですが、上妻哲哉警護官から大至急本省に電話するようにと言われて、これを知り大臣のお耳に入れたということがありました。この辺りは木村外務大臣にとって難しかった対韓外交ということで、後ほどお話し致します。

クウェート大使館人質事件

しかし、秘書官時代についての御質問にお答えする前に、私が技協二課長になって間もなく、しかし技術協力とはまったく関係ない経験であったクウェート大使館人質事件について話させていただきます。私にとりまして忘れることの出来ない出来事だったからであります。

その年一九七四年一月三十一日、「赤軍派」と名乗る日本人二名とパレスチナ人ゲリラ二名計四名がシンガポールでシェル石油精油所のタンクを爆破し、シンガポール人五名を人質にとって、国外脱出のための航空機の提供と国外に安着するまでの間の我が国大使の同行とを要求するという事件が発生致しました。四人のゲリラを受け入れてくれる国探しにはじまり、これら二つの要求を巡って極めて厄介なやり取りが、ゲリラ、シンガポール政府、日本政府の間で行われておりました。もちろん私は、立場上新聞に報じられていること以上中身については存じませんでした。

二月六日の夕刻、六時ちょっと過ぎでしたが、佐藤次官秘書官から事務次官室に来てくれとの連絡があって、いつも通り佐藤（栄作）前総理への連絡事項か、御了承を頂くようにといったことだろうと思いながら経協局のあった五階から四階に降りて次官室に入りましたら、次官は御自分の執務机に座っておられましたが、ちょっと離れたところにこれと平行しておかれた横長の会議用のテーブルには東郷外務審議官、鹿取官房長、高島（益郎）アジア局長、田中（秀穂）中近東アフリカ局長、中村輝彦同局参事官、本野（盛幸）総括参事官、山本中東課長、藤田（公郎）南東アジア二課長らが座っておられ、私にはこの顔ぶれからパレスチナゲリラによるシンガポール事件がどうかなったのだなということは、すぐに分かりましたが、どうして私が呼ばれたのかと訝しみつつ、佐藤秘書官からこれを読めと言って手渡された電報を読んで、これは大変なことになったと思いました。

在クウェート大使館から六時ちょっと前に着いたこの英文のテレックスには「パレスチナ解放戦線（PFLP）は日本赤軍などと協力して在クウェート日本大使館を占拠した。日本政府は、このメッセージ接受後一時間以内にシンガポールにいる四人の英雄を武器、人質と共にクウェートに搬出するため航空機を派遣するとの決定を公表せよ。しからざれば、まず、二等書記官を直ちに処刑する」と書いてあるのです。また、日本大使館を乗っ取ったパレスチナゲリラは、今後大使館と本省とのすべての交信を英語のみでテレックスにより行うと要求してきたとのことでした。そこで私はなぜ呼ばれたか分かったのでありますが、それから日本時間八日午後十時過ぎ、日航機がクウェートから、探しに探してようやくゲリラ受け入れを了承した南イエメンのアデンに向け、ゲリラグループと田中局長など政府関係者を乗せて出発するまで、一睡もせずに仕事を致しました。

最初のメッセージが届いた段階では、シンガポール政府が北朝鮮にゲリラ四名の受け入れを打診中で回答を待っているところでしたので、日本、シンガポール両国政府は事件の解決に努力していると――これで満足する筈はないのですが――まず伝えました。ちょうど一時間くらい経っておりました。それから三十分ほどして七時半頃館員から「彼らは十分以内に一人殺すと言っている、先方の要求に早く答えて欲しい」と、懸命の英語で切迫した雰囲気と切実な要請をテレックスで伝えてきました。すぐに私どもは「いま答えるので少し待って欲しい」と応答し、七時四十五分にシンガポールに飛行機を派遣する準備をしていると伝え、さらに送られてきた先方の要求に応じて、これを日本政府の決定として内外の通信社に流しました。

その後もクウェート政府が日航機の飛来を拒否するという事態が続き、一時は強行着陸をも検討したのですが、その場合暗夜は不可能なので現地の夜明けを待つ。ところが、そのためシンガポール出発の時間を調整すると、ゲリラの殺す殺すのデッドラインに間に合わなくなるといった状況が生じたりしました。幸い最終的にとりあえずの着陸は了承してくれました。その間、クウェート政府が大使館の電話線を切断、かつ、石川（良孝）大使名で「クウェート、ゲリラ双方が交戦の準備をしている。日本政府としてクウェートの首長、皇太子に武力対決を避けるよう直接訴えて欲しい」との緊迫したテレックスが届き、これに答えて田中総理、大平外務大臣各々からカウンターパートへの親電を起草、在京クウェート大使を通じ急ぎ発出致しました。右の次第についてはすべて田中総理、大平外務大臣の御承認を得ていて、総理も深更陣中見舞いに来省されたということもありました。

私はその後田中局長の名著『日本大使館占拠さる』を読んで知ったのですが、事件発生後間もなく、中村参事官は独断で、旧制高校時代からの友人だった運輸省航空局の後藤茂也次長と交渉して特別機派遣の手配を進めておられたのだそうです。派遣が正式に決定されると大平外務大臣が運輸大臣に電話をされました。日航には、次官、官房長が連絡を取り、協力のお願いをしておられた記憶があります。

話が後先になりますが田中局長の御本には、三木中東訪問以降中東局と縁の出来た有馬がここで助けにきてくれて、ようやく繫がったクウェート外務省との電話を早速取って事態の説明をするなど、その後電話連絡を受け持ってくれたと書いて下さっております。そしてその時クウェートの外務大臣はこの事件発生を初めて知り、比較的冷静に協力を約してくれたのですが、実はその後のやり取りは相当に難しかったのです。ただ私は電話よりは、大使館からの切羽つまった「殺す」「殺される」のテレックスの方にはるかに神経を使い、こちらの方が記憶に残っています。私は、このテレックスのやり取りのため、四階から八階の電信室までいったりきたり、ゲリラとの交信、信書の起草など文章は任されているとの雰囲気でしたが、私は念のためすべてを東郷さんに閲読してもらっておりました。

夜十時頃田中近ア局長が若い、しかし、卓越したアラビストの出木場（勝）中近東課事務官を連れてゲリラ搬送に同行されることが決まり、各々着がえなどの準備のため一旦御自宅に戻られるということで次官室を出られました。間もなく一部直接関係者には極秘のこととして、かつて局長はＰＬＯ系通信社によって親シオニズムの問題人物だと世界に報じられたことがあったのだと教えられました。言葉を失いました。田中さんは、実に冷静沈着、勇気のある方です。問題解決に当たっての最大の功労者でした。

これとほぼ並行して在テヘランの有田（圭輔）大使がクウェート政府との交渉などを行うため現地に急遽派遣され——このことは一回お話ししたことがあります——、着陸許可をしぶるクウェート政府の説得に当たっておられました。東京では事件発生後在京クウェート大使を招致し、機能を失った我が方の在クウェート大使館に代わってクウェート政府と我が方との間の連絡役を務めてもらっておりました。例えば、着陸についての説得に加え、一度クウェートが着陸を認めた後も、クウェート政府は日航機からの降機は誰についても一切認めずとして、我が方大使館を占拠したゲリラを乗せたらそのまま直ちにゲリラ受け入れ国に向けて出発することを頑なに要求するといった事態が続き、この問題の解決は田中局長が到着してようやく得られて、シンガポールから同行してくれた国防次官始めシンガポールの官憲はここから帰国しました。

また、一度日航機を手配しクウェートへむけての出発が決まりますと、通過する国々の領空飛行許可の取得ということになります。領空侵犯で攻撃され得るわけですから。事は急を要します。一方で通過国に駐在する我が方大使に大至急電で許可とりつけ方の訓令を発出致しましたが、深更を迎えつつあるこれらの国々では相手国政府との接触に時間がかかるであろうということで、関係諸国の在京大使の協力を得ながら——何人かの大使は次官室に詰めかけてくれました——、本件についての責任者は多くの場合国防大臣でしたが、直接電話で呼び出し、大平大臣と法眼（晋作）次官のお求めに従って私と佐藤次官秘書官とが、自分は日本国外務大臣大平正芳である、相手によっては外務次官法眼晋作なりとして事情を説明、領空通過の許可を次々取り付けていきました。その都度ほっと致しました。

他方、ゲリラ一行の受け入れ国探しには本当に苦労致しました。一時イラクと決まったと現地から連絡がありましたが、断られました。結局在クウェートPLO代表という人物が南イエメンの同意をとりつけ、アデンに飛立ったのが八日の現地時間午後四時、事件発生後二日あまり経っておりました。南イエメンについてはエジプト政府も和田（力）大使の要請に応えて説得に当たってくれていたのですが、この段階では本省は存じませんでした。クウェートでは、日本大使館を占拠したゲリラを乗せてさっさと出て行ってくれというクウェート政府に対し、ゲリラを搭乗させるに当たっては武装解除が必要だと主張する田中局長の御苦労は極限に達していましたが、加えて、これは無理もないことですが、日航機の若いクルー達が、自分達はクウェートまでゲリラを運ぶ約束で飛んできたのだ、その上いま武装解除をしていないゲリラを乗せてアデンまでと言われてもだめだとして、それ以遠の飛行をためらうといった状況も生じていたのだそうです。これにはロンドンからお見え下さった日航の野原（克也）総支配人とおっしゃる方などが御尽力下さり、田中大使によると増子、浅間両機長は「いざとなったら若いのを降ろして我々だけで飛ぶつもりだった」とのことです。ところで、日航は斉藤専務が東京から、クウェートからはロンドンの野原総支配人以下の方々もクルーに御同行下さり、また、運輸省はそもそも係官の派遣の意思なしとのことでしたが、航空局の後藤次長が前年七月にクウェートで発生した日航機ハイジャック事件で世話になった石川大使、木村（光一）書記官を見殺しに出来ないとして同乗を申し出てくれたのだそうです。ありがたいことでした。

深更私どもは次官室から、出来たばかりのオペレーションルームに移りました。しかし、その前に次官室にうなぎ弁当が届けられておりました。私は対応に忙殺され、食欲などまったくなく、ちょっと席に戻りましたら「どうも君の分はなかったようだ。誠にすまん。もう遅くて追加出来ないそうだ。僕は半分まで食べたから」と言って東郷さんが半分残った弁当をそっと私の横に置いて部屋を出て行かれました。

「殺す殺す」をなだめつつの私どもとゲリラやクウェート政府との交信は、このようにして見てみると六日の午後七時頃に始まり、日航機がまずシンガポールで四人のゲリラを乗せてからクウェートに到着し、大使以下大使館員が解放されたとの報が接到した八日の午後六時頃まで続いたんですね。その後も、九日午前二時日航機がアデンに着くまでオペレーションルームに遠藤実官房書記官と二人でおりました。ところで、私が次官室に呼びこまれましたら、官房長が御巫（清尚）経協局長と柳技協一課長各々に電話で事情を説明され、すぐに柳さんは次官室へ来られて私を呼び出し、二課の仕事は自分が見るから心おきなく頑張って欲しいとわざわざ申された。この辺りのことも、外務省の田中局長、出木場事務官、運輸省の後藤航空局次長、日航の斉藤専務、野原総支配人、増子、浅間両機長、クルーの方々始めここには書き尽くせない多くの人々の勇気のある行動と共に、忘れられません。

――これは大変な事件でしたね。臨場感あふれるお話をありがとうございました。

木村外相秘書官

――有馬さんはその後七月、大臣秘書官に就かれます。どういう経緯で秘書官になられたのでしょうか。

私が外務大臣秘書官に任命された経緯はもちろん存じません。私自身経済協力局の活気にすっかり魅力されてしまい、特に、国際協力事業団発足と共に始まる開発に関連する投融資業務、就中民間の開発事業の周辺の社会インフラ整備支援構想は当時まだ斬新で、理念に近かったのですが、その実現に向け、先ほどお名前を挙げた川村参事官など農水省の方々ともども若い人達が張り切っていたものですから、その仲間入りをさせてもらえたことをありがたく思っておりました。ですから、大臣秘書官に配置替えと聞いて、自信もありませんでしたし、率直とまどいました。いよいよ初めての実務だと張り切っておりましたから。

七月の参院選挙で自民党は一議席の差で過半数を失います。自民党候補者達の派閥と金での同士討ちに国民が辟易しての結果でした。まず、続投となった田中内閣で副総理の三木さんが辞表を出し、色々あって保利茂行管庁長官と福田大蔵大臣がこれに続きました。この政変は、結局五カ月後の田中総理退陣三木内閣発足へと続くのでありますが、参院選が終わると福田さんが「市川房枝さんが、何らの運動もせずに当選したことは、国民が清潔さを何よりも望んでいることを端的に示していると思う」と言われたことでよく覚えられております。

いずれにせよ、人事課は私に待機を命じていたらしいのですが、私は知りませんで、普通秘書官に内定すると官房長に連れられて官邸に行き、新大臣に紹介され、官邸での新大臣の初記者会見に先立って簡単なブリーフィングをし、その後宮中における認証式にお供をするものなのですが、私がどこかに行っていてつかまらないものですから、木村大臣が官房長官、官房副長官時代秘書官をしておられた後藤利雄企画課長が急遽代わってその役目をなさって下さったんです。私は何も知らないで部屋に戻りましたら、浦部首席が「総務参事官室の加藤（良三）首席が探しておられますよ」ということで、しかし、このように私は間に合わず、大臣が初登庁され臨時の幹部会の始まる前に紹介されました。幸いなことに――これもすでにお話し致しましたが――前年の一月佐藤前総理御夫妻がニクソン大統領第二期就任式の際に訪米され、これには木村俊夫、山中貞則両議員が各々御夫妻で同行されたものですから、加えて木村先生は私が佐藤前総理と外務省の連絡役をしていたことも御存知だったとのことで、私が秘書官となったことを喜んで下さったと聞きました。

木村先生は、わずか五カ月間の外務大臣でしたが、この短期間に外交関係断絶の瀬戸際までできた日韓関係の処理、史上初めての米国大統領の訪日、我が国外務大臣としては初めてのアフリカ諸国訪問、国連総会出席に際しての日中平和友好条約交渉の瀬踏みとなった喬冠華外交部副部長との会談、翌年一月宮澤（喜一）外務大臣の訪ソで実現した日ソ平和条約交渉の地ならしとなったグロムイコ外務大臣との会談、大臣御自身強い関心をお持ちだった核拡散防止条約締結に向けての党内根回しの開始など、さまざまなことがありました。またキッシンジャーとの数回にわたる極めて実り豊かだった会談、その中には田中総理の退陣不可避という段階でのフォード大統領の訪日に同行したキッシンジャーが、木村大臣に当時進行中だった米ソ軍備管理交渉について詳しくブリーフしたのち、同席者の退席を求めて二人だけで話したいと言って日本の内政状況について木村先生に色々と質問するといった場面もありました。キッシンジャーという人は、色々言われますが、バイとかテタテと呼ばれる二人だけの会談ではもちろん相手の性格にもよるのでしょうが、実に魅力的で相手から思わず何から何まで本音の話を聞きだす能力を持っていて、他方、木村先生も、その後任となられた宮澤喜一先生も、同じように相手を――英語でエンゲージすると言いますが――会話に引きこんでいく。これは生まれつきのものですかね。良い会談をされる。私は日本の有力政治家が外国の要人に我が国内政について話をされるのを聞いたのは、佐藤総理、木村、宮澤両外務大臣のみですが、品格を失わないんです。御自分と話題になる政治家との関係はまず申されますが、理路整然とした解説風、誰も傷つけない。それどころか、基調は長所をさりげなく話す。凡と言えば凡。ただ、振り返って、当時の外務大臣三木、椎名〔悦三郎〕、愛知、福田、大平といった方々、私はお一人お一人比較的よく存じ上げるようになっていたけれども、共通点があったとすれば、それはこの品格であり――英語では decent と申しますが――、無意識に人を傷つけることはしないとでもいうのでしょうか。そして例外なくこういう方々は外務省と省員をお好きだった。このことは私よく口にするのですが、わずか五カ月の御在任だったけれども、木村先生が外務省の講堂で離任の挨拶をされた時の省員からの惜しみない拍手を私は忘れることは出来ません。こんな話をしていても駄目ですから、外務大臣としての木村さんについてお話ししましょう。

朴正煕大統領狙撃事件

話を八月十五日の昼行われた国際協力事業団の創立披露祝賀会に戻します。朴正煕大統領狙撃事件の犯人は日本人らしいという第一報を聞かれると、大臣はすぐ本省に戻ると言われて、式典をあとにされました。たまたまのことですが、前日八月十四日韓国政府は、金大中拉致事件の容疑者と我が方が断定していた金東雲元在京韓国大使館一等書記官を「シロ」だとして、捜査打切りを通告してきておりました。これについて木村大臣は「国民感情を逆なでするもの」と強い不満を表明され、捜査当局も再調査を要求するといった、そもそも険悪となっていた日韓関係についての日本人の不快感をさらに深めていたという状況の中での出来事でした。犯人は日本人ではなくて文世光という在日韓国人だということは間もなく分かりました。翌日、町村（金五）国家公安委員長は、文世光の使ったピストルは七月十八日に大阪の警察官が盗まれたものだったと閣議に報告し、陳謝の談話を出します。その間わが方担当者の政治的に不適切な発言があり、これが、韓国世論の激昂を招くという事態をもたらしました。

韓国政府は十五日夜、大統領夫人の葬儀を十九日行うことを決めましたが、翌日昼田中首相、木村大臣それに二階堂（進）官房長官が協議して、田中首相自らこの葬儀に出席されることを決めました。木村大臣は総理、もし難しければ自分が行くべきだとの強いお考えで、東郷次官も同様のお考えでした。この頃、東郷さんは大臣の部屋にいつも呼ばれて入っておられ、私と渡邉允次官秘書官はそれだけで安心していたものです。いずれにせよ、木村大臣によると田中総理は初めから御自分が行かれるおつもりだったそうでして、こじれた日韓関係をどうにかしたいというお気持ちだったそうです。しかし、この弔問訪韓は、そのような流れを作り出せませんでした。

韓国政府は、文世光の背後に朝鮮総連があるとして、工作員の具体的名前を挙げ朝鮮総連の捜査、反韓国政府活動の取締りを求めてきたのでありますが、我が方はこれに応えず、捜査はピストルの盗難と旅券不正受給に絞るとの方針を変えませんでした。木村大臣は八月十九日参院の決算委員会の答弁で「韓国側から、日本国内での反朴運動取締りの要請がきたとしても、言論思想の自由があり、合法の範囲なら、要請を受ける訳にはいかない」と言っておられるんです。少し表現がはっきりしすぎている。

確かに、木村大臣はAAグループに直接属してはおられませんでしたが、韓国の独裁体制には批判的でした。金大中氏をあそこまで追いこまなくてもいいだろう、と言っておられました。他方、北朝鮮に近い一部日本の政治家の国会における一方的質問にも折々苦り切っておられました。それはそれとして、八月二十九日参院外務委員会で田英夫議員から、北朝鮮から韓国に対する軍事的脅威の存否を問われ、これは韓国が判断すべき問題だとしつつも、我が国政府としては客観的に見てそういうことはないと判断していると答弁されました。大臣は、併せて一九七二年六月の両朝鮮の平和的、自主的統一を謳った南北共同声明、国連軍の駐留などに言及はされているのですが、この北からの脅威はないというのは韓国政府の認識とは真っ向から対立するものであって、すぐに深刻な紛議をもたらしました。基本的には北からの軍事的脅威の存否は直接当事国である韓国が決めることで十分なのです。私は国会に行く途中、車の中でこのことを申し上げたのですが、田先生の一種独特の話術に引き込まれて、ここまで踏み込んでしまわれたんです。木村大臣は、間違いなく信念の方であり、篤実の人でしたから、韜晦はあまりお上手ではありませんでした。それでも、佐藤内閣で官房副長官、官房長官という政治的にもっとも難しいと言われるポストを見事にこなしておられます。御存知かと思いますが官房長官の後、涙の降格と言われて副長官となられ、大官房長官と呼ばれた保利茂氏にもお仕えになっています。

この答弁の後、私はすぐに渡邉允事務次官秘書官に電話をして、早速韓国政府から抗議があると思うので対応ぶりを考えて欲しいと頼み、本省へ戻る車の中で先ほどの御発言は相当厄介な反応を、韓国だけでなく、もしかすると米国からももたらされると思うとお話し致しました。大臣は、そうかなあという感じでした。案の定大臣室の前には多数の記者がいましたが、質問を投げかけるという訳でもなく、大臣室には東郷次官と高島アジア局長が待っておられました。大臣の答弁への対応ぶりについてはすでに準備されていて、「米韓相互防衛条約、国連軍の駐留、南北双方の間の外交的努力、軍事的バランス各々の存在の韓国の安全にとっての重要性を説いたものであって、軍事的脅威の存在という韓国政府の認識に異を唱えるものではない」といった趣旨でした。当時の駐日韓国大使は、日韓関係の重要さに深くコミットした金永善とおっしゃる誠に穏やかな、しかも折々の政治的雰囲気に惑わされることのない胆力に優れた方で、この大使と東郷次官との識見と信頼、そして椎名副総裁の訪韓があって、直前までいった外交関係断絶の事態は避けられたのであります。私の記憶が正しければ、東郷次官が木村大臣の御意向ということで金大使の来訪を求めて、先の我が方の説明ぶりを伝えました。それで収まる類の話ではもちろんありませんでしたが。

その間ソウルを中心に韓国における反日デモは日々激化を続け、二十七日ソウルで一五万人が参加して「金日成糾弾、日本覚醒要求国民大会」と名づけた集会が開かれます。大使館前で木村大臣の藁人形が燃やされるといった事態も報じられており、「日本政府は謝罪せよ」、「日本人はこの地から去れ」といったプラカードを持ってのデモが連日行われていたのです。二十八日韓国国会の外務委員会では対日外交関係凍結、国交断絶という強硬意見が出されています。最大の問題は朝鮮総連の取り締まりと謝罪でしたが、日本側は何もしません。振り返ってなぜだったのか。朝鮮総連は一九五五年に結成され、それ以降破防法に基づく調査対象団体でありましたから、監視の対象にはなっていた訳でして、違法行為がないのにとやかく申せぬ、というのが日本政府の立場だった訳です。謝罪についても文世光は韓国人であったし、拳銃盗難と旅券詐取は調査中、陳謝は警察庁長官がすでに行った、ということでした。そもそも金大中事件でとげとげしさを深める日韓関係の中、木村大臣の発言は国内に歓迎する向きすらありました。

韓国における反日運動は九月に入りますと、群衆の大使館への乱入、日章旗焼き払い事件へとエスカレートしていきまして、韓国側による大使の引き揚げ、さらには外交関係が切れるといった事態がもたらされるのではないかという懸念が具体的なものになっていきます。この辺りの事情は東郷大使のメモアールに書かれておりますが、東郷さんは八月三十一日から一週間あまりブルガリア、ハンガリーに次官協議のため出張されてしまいます。そして次官不在のまま連日会議が行われていました。大臣は外交関係が切れるということについては非常に憂慮しておられるのですが、御自分の発言が事態の悪化にあずかっていることもあってか、御発言が控え目なのです。斯くなる事態の回避をはっきり指示されない。

政務担当の有田外務審議官と高島アジア局長のお二人はどちらかといえば寡黙でした。その間日本政府は筋を通し続けているのに向こうが切ってくるならばいたし方ない、大使を召喚するというのであればこれを止める訳にもいかぬだろうという雰囲気がかもし出されてきました。私と、次官御出張中ということで会議には常に同席していた渡邉秘書官とは、これではとっても駄目だと思うのですが、どうにもなりません。

その間、渡邉次官秘書官は私に、対韓施策を不作為にこのまま流すのか、あるいは、しかるべき改善策をとるかの決定は、東郷次官の帰国を待っていただきたいと大臣に確認して欲しいと言ってこられて、いや大臣はそのおつもりだが、改めて念のため申し上げておこうといったやり取りもありました。東郷次官は、九月の六日でしたか、帰国されると直ちに、事態の改善に取り組まれます。東郷さんは自伝に書いておられますが、日韓国交正常化交渉は戦後我が国外交上最も困難なものであったと考えておられた。次官のお気持ちは、せっかくガラス細工のごとき合意のうえに築き上げられてきた両国関係をここで壊してたまるものか、これが壊れたら東アジアの安全保障環境をとり返しのつかないほどに劣化させてしまう、というものだったと思います。次官は金永善大使と毎日協議、九月十一日の官邸における椎名副総裁の特使派遣決定へと漕ぎつけます。木村大臣は私に、対しもし金大使召喚といった事態になったら大臣の名代で空港まで見送るようにと命じておられましたが、事はそれほどまでに切迫していたということです。

また、椎名特使派遣につき党の了承取り付けのための総務会が開かれた時、私は廊下でお待ちしておりましたが、木村大臣批判で荒れたらしい。そこで親韓派の誰かが「椎名さんを手ぶらで韓国に派遣していいのかね」と発言し、「手ぶらって何が土産になるのか」と、その間に「木村の罷免だ」と言ったとか、そんな話がありました。救いは、木村大臣があらゆる場面で少しも騒がずで、党内の批判について平然としておられたことでした。度胸、勇気という点では私がその後お仕えした宮澤喜一先生と同じで、このお二人は実に仲が良かった。宮澤先生は、よく「僕は木村さんを（総理に）担ぎたかった」と言っておられましたが、木村先生から伺ったところでは、佐藤内閣の末期に佐藤総理から十人ほどのグループを作らないかと聞かれたことがあって、「私には金の才覚がないから」とお断りになったそうです。

木村外相訪米

——一九七四年九月には木村外務大臣が、田中首相の訪米と国連総会に出席されるために訪米されています。まず、日米首脳会談についてお伺いしたいと思います。この会談には木村外務大臣も同席されています。有馬さんも出席なさっていたのですか。

お供はしておりますが、この会談には出ておりません。

——一般論として秘書官は会談に同席されるのですか。

原則陪席します。しかし、大臣が首脳会談に同席されたり、大臣が外国で元首クラスと表敬会談をする場合――少人数会合と申しますが――、これには秘書官は陪席しないこともままあります。ですから記憶も曖昧です。

――ノート・テーカーとしてですか。

そうではありませんで、念のためとでもいうのか。後になって大臣の記者会見の発言案づくりを手伝ったり致しますから。

――この日米首脳会談では、日米関係では農産物の輸出規制が問題になっています。アメリカ側は大豆の不作で、日本は禁輸措置を取られて困っていた訳です。フォード大統領の方からこの会談で、農産物輸出規制をしないということを日本側に述べられたそうです。それから日本側としては、ぎくしゃくしていた日韓関係を椎名特使の訪韓などで収拾したことを説明したら、評価したということが言われております。

いずれもその通りです。米国の対日貿易赤字が増大する中、米国の強い要求に応え米国からの大豆、小麦の輸入が急増、いずれも外国依存度が、八割、九割になっている時の突如の対日大豆禁輸、私どもにとって豆腐、醤油のことですから、心胆を寒からしめる事態でした。当時ソ連の食糧輸入が増えていて、農業産品の国際価格が上昇していたことも私どもの懸念でした。ですから、フォード大統領の農産物の輸出制限をしないという約束は、経緯からして当然と言えば当然、安堵感を与えてくれました。

他方、日韓間の軋轢は、まさにベトナム戦争後の東アジア戦略の見直しを行っている米国政府としては、どうにかして欲しいということでした。ですから、田中首相、木村大臣お二人の訪米に先立つわが国政府の日韓間の和解へ向けての努力は、まさに米国が歓迎するところだったのです。ところで、ワシントンでは韓国の金東祚外相がわざわざわが方大使公邸におみえ下さりまことに友好的会談が行われたということがありました。大臣はこれには折角軌道にのりつつあるいまの正常化への流れを進めたいとの期待がこめられているとして評価しておられました。

NPTは、田中総理、大平、木村両外務大臣と共に推進派でしたが、科学技術庁長官で三木派の重鎮だった森山欽司さんが、不拡散構想は核兵器国による非核兵器国の原子力平和利用研究を妨げるための陰謀なりとして絶対に反対で、まったく動かれなかった。このため一夕料理屋で木村、森山両大臣の会談の場を設けたのですが、理路整然とした木村大臣の説得に森山大臣は梃子でも動かず、でした。ところが三木内閣が発足するとNPT批准が外交の主要目標の一つとなり、森山さんは三木派の国対の責任者としてこれの処理に当たられたのは皮肉でした。積極的には動かれませんでしたが、足を引っ張るということもなさらなかった。

――新聞報道によれば、この首脳会談で日米協調に変わりがないことを確認出来たことに大きな意味があったという趣旨のことを、記者会見で木村外務大臣はおっしゃっています。ということは、当時の時代背景を見ますと、中国と通貨、この二つのニクソン・ショックがあり、大豆の禁輸もあって、日本国内では日米関係が必ずしもうまくいっていないという不安感がやっぱりあったのでしょうか。

石油ショックの時にアメリカは助けてくれませんでしたし、国内に不安感というか、不満があったと考えていただいていいでしょう。その根底には、日本だけではなくて国際社会全体として、米国政府、米国国民が、彼らにとっては初めての戦争の敗北体験をどのように受け止めるか、これによって孤立志向になるのではないかという懸念があったんです。米国の外交姿勢が内向的になり、日米安保の信憑性を将来に向かって当然視していていいのかどうか、NPTを批准するとして日本としては、米国の核抑止力を確実なものと考えていいのかという問題であります。

――ベトナム戦争がうまく行かなかったということですか。

そうです。これを背景として一九七六年のカーターとフォードの大統領選挙の時に、カーターが在韓米地上軍の撤退を唱えるようになる訳です。私どもは、そもそもベトナム戦争敗北という事態の下、米国が東アジアからの軍事的撤退を説くのは、この地域の安全保障環境をさらに不透明なものとし、不安定化させ、好ましくないという判断であります。幸い、この撤退政策はカーター政権発足後、部内で見直され、取り下げられました。

――アメリカの内向志向というのは、いつ頃から出てきたと思われますか。

誰もが、米国が戦前のような孤立主義に陥ることはないであろうとは思っておりました。経済的には、IMF（国際通貨基金）、GATTなどいわゆるブレトンウッズ体制と呼ばれる第二次世界大戦後の自由金融貿易市場の秩序を自らの指導力で作り上げ、西側全体の繁栄を可能ならしめた米国が、この体制から離脱することは有り得ないという判断でしたし、政治的には、これも自らが主唱して作った国際連合、その中での常任理事国としての責任から逃げ出す訳には参らぬであろう。何にもまして冷戦の存続は現実なのであって、NATO、日米安保の維持は米国の安全保障上の必須与件の筈である。こういった考えから戦前の孤立主義の復活を予測する人はいませんでした。勝者としての米国の国際政治経済秩序づくりは、戦前の孤立主義の悔恨に深く根差していて、回帰を示唆する政治的雰囲気はなかった。しかし、内向志向の兆しはあり、これは朝鮮戦争、ベトナム戦争と二十年近く続いて、米国国民が東アジアの安全保障に関わることに鬱陶しさを感じるようになっていて、無理もないことでした。心というか風潮の話です。

いつ頃からかという最初の御質問ですが、私は一九六九年から七〇年にかけてグアム・ドクトリン――後にニクソン・ドクトリンとして定式化されます――と呼ばれる対東・東南アジア政策が公にされた頃からだと思っております。キッシンジャー氏自身 *White House Years* に詳しく書いていますが、彼は一九六九年一月安全保障担当大統領補佐官に就任すると、ベトナム戦争のもたらした膨大な国防費に対する国内の厳しい批判に応えるため、それまで当然視されていた「二・五戦略」を再検討致します。この戦略は、欧州及び東アジアにおける二つの全面核戦争と中東などでの地域的戦争を同時に遂行する軍事的能力の維持を骨格としておりました。再検討の結果を単純化して一言で言うと、一九六〇年代国境問題を巡って軍事紛争にまでなった中ソ対立が如実に示したように共産圏はもはや一枚岩ではない、従って、すでにニクソン新大統領の唱えている中国との関係改善を進めれば、二・五は一・五で済む、ということでありました。これを踏まえて、米国政府は、東アジアにおける防衛取極、なかんずく核攻撃に対する抑止力提供の約束の遵守、を強調し続けますが、他方ベトナムの体験に基づき内乱や地域的国境紛争へは原則介入せず、特に、自らを守る武力と気概を欠いた国のために米軍兵士の生命を犠牲にするわけには参らぬとの立場を明らかにした。これがグアム・ドクトリンの意味するところだと思います。

米国は、三年あまりの朝鮮戦争で三万三千の兵士を失いました。これだけの犠牲を以てしても、得られたものは、戦争勃発前の状況の不安定な回復でしかなかった。ベトナムでは五万八千人の米国人が戦死して、敗北を喫してしまった。そして誰もがこの米国の軍事的努力を評価していない。内向的風潮が出てきてもおかしくありません。

ところで冷戦は引き続き存在していました。特に、米国がベトナム戦争終焉に向けて太平洋地域の米軍を大幅に引き揚げつつある時、ソ連はあたかもそれを補うがごとくに北方領土にソ連軍を駐留させ、太平洋艦隊を増強し、米軍がベトナムから撤退するとカムラン湾にソ連軍艦を派遣するなど、これを見ていて米国はとても出ていく訳にはいかないなと思うようになりました。逆説的に言うと、北越の勝利にソ連の経済的軍事的支援が重要な役割を果たしたのが事実であるにはせよ、ソ連のアジア・太平洋地域における軍事的活発化があって、米国にとりアジア・太平洋地域からの軍事的離脱は、現実的選択ではなくなっていきます。

ただ、国際社会が、米国が自分の国のことしか考えなくなるのではないかと心配していたのは事実です。日本の場合、ニクソン・ショックが中国でもあったし、通貨でもあったし、御指摘の通り大豆の禁輸まであった訳ですから、不安になるのは当たり前のことですね。

——木村大臣は国連総会出席のためにワシントンからニューヨークに移ります。ここでグロムイコ外務大

臣と会談されています。この会談に関して何か印象に残っていることはありますか。この時の会談では、年内に外相レベルで日ソ平和条約交渉の再開について合意したということですね。

そうです。正確に言うと、合意というよりは、すでに田中＝ブレジネフ共同声明で約束されていたことの再確認です。木村大臣は、グロムイコがかつて日本に来た時に会っておられたので、その話をちょっとしておられました。それで、木村大臣にグロムイコが、「出来れば今年中にモスクワにいらっしゃいませんか」と言いましたら、「いや、今度はあなたが日本に来られる番ですから、ぜひともあなたに来ていただきたい」ということを、かなり拘って話しておられました。その段階でソ連側は木村大臣に、「十二月の初めにいらして下さい」と言いましたが、「その頃は国会があってとても行くことは出来ませんが、国会の了承が得られるかどうか、日本に帰ってから検討してみます」と言われて、「それで結構です」と言われました。しかし、先ほどお話ししたように、結局はその次の年の一月に宮澤先生がモスクワに行かれた訳です。

――それから、シベリア開発を日米で協力する場合、アメリカが参加することにソ連は反対をしませんと、そのような発言があったようですね。

はい、そうです。その際、マリクというソ連国連代表が同席していて、木村大臣が「日本としてはシベリア開発には関心があります」とおっしゃったら、「ロシアは日本との関係では経済以外に関心がない」と失敬なことを申したのを覚えております。

――マリク国連代表がそうおっしゃったんですか。

そうです。私の理解が正しければこのマリクという人は、終戦の年に日本がソ連に仲介を頼んだ時の駐日大使のマリクと同人物でして、グロムイコと同世代の外交官なのでしょう、のびのびと色々言っていました。

当時財界は、そして通産省もそうでしたが、石油危機を体験して、エネルギー供給源の多角化の見地からヤクーツク始めシベリアの資源開発に特に関心を示すようになっていました。そしてソ連側もシベリア開発への日本参加に同様に積極的でした。しかし、我が方としては、無尽蔵の天然資源とはいうものの、それを開発するに当たってはこれまた無尽蔵な資金を必要とするようなところに、しかも、緊張緩和が謳われるようになっていたとしても政治、経済体制いずれもが極めて不透明なところに、日本だけで入っていくことには躊躇がありました。ですから米国と一緒にやりたいという希望もありました。もっとも米国の対ソ投資には議会の規制があった筈です。加えて、田中総理訪ソの際ブレジネフ書記長は、確かに領土問題とは四島であることを認めたけれども、これに進展なきままに経済関係を進めるべきか否か、政経分離でいくのか、政経一体化とするのかについて、考え方が詰めきられていなかったというのが私の印象です。

――木村大臣はグロムイコさんと会談された同じ九月二十五日に、エジプト、ガーナなどのアフリカ諸国の代表をホテルに招待して懇談したのでしょうか。

そうです。一つには、木村外務大臣のアフリカ訪問が計画されていたからでした。

――特にこの時は、国連加盟のアフリカ諸国が四十二カ国となり、アフリカ総会と言われるほどアフリカの加盟国が増えた年だったようです。

そうでしたか。省内にはアフリカとの関係を進めようという考えが強まっていました。

――恒例の外相主催のレセプションは、その前日、二十四日に主催なさっている訳ですが……。

それは私が最もよく覚えていなければいけないのですが、きちっと覚えていません。

――その時に印象に残る出来事として、韓国の外務大臣が現れて握手をしたそうです。

そうでしたか。先ほど御紹介したように、金東祚外相はワシントンで木村大臣と面談したいと言われて我が方大使公邸にお見え下さっているんです。ニューヨークでの我が方レセプションにも顔を出して下さった。このことを私は覚えておりませんでしたが、これにはそれなりの理由があったのです。

当時日韓関係が、金大中事件、陸英修夫人暗殺事件、これらを巡る双方の関係者の発言、韓国における激しい反日デモなどで外交断絶まで云々されるほどに悪化したのはお話しした通りです。他方、その間国際場裡において韓国は、日本の支持、協力を必要とする難しい局面に追い込まれておりました。と申しますのは、その頃国連においては、北朝鮮を支持していたアルジェリアなど非同盟の国々が中心となって「国連旗の下に韓国に駐留する全ての外国軍隊の撤退を求める」という決議案を提出、これに対する支持が年々増えていて、日本は米国などと協力してこれの採択阻止に努力しているという状況があったのです。すでに申し上げました通り、一九七三年六月の南北首脳会談において朝鮮半島の自主的、平和的統一が合意された訳ですが、北朝鮮支持の国々は、在韓国連軍、在韓米軍は、この合意を阻害するものだとしていました。

また、南北朝鮮の国連加盟は、単独、同時といったその態様、どちらが全半島を代表するのか、どちらが正統か、分断の永続化に繋がらないかとさまざまに討議され、決議に付され、それでも何らの合意も得られないという事態が一九四八年以降続いておりましたが、その流れの中で旧植民地は独立するとＡＡグループ、非同盟グループに入り、従って北朝鮮支持の国が段々増えていったのです。これには当時の中国のアフリカにおける積極的外交活動によるところもありました。ですから北朝鮮と親しい中国と米国との和解も、韓国にとってはあまり気持ちの良いことではなかった筈です。日本は、国連で陰に陽に、例えば先ほど触れた撤退決議案に替えて対決を避けるいわゆるコンセンサス方式の決議案を通すなどして、韓国を助けていて、韓国はこれを多としておりました。この年には多くのアフリカの国が新しく加盟して、これら諸国の多くは親北朝鮮でした。ですからアフリカ諸国代表も多く出席する我が方のレセプションにも顔を出されたのでしょう。それこそつい二カ月足らず前まで外交関係を切る切らないと言っていた日韓関係を見てきた我が方の同行新聞記者の方々にとっては、金東祚外相が見えて握手をしたというのは、印象深いことだったのでしょう。他方、国際場裡において在韓米軍の継続のため日韓双方が協力するのは、我が国にとり戦略的に極めて自然なというか、当然のことでした。

——それから木村大臣は、九月二十七日にキッシンジャーさんとまた会談していますね。ここでは、朝鮮問題と石油を含む国際経済を話し合われたそうです。

朝鮮問題はもうお話しいたしました。ところで石油ですが、大臣はサウジ、エジプト、ヨルダン及び南イエメン各代表と会談、先方の中には二階堂談話に言及するところもありいずれも友好的でありました。他方、これら中東諸国代表はもとより国連事務総長や、西側諸国外相の多くも中東和平の見通しには極めて悲観的で、後者の一部には産油制限再発動の可能性があるのではないかと心配する向きもありました。消費国間の協力の強化を説くむきもあったと思います。わが国は、一方で対中東経済技術協力を遅滞なく進め、これが相手国の工業化にとり欠くべからざるものとの評価を確実なものとすると共に、他方、他の先進国と共に石油の政治的利用の国際経済に与える破壊的影響について中東諸国の認識をさらに深めていく必要があるとの認識でありました。

木村外相アフリカ歴訪

——次に木村外務大臣のアフリカ歴訪について伺わせてください。

大臣は、美津枝夫人をお連れになって出張されました。十月三十一日から十一月九日までの九日間にガーナ、ナイジェリア、ザイール、タンザニアそしてエジプト五カ国を訪れるという強行軍でしたし、各首都ともホテルで停電はする、シャワーのお湯は出ない、水は茶色、生水生野菜はもちろん駄目、という難しい状況でした。そこで一つよく覚えているのは、ナイジェリアで、一行がホテルの十一階に着いたら停電となって、結局大臣御夫妻と警護官、それに私は公邸に泊めていただくことになりましたが、夫人が大汗をかいて、しかし一言も文句をおっしゃらずに下まで降りられたことです。御夫妻ともこのようにまったくへこたれることなく、一言で言うと全員にとって大変に実り豊かな楽しい訪問でした。

そのような環境であったにも拘らず楽しかったといま申せるのは、日本の外務大臣の初めてのこのアフリカ訪問を各国が心を込めて下にも置かぬもてなしで歓迎してくれ、いずれにおいても大変に実り豊かな会談を行うことが出来たからであることは申すまでもありません。なお、有田圭輔外務審議官、中村輝彦中近東アフリカ局長、経済協力局からは菊地清明参事官、それに主管する黒河内康アフリカ課長、黒河内さんはわが国対アフリカ外交の先駆者でありますが、更に通訳等のため当時在英日本大使館に勤務していた大田博書記官等が同行していています。

中近東もそうですが、これら新独立国家は、非ヨーロッパ圏の中で近代化に成功した日本に素直な敬愛の情を抱いてくれておりました。ナイジェリアのゴウォンという元首を始め、多くの指導者達は日本をモデルにして国造りをしたいのだと言っていました。そして、いずれの国もが等しく独立国家に相応しい自存の出来る経済体制を作りたい、そのため帝国主義的遺産をアフリカにまったく残していない日本からの経済・技術協力を期待している、と申しておりました。

我が国の対アフリカ経済・技術協力は、すでに相当の分野で実施されていて高く評価されていました。従って要請も極めて具体的案件を伴うものでした。また、南アのアパルトヘイト廃絶へむけての圧力を強化するための、日本の更なる努力を強く求めて参りました。これに対し大臣は、日本は国連の制裁措置を忠実に遵守し、投資活動は一切行っていないし、スポーツ、文化交流をも禁止した云々と丁重に説明されました。その関連でナイジェリアのアリクポという外務大臣は、南アのアパルトヘイトに対する日本の反対は「国際連盟において西園寺（公望）代表が人種差別撤廃を主張されたところと軌を一にするものであり、皮膚の色による差別は基本的人権の否定であり、単に国内問題なりと言うにはあまりにも深刻な問題であって、全世界的問題である」と話され、わが国にとってのこの歴史的エピソードをナイジェリアの外務大臣が述べたことに私共深い感銘を受けた次第でした。アリクポ外務大臣は、南アとの貿易を断ち切ってくれと言っているのではなくて、漸進的に南アの政策を否認する方向で措置して欲しいのだという穏健な要請でした。

ガーナは、アフリカの国々としては最初に日本に大使館を設置した国なんですね。バーという外務大臣との間では、色々な具体的経済協力案件が取り上げられましたが、その中に、ガーナ大学に福島大学が協力して運営されている野口英世記念研究所というのがあって、それへの研究、臨床、訓練など包括的協力計画が含まれていて、これは早速に実施されたというのが私の記憶です。私ども子供の頃からよく聞かされていた野口英世という人は、戦前この瘴癘《しょうれい》の地で歴史に残る医療研究活動をし、亡くなられたのかと、一同感慨無量でありました。

日本人ということですが、いずれの国も国家のアイデンティティ、己れの「独自性」とでもいうのでしょうか、これに強い関心がありました。例えばザイールのウンバ外務大臣は、次のような話をしておられました。「日本人はお辞儀をされますし、西洋人は握手をしますが、ザイールでは、こういう場面ではまず共に土に一献捧げて、それを以て祖先に感謝します。これがザイール人にとっては、ザイール人であるというアイデンティティをお互い証明し合うことです。日本では明治以降、和魂洋才と言われるそうですね。そこで日本は、自分達の伝統に基づいて西から学びながら国を作って行かれたそうだけれども、私どもも、杯を土に傾けて先祖に感謝する、という過去に対する敬意を持って西からも学びつつ国家作りをしたいので、協力していただきたい」。私どもは深い感銘を受けました。

ご承知の通り、当時のああいう人達はヨーロッパで訓練を受けた知的エリートだった訳ですが、いまはどうしておられるのか。木村大臣は、「貴大臣のたいへん含蓄に富んだ言葉に深く感銘した。貴国を訪問して貴国の政治理念には大いに啓発されるところがあった。私はこのような内容の会談をまさに期待しているのであります」と答えておられました。木村大臣はザイールの大統領のモブツにも会っておられます。いま名前がジャパン・エナジーに変わっていますが、日本鉱業という会社があって、相当の投資をしておりました。当時銅の価格が低落していて、その面で日本の協力を得たいということを言われました。銅などの国際価格の低下については、ザイールだけではなくマレーシアなどからも、どうにかしてくれということを言われておりました。モブツからは「田中総理には前から招待状を出しておりますが、お見えになりませんか?」と聞かれて、「政局多難で無理でしょう」ということを木村先生は丁重におっしゃられました。田中総理について木村先生は、同情しておられたのです。

それから、アンゴラ、モザンビーク等々の政治情勢について随分詳しく話をこの旅行中に聞いているということは、まだまだ日本ではそういう国の事情について十分の知識がなかったのだと思います。

――まだアンゴラとモザンビークは独立していませんね。

そうです。それから、この地域に対する中国の進出ぶりに、私どもは特にタンザニアで強い印象を受けた記憶があります。日本はどちらかと言えば一方で人道援助をしている訳ですが、経済理性に沿ってインフラの整備をするとか、その国の経済成長に資するものを目指す訳です。それに対して中国の経済協力は、体育館だとか、市民会館だとか、いわゆる箱物が多いんですね。その他タンザニアに中国が作ったというマッチ工場がありました。

――鉄道も造っていましたね。

タンザン鉄道です。

――タンザニアとザンビアの鉄道を中国の資金で造られていますね。あれはタンザニアが社会主義を採っていたからでしょうか。

それもあったのでしょう。しかし加えて中国にとっては国連における代表権問題でいかにして支持票を増やすかということで、数を増やしていたアフリカ新独立国に対し積極的な協力をしたのだと思います。

――最後にエジプトに行かれますが、どういう方とお会いになったのでしょう。

ヒガージュ首相、ファハミ外相、それに、当時のアラブ連盟の事務総長とも会談をしておられます。カイロは、その前年に第四次中東戦争があって、十二月に三木副総理が行かれた際には、まだ戒厳令がしかれていたような状況でしたが、一年経ってカイロは相当落ち着いておりました。

――エジプトではどのようなお話が出ましたか。

エジプトとの会談で我が国との関係では、経済協力を進めたいという先方の強い希望の表明がありました。他方和平へ向けて、先の第四次中東戦争の結果アラブ諸国間の団結が強まったことが強調され、石油禁輸もその関連で成功したと言っていました。これは、産油国が非産油交戦国を助けたという政治的意義を意味していたようです。

木村大臣の海外御出張にはいつも、大臣が政界に入られてから秘書を務めてきておられた小島平八郎さんとおっしゃる方が政務秘書官として御一緒され、主に同行の記者に関わる仕事を報道課からの出張者と一緒に御担当下さいました。宮澤喜一先生の政務秘書だった服部（恒雄）さんもそうでしたが、私ども大臣のお供で何回も出張致しましたが、ついぞ報道陣との間には一回もトラブルがなかったのは、これら政務秘書官のお人柄と豊かな経験に培われた力量によるものだったと、いまここに振り返ってつくづく思います。

フォード大統領訪日

——そして帰国されると今度はすぐフォード大統領が訪日し、田中首相と会談します。何か印象に残っていることはありますか。

訪日の実質面というか、政治的成果についてお話しする前に、当時私がフォード大統領について持っていた印象、イメージについて、これは比較的よく覚えているのでまずお話し致します。

フォード大統領は、共和党下院議員として活躍していた比較的著名な政治家で、第二期ニクソン大統領の副大統領であったスピロ・アグニューが汚職で辞任した後、まず副大統領に、そしてニクソンがウォーターゲートで退陣すると次に大統領にと指名承認されたという、大統領・副大統領選挙を一つも経ないで大統領になった人なのです。日本の宇佐美滋さんという学者がタナボタ大統領などと説明していました。もちろん例はありません。ミシガン大学のあとエール大学の法科大学院を卒業した弁護士出身というのが経歴ですが、ミシガン大学時代はアメフトの有名な選手だったそうです。私は、もちろん個人的には存じ上げませんが、大変好きな政治家でした。ちょっとぎこちない朴訥な感じの偉丈夫で、仲間の政治家の間では親しみをこめて"He played football too long without his helmet on"などと言われたりしていました。お聞きになったことありますか? 「彼はヘルメットをかぶらないでフットボールを長くやりすぎたんじゃないか」ということです。どういうことかというと、あいつ運動で頭打ちすぎたんじゃないの、格闘技系の体育会の人のことを「あいつ脳まで筋肉になっちゃった」と言うのと同じです。私も言われたことがあります。それもあって、私はフォードが好きだったんです。

これは、私の記憶が正しいと思うのですが、迎賓館の前庭で行われる歓迎式典で儀仗隊の閲兵の際、隊長の案内で粛々と歩いている大統領のモーニングのズボンの丈が大変短くて靴下が丸見えでした。やはりちょっと滑稽なんです。もう一つ、これは私の記憶が正しいのか、フォード大統領の他のところでのエピソードとないまぜになっているのか、確認のすべがないのですが、特別機から降りてこられた時、紺色の背広で靴下は白、タラップの下のところでつまずいて転びそうになったと聞いたものです。そしていまでも誰もがよく覚えているのは、就任演説で「私はリンカーンではなくフォードであります」と自らを車になぞらえて笑いを誘ったということです。ベッティーという夫人、長年癌を患っておられましたが、品の良い、賢夫人と言われた人でした。

就任わずか一カ月後、国内の傷を癒すためとしてニクソン前大統領に全面恩赦を与え、これの評判が誠に悪く、これが訪日の前に行われた中間選挙で共和党の蒙った下院議席では三分の一以下という歴史的大敗の理由の一つと言われていて、二年後の彼自身の大統領選にまで尾を引きました。当時の米国は、ベトナム戦争、ウォーターゲート事件の後遺症、インフレと不況、失業、石油価格の暴騰と四苦八苦の状況で、その一つ一つにこの新大統領は苛まれていた訳ですが、謙虚でありながらめげず憶せずの大統領の姿勢は、私ども日本人に極めて好ましい印象を与え、私は百二十年ほどの日米交流史上初めての米国大統領のこの訪日は、大成功だったと思っております。大変長寿で最近まで御存命でしたが、ゴルフもお好きだったこの人のことを思い出すと、いまでもほのぼのとしたものを覚えます。

当時の記録を見ますと、天皇陛下がフォード大統領と迎賓館における歓迎式、御会見、宮中晩餐、フォード大統領主催晩餐、歓送式と五回にわたって話されているんですね。これは両国において大きく報じられております。大統領は京都にも行っておられます。これも良かった。

——天皇の訪米についてアメリカ側から御招待があったようですが。

この年の『外交青書』には、フォード訪日の際、天皇陛下に対し「改めて御訪米招請が行われ、従来より懸案となっていた天皇陛下の御訪米が最終的に決ったことは大きな成果であった」とあります。

フォード＝田中首脳会談は二回計三時間、木村＝キッシンジャー会談は、フォード滞在中一回。大統領一行は、訪日後韓国を訪問した後、ウラジオストクでブレジネフとの会談を行い、ＳＡＬＴⅡの戦略核兵器制限枠組みについての合意を成立させましたが、キッシンジャー長官は一行と別れて訪日、さらに北京へ行って病床にあった周恩来総理と会談、その帰路再び日本に来てくれて、木村大臣とは三回のべ六時間にわたる会談を行っています。大臣はワシントンでも会っておられますから、五カ月の間にキッシンジャーとは四回会っておられるんですね。

キッシンジャーは、ウラジオストクから帰路の会談では戦略核兵器制限交渉とその成果について詳しくブリーフしてくれました。軍人を同席させていながら、いかに米ソ双方の国防省の制服組が交渉の進展を邪魔したかを面白おかしく話していたのと、同席した軍人が一緒になって笑っていたのが印象に残りました。似たような場面がその後キッシンジャーと宮澤外務大臣の時にもあって、後で宮澤大臣は私に戦前の日本における軍の政治介入に触れて、シビリアン・コントロールとはああいうことなんだ、羨ましいねと言っておられました。もう一つ、これは前年に始まった石油問題でして、米国は引き続き主要消費国間の協力の重要さを、「生産国との間の調和のとれた関係」と言いつつも、これら一連の会談において強調しておりました。さらに、世界食糧問題——いまでは切迫感がもはやありませんが——、食糧供給確保のための国際的枠組についても協議されております。

首脳会談に私は出ておりませんが、率直いま田中＝フォード共同声明を読んでみても、実質的成果と言われてもよく覚えておりません。キッシンジャーの中国からの帰路の訪日、キッシンジャーが人払いをして木村大臣から田中後の国内政治について色々聞いていましたが、そしてこれは私が通訳をしましたが、印象に残るようなことはありません。基本的には、田中総理に同情的な、品の良い中身でした。

これももうお話しした通りです。

――これは有馬さんの御記憶があればですが、木村外務大臣はアフリカ訪問からお帰りになられて、田中第二次改造で留任された後、フィリピンに行かれていますね。十一月ですが。

はい。木村大臣御夫妻がアフリカ御訪問からの帰路、短時間立ち寄ったコペンハーゲン空港を出発して間もなく、飛行中に二階堂官房長官から辞表提出の要請が電報で接到致しまして、これに対してすべてはお任せするとの趣旨を回電されたという場面がございました。いつもの通りサバサバしておられました。御留任は東京に戻ってからのことでしたか、あまり定かではありません。

その後東南アジア経済開発関係会議でマニラに、これも御夫妻で御出張になられます。ここにはニューヨークの総領事をしておられた澤木さんが大使でおられ、新しい公邸でお迎えいただきました。演説はいま読んでも、見事な出来でした。

――ちょっと別の話ですが、有馬さんの時は事務方の秘書官はもう二人になっていたのでしょうか。いわゆる「副」の秘書官はどのような仕事を担当しているのですか。

はい。私は、阿部信泰さんと一緒に木村、宮澤両大臣にお仕えしました。古いことは存じませんが、私が聞いているところでは事務の秘書官が正・副二人体制になったのは、福田外務大臣の秘書官になった小和田（恆）さんの時からでして、もう一人は兵藤長雄さんが、大平大臣には藤井宏昭さんと中本孝さんと各々務められました。

私どもの場合、阿部さんは、主に日程管理を担当致しました。私は有力政治家にとって権力の有効な行使は日程作りに凝縮されると思ったことすらありました。ですから、実力派の政治家が閣僚になった場合の日程作りには優れた政治センスが求められております。外務大臣の日程は、頻繁な海外出張、訪日する多数外国要人からのダメモトを含めての会見要請、休会審査を入れると一年中出席を求められているとの感じすらする国会審議、事務方からの間断なきブリーフ、国内政治、選挙区事情に関わる諸行事や面談、一つ一つちょっと処理を誤ると極めて厄介な事態をもたらしかねない。一つには政務担当の秘書官との円滑な信頼関係が求められ、かつ何にも増して政策の実質面を詳しく掌握しておりませんと適切な処理はもちろん出来ません。その点阿部さんは本当に素晴らしかった。私は、小和田さんの前まで事務の秘書官が一人の体制で任務をどうやって全う出来たのか、想像すら出来ませんでした。しかし、不思議なことに、振り返ってみると一人体制の下でも皆さん、ちょっとピリピリしてはおられましたが、ちゃんとやっておられた。偉いものです。

すでにお話し致しましたが、私と阿部さんとは、木村大臣の時は小島さん、宮澤大臣の時は服部さんという当時すでに大実力者と言われた政務の、いずれもちょっと国士的風格の秘書官と御一緒出来たため、政治やマスコミとの関係で常に助けていただき、秘書官室はいつも楽しい雰囲気でした。

第6章　宮澤外務大臣の下で　1974-76

秘書官留任

――宮澤喜一氏が一九七四年十二月九日に外務大臣に就任します。有馬さんは秘書官を続けます。この経緯について教えていただけますか。

田中（角栄）総理退陣後の「椎名裁定」で三木（武夫）さんが「青天の霹靂」と言われて党総裁になられ、首班指名を受け組閣された訳ですが、木村大臣については、霞クラブの記者達の間で、三木さんは木村大臣に残ってもらいたいと言っておられるらしいが、対韓外交を巡る党内のしこりがまだまだ強いし、何にもまして、新内閣人事で発言力を持つであろう椎名（悦三郎）副総裁が、九月のあの重苦しいお詫びの訪韓は外務省の不手際のおかげだと思っておられるので、当時の外交責任者にその芽はないということでした。

もっともそのすぐ後に聞いた話では、椎名先生はそんなことにはまったく拘ってはおられなかったそうですが、それでも木村大臣御自身はその辺りの事情はよく御存知で、というか、わきまえておられまして、東郷（文彦）次官にははっきりと自分は残らないと申されていました。そして、大臣は、宮澤喜一先生が後任の新外務大臣に決まると心から大変に喜ばれました。この前お話ししたようにこのお二人はそもそも大変お親しかったんですね。その後何回かお二人の夕食に陪席させていただいたのですが、よく各々がお仕えになった池田勇人、佐藤栄作お二人の話を実に楽しそうに、面白おかしくしておられたのを覚えております。池田、佐藤のお二人は吉田茂総理に重用され、宰相への道を辿られた訳ですが、実は、若い頃から同世代の官僚として御昵懇だったんだそうです。お二人とも旧制高校が同じ熊本だったのでしょうか。

それはそれとして、私の後任も内定し、その夜私は木村大臣の政務の秘書官だった小島平八郎さんと斎藤邦彦北米二課長と三人で食事をしておりました。そこに大河原（良雄）官房長から電話があって、「宮澤新大臣が秘書官にはぜひ有馬をと言っておられる、すまんが急いで戻ってきてくれないか」と言われるのです。私は誠に名誉なことではあるが、率直二君に仕えるというのはどうしても馴染めないので、無礼とは思うが辞退させて欲しいと申し上げ、官房長もそうかということで電話を切られました。

しかし、しばらくして再度官房長から電話があって、結局お受けしたのです。認証式には御供できませんで、臨時幹部会には間に合いました。壁際にすわっておりましたら、「有馬君には私が続投を頼んだので、そのことを念のため申しておく」とおっしゃって下さり、申し訳なく思いました。実は私は宮澤先生には先生が参議院から衆議院に移られる前、浪人時代とでも申せるのでしょうか、大蔵省の宮本一三さんの御紹介でお目にかかったことがあって、その後先生が何度目かの経企庁長官に就任された後は、時々先生の英語のスピーチなどで御相談を受けたことがあり、存じ上げてはおりました。その当時からどうして日本だけで教育を受けた人がこんなに英語が出来るのだろうかと不思議に思ったものですが、言葉への感性に加えて、中学に入るとジョン・スチュアート・ミルの『自由論』を原書で何回も読んだということを伺い、まさにむべなるかなと思ったものです。しかし、英語もさることながら、先生は、ミルの思想に深く影響を受けておられたというのが、私の印象でした。例えば、池田内閣発足の際に先生の提案で「寛容」を「忍耐」と共に指針として掲げたのは、その点興味深く思われます。
翌日講堂で行われた新旧大臣の交代の式において離任される木村大臣の省員に対する誠に懇ろな謝辞に拍手が鳴りやまなかったことは、もうお話ししました。わずか半年足らずの御在任でしたが。

宮澤外相訪ソ

——宮澤外務大臣は翌七五年一月にソ連を訪問し、十六日から十七日にかけてグロムイコ外務大臣と会談されています。この訪問では、主に北方領土問題が取り上げられたとのことですが、特に印象に残っていることはおありでしょうか。

この訪ソについては宮澤大臣御自身『戦後政治の証言』などで色々と話しておられますが、重複を省みずお話しします。宮澤新外務大臣の御日程で一番急を要したのは、まさに対ソ外交でした。一九七三年十月、田中総理、大平（正芳）外務大臣が訪ソされ、ブレジネフ書記長との間で激しい交渉の末、ソ連がそれまで解決済みとしていた領土問題につきその存在を認めさせ、口頭ではありますが、この領土問題とは歯舞群島、色丹、国後及び択捉四島の返還であることにようやく合意して、その結果発出された日ソ共同声明の第一項には、「双方は、第二次大戦の時からの未解決の諸問題を解決して平和条約を締結することが、両国間の真の善隣友好関係の確立に寄与することを認識し、平和条約の内容に関する諸問題について交渉した」とまずあって、その後「一九七四年の適当な時期に両国間で平和条約の締結交渉を継続することに合意した」と述べられています。これをも踏まえて、一九七四年九月のニューヨークにおける木村＝グロムイコ会談があり、日本側はソ連首脳、グロムイコ外相の訪日を招請、先方は日程上これを受けることは出来ないが、として木村大臣の十二月の訪ソを提案しておりました。日本の国内政治情勢からして、残念ながらこれの実現はかないませんでしたが、三木内閣発足後最初の課題は、当然のことながら日ソ平和条約交渉の可及的速やかな実施でありました。ソ連に対しても国内的にもないがしろにしているかのごとき印象を与えることは決して許されない課題です。

ところで私共一月十五日出発いたしましたが、これに先立つ十一日ある幹部が大臣に「領土問題とは四島の返還のこと」という田中総理の主張にダーと言ったのは、交渉の土壇場でこれに合意が得られなければ、共同声明発出の要なしと迫ったためで、ソ連側はどうも怒っているらしいといった話をいくつかされました。

このような雑音に宮澤大臣は至極あっさりと、共同声明発出の際、そこで田中・大平がブレジネフと合意したところが両国政府にとっての合意なのであって、いまさらソ連側のその後の立場をあれこれ、忖度、云々する必要はまったくない、今回の訪ソの交渉においてこの合意から一歩でも退くことを求められれば、それこそ何も文書などを発出しないで帰ってくればいい、と言われたんです。実にしっかりしているというか冷徹なんですね。

そのようなことがあって、宮澤大臣は十四日火曜日の閣議の後、三木総理に会われて右の次第を説明され、今回の条約交渉においてソ連側が一九七三年十月の合意を翻すがごとき主張を行う場合、請訓の時間なきままに共同文書発出を断念、帰国を余儀なくされることありうべきことについて総理の御了承をとりつけられました。その際三木総理は、二十一世紀に向け日ソ両国民が協力して作り上げていくべき両国関係の理想的姿と、これが領土問題の解決なくして実現しえないという政治的現実とを念頭に置いて交渉するようにとの訓令を与えられたとのことでして、大臣は交渉の場でこれを三木総理の御意向なりとして度々強調されておられました。我が方としては、宮澤訪ソにおいて平和条約締結のため四島の返還交渉を行い、かつ、この交渉の大臣レベルでの年内の継続につき明示的合意を得るということを基本的目的としていて、これは達成されました。機中、大臣は全航程約十時間、食事の時間を除いては、最新の『タイム』、『ニューズウィーク』、英国の『エコノミスト』、膨大な訪ソ関係資料など終始読んでおられて、横で見ていると疲労感を覚えるほどでした。

機中で大臣は新井課長に「グロムイコとの挨拶や社交の会話くらいは英語でやれるかな」と聞かれたのですが、「すべて記録に致しますので、終始日本語でお願いします」と言われて、「やはりそうか」とおっしゃっていました。これは、着いてみると、挨拶、社交の会話はグロムイコ外相の方がそれこそ好んで英語でやるものですから、大臣は「まさかあれにまで日本語で答えろと新井君は言っている訳でもないだろう」と笑っておられました。

また、大臣は羽田から出発されましたが、井出(一太郎)官房長官、川島広守官房副長官、松野(頼三)政調会長、山口敏夫、加藤六月各議員、平泉渉議員夫人、東郷事務次官以下幹部が見送りにこられました。確かに羽田は近いですが、三十年あまり前の大臣外国出張というとこんなふうだったんです。以下は、私のメモによるものですが、十五日、ほぼ予定通り午後どんよりと曇ったモスクワのシェレメーチエヴォ空港に到着しますと、グロムイコ外相、フィリューピン外務次官などが出迎えにきてくれていて、大臣はそのままグロムイコ外相の案内で宿舎の迎賓館にソ連側の通訳と一緒に向かわれました。

出発前私は東欧一課の担当官から、モスクワはよく氷点下二十度あるいはそれ以下になって、油断すると脳の血管が凍ったりすると聞いて、大臣のため毛皮の帽子、防寒靴など準備したのですが、着いてみると五十年ぶりの暖冬異変とかで、終始摂氏零度を一、二度上下する程度でした。しかし、それでも薄い積雪はあって、空港の滑走路もモスクワ市内に向かっての道路もとけて流れ出している水に覆われているのでしょう、漆黒でちょっと不気味なほどでした。モスクワは十七日夜の出発まで日差しにはとうとう一回も恵まれず、どんよりとし続けていました。

さて、大臣から伺ったところでは、空港より迎賓館に向かう途次、これは約三、四十分もかかったでしょうか、車中大臣より、グロムイコ外相に対し、「先ほど、機側においてお互いに『初めまして』とあいさつしたが、実は自分にとって貴外相に最初に会ったのは、一九五一年の平和条約桑港会議の際であった。あれからほぼ二十五年になるが、当時貴外相は、ソ連代表団の団長であり、自分は、全権団の随員であった。貴外相が、アチソン議長と議事手続などを巡り応酬していたのをよく記憶している」との趣旨を述べられたそうです。ここにいうアチソン議長とグロムイコ全権とのやり取りというのは、グロムイコが平和条約に南樺太及び千島列島に対するソ連の主権の承認を明記することを提案し、これが否決されるとソ連・東欧の三国の代表団は退場したことを指し、大臣は「北方領土を巡る日ソの対立は、法律的にはこの時に端を発している、そこで、私は『当時のことはよく覚えている』と言って、領土問題の話に入るきっかけを作ろうとしたのである」と話しておられます。

迎賓館はモスクワに三十くらいあるものの一つの由で、大臣の部屋は三十畳くらいのガランとしたところにベッド二つ、洋服だんす、鏡台、八畳くらいの細長いバスルーム付きでして、少時休憩の後、夜は大使主催内輪の晩餐会、当方、東京からの随行者全員、有田(圭輔)外務審議官、大和田(渉)欧亜局長、西田(勝次)、末沢(昌二)、天江(喜七郎)の各事務官それに私、大使館側は、角谷(清)公使、秋保(光孝)参事官、兵藤(長雄)書記官。

食後大使館の半地階に降りて、大きな部屋の中に盗聴防止用のため改めて作られている三坪ほどの分厚いプラスティックで出来たカマボコ型の部屋で会議を致しました。この会議で大臣は、先ほどの車中でのグロムイコ外相とのやり取りとその意図をまず話されました。続いて、その中に「四島をお引き渡し下さい」との表現がありました。これについて宮澤大臣は、「これは『お返し願いたい』ということだ、四島の領土権・主権は日本のものであるのに、いまはソ連の不法な占有、不法施政の下にあるので、『お引き渡し下さい』というとその違法性を容認するような印象を与えかねない、確かに日ソ共同宣言においては歯舞、色丹について『引き渡す』との表現になっているが、実際に返してくれるという時には表現に拘る必要はないにしても、いまこの交渉段階ではやはり『返してくれ』というのが正しい、とられているものなのだから」と申されて、そうなりました。

さらに、この会議では、ソ連が日中平和友好条約交渉の進捗に極めて神経質になっており、それもあって善隣友好条約的なものの日本との締結に積極的なのだから、北方領土返還と善隣友好関係の原則との双方を規定する条約案が考えられるのではないか、いやそんなことをすると「善隣友好」の部分だけ食い逃げされる、といった議論があり、いざとなれば一案まとめ上げるだけの自信を重光大使も新井課長も各々に持っておられました。これも偉いものです。

また、到着後フィリュービン外務次官から共同声明のソ連側案が欧亜局長に手交されていて、これには平和条約交渉に言及がなく、ソ連のアジア安保構想についてあたかも日ソ間に理解が存在するかのごとき表現があり、到底呑めるようなものではありませんで、重光大使と新井課長とが調整した我が方最終案を早速先方に提出することとして、この十五日の深更から交渉が始まりました。このコミュニケ交渉は実に六回、最後の六回目は迎賓館で宮澤大臣の帰国を見送りに来たグロムイコ外相と宮澤大臣との間で始まり、空港貴賓室に着いてもまだ続くといったものでした。

これからお話しすることも大臣が話しておられるのですが、興味深く、かつ、面白いので重ねて御紹介します。迎賓館には大臣のほか有田外務審議官、大和田欧亜局長、新井東欧一課長それに私が宿泊しましたが、すべて盗聴されているのでくれぐれも用心してくれとのことでした。建物に入りますと正面に立派ならせん状の階段がありまして、昇り口の左横にいつも半開きのままの殺風景な小ぶりの部屋があり、ロシア人職員が詰めているのですが、連絡のために来てくれていた我が方大使館員があそこで盗聴しているんですと教えてくれました。確かにかすかにではありましたが、ガーガー、ピーピーと音が聞こえていました。ですが本当にそうだったのかは分からずじまいでした。聞いていなければ、電話の交換台でもあるのかと思ったでしょう。大臣を除くと、朝食はソ連側職員と一緒で、これ自体一向に差し支えないのですが、これもこの大使館員は、外務省の職員もいますが、主にＫＧＢの盗聴要員で、日本語の分かる職員もいる筈なので注意して欲しいとのことでした。本当のところはどうだったんでしょう。これらが事実なら随分のびのびと盗聴していたことになります。日常茶飯事、いわばルーティンなのかもしれませんね。

十六日の朝、会談に先立ち日本側同宿者が大臣のお部屋で雑談していた時、大臣がたまたま「宇宙衛星まで飛ばすソ連と言うけれど、末端の大工なんて結構いい加減なもので、言いにくい話だが、便所で小用の時持ち上げる例のふたが手で押さえていないとバタンと落ちてきてしまう。だから不便きわまりない」と冗談気味に言われたところ、会談から帰ってみたら完全に修理されていたということがありました。大臣は「良い制度じゃないの。天井に向かってあれが欲しい、これが欲しいと言ってやれば、それが叶えられるのだから。これこそ社会主義じゃないか」と笑っておられました。

面白い話と言えば、同日夜のグロムイコ外相主催の晩餐会で大臣がなさったスピーチの中に北方領土の返還がなければ、日ソ関係には「画龍点睛を欠く」ところがあるというくだりがありました。スピーチの後、大臣はふとグロムイコ外相に「ロシアの龍はどのくらいの大きさですか」と聞かれたら、グロムイコ外相は、親指と人指し指を拡げて「これくらいだ」と答えたというのです。龍というイメージを示す言葉がロシア語にないのか、龍を「龍の落とし子」と訳してしまったのか。あるいは、グロムイコがうまく即答したのか。この辺はよく分からないままです。

最終日は大使公邸で大臣主催の昼食会が開かれ、小卓に五人ずつ座ってのすきやきで、料理は使用人ではなく、その席の主人がするということで、大臣はすぐ重光大使にやってくれと頼まれたそうですが、ちょっと珍しいやり方でした。大臣の席にはグロムイコ外相、セミチャストノフ外国貿易省第一次官それに大使などでしたが、大臣によるとグロムイコは専ら狩りの話をしていたそうです。最初「二兎を追う者は一兎をも得ず」のことを言っているのかと思ったがどうもそうではないらしく、通訳に聞いてもよく分からなかった、それがグロムイコの挨拶にも出てきたが、あれは何を言おうとしていたのかね、とのことでした。

その朝大臣は、これは盗聴されても一向に構わんとおっしゃって「ソ連は、日本に四島を返すと千島だ、南樺太だと言ってくることを心配しているという話を今回聞いたが、そんなことはまったくないのであって、日本ではよく歌われる『蛍の光』の最終節に当たる『千島の奥も沖縄も八洲のうちの守りなり。いたらん国にいさおしく、つとめよ我がせつつがなく』をソ連に配慮して歌わないこととしている。千島について日本人はそのような気持ちを持って四島の返還の交渉をしているのだ」といった話をしたいと言われ、外審、局長それに新井課長もそれはよろしいということでしたが、結局なさらなかった。

しかし、ここでも三木総理の御意向を踏まえてのことでありますが、自分がグロムイコ外相に初めて会ったのは、一九五一年サンフランシスコ平和条約締結時であり、その結果をこのようにして交渉することになるとは想像もしていなかった、これから二十五年経てば二十一世紀に入ってしまう、日ソ関係の重要性を考えるとこのような状態をそのままにしておく訳には参らぬとの趣旨のごく短い話をされました。グロムイコ氏は答辞で、一九七五年の訪日は「原則的」に合意するとした後、双方の立場は若干の問題で違っている、お互いを納得させるのには時間がかかるとして、一発の弾で二匹の兎と五羽の鳥を撃ち殺すことは出来ないと言われたんですが、これの意味も、私にはよく分かりませんでした。

ところで大臣は、グロムイコ外相と四回約八時間にわたり会談をされています。訪ソの主たる目的は、北方領土問題を解決して日ソ平和条約を締結するための交渉であり、そのため多くの時間が割かれたのは当然のことでした。加えて、日本の外務大臣の訪ソということでありますから、その解決が人道的見地からも焦眉の急を有する、日本近海におけるソ連漁船の安全操業、在ソ日本人の帰国、墓参、交流漁夫の両国間の問題についても我が国の立場を改めて大臣は縷々説明され、ソ連側の善処を強く要望し、幸い、一つ一つに一応満足のいく回答が得られました。そのほか経済協力、国際情勢についての討議も行われました。加えて、平和条約交渉継続のためグロムイコ外相の一九七五年中の訪日も決まりました。

出発に先立つ平和条約交渉に関する事務レベルからのブリーフィングで、ソ連は日ソ関係の進展について現状で何が悪いのか、日本は戦後の現実をまず容認すべきで、その上での友好協力関係だと主張しているのと聞かされた大臣は、私に対し十五日の夜、何が正しい現実主義・リアリズムか、真の現実主義・リアリズムというのは、現状の追認ということではなく、それは、現実に内在する可能性を認識し、開花させることだという趣旨で自分は議論するのでメモを作れと言われ、詳しくその中身を指示された経緯があります。これを御自分の平和条約交渉についての報告とされたのが以下の一文です。まさに田中・

大平の成果と三木総理の指示とを体しての理路整然とした宮澤大臣の談判でした。

日ソ平和条約交渉については、両国とも隣国として一九五六年の日ソ外交関係再開後育まれてきた友好関係をより強固な基盤におくべきであるとの共通の認識を分かち合いながら、先方は現状の肯定がこれを全うするため最も「現実的」な方法であるというのが基本的考え方であった。しかし何が「現実的」であるかということについて、私は、いや、日本国政府も国民もまったく異なる考え方を有しているということを申した。自分に対する三木総理からの指示にもあったように、我々の課題というのは今後四半世紀、二十一世紀を目指して日ソ間の友好関係を世界史的にも真に意義あらしめるべく促進していくということであって、そのため我が国の対ソ関係において深いわだかまりとなっている我が国固有の領土たる北方四島の返還をまず一挙に実現して平和条約を締結し、真の友好関係をもたらす基盤を作ろうというものである。従って、真に現実的ということはいまの日ソ関係をそのまま肯定すること、既成事実の追認であろう筈はなく、まさに領土問題を解決し、もって両国関係に内在する豊かな可能性を開花させるということである。私は、右のような考えをさまざまに説明したし、今回の私の訪ソの意義の一つは、このような我が国の基本的立場、即ち、戦後の懸案たる領土問題の解決なくして次の世代に誇りをもって遺し得る真の日ソ友好関係は有り得ないということについてソ連側の理解を若干なりとも深めることが出来たであろうということである。このような問題の解決のため時とそして忍耐が必要であることは申すまでもないが、他方事態をこのまま放置した場合日ソ両国関係に長期的には今後とも外相間はもちろんのこと最高首脳レベルにおいて、また、その他のチャネルと機会を捉え平和条約交渉を続けることは申すまでもない。

その後大臣が御自分で話しておられるので御紹介しますと、こういう応酬もあったそうです。大臣の方からグロムイコ外相に「あなたのおっしゃる現実的とは、ソ連は戦争に勝って領土を手に入れた。くやしかったら戦争で取り返せという話か」と言うと、彼は「いや、そんなことは言っていない。第二次大戦の結果の現実というものが実際にあるので、それを肯定すべきではないか、と言っているのだ」と答えたんです。相当なやり取りでした。

ところで共同声明でありますが、先ほど申した通り最初のソ連案には平和条約交渉への言及はなく、事実上一九七三年十月、わずか一年あまり前の田中＝ブレジネフ共同声明を無視したものでありましたから、我が方の要求する右共同声明の第一項に基づいた平和条約交渉の継続と、そのためのグロムイコ外相の訪日との明記を巡って、協議は大臣御出発時まで揉めに揉め、大臣は共同声明は出さないで帰ろうと決められたのですが、先方の要請で出発の直前迎賓館で第四回目になる外相会談が行われ、そこで我が方にとり満足のいく形で決着致しました。大臣は「共同声明は出すのですか、出さないのかと思っていたが」と言われて、先方が相当に降りたテキストで交渉が行われました。しかし、「平和条約交渉の継続」の挿入に同意したグロムイコ外相でしたが、これが「田中＝ブレジネフ共同声明の第一項に基づく」ものであると明記することを頑なに拒否し、最後に宮澤大臣が「共同声明の関係部分」という表現を提案され、合意が成立しました。領土問題についての先方の心理状態がよく示されていたと思います。この交渉のため迎賓館出発が遅れましたが、空港についてもグロムイコ外相は、貴賓室に宮澤大臣を案内して雑談や乾杯をして結局日航機を三十分ほど待たせることとなりました。

これについて宮澤大臣は、あえて推測すれば、グロムイコ外相としては、コミュニケ作成で日本側の基本的要求を迎賓館における最終段階ですら呑むことなく、最後まで激論を交わしたとする印象を内部的に残す必要があったのではあるまいか、しかし、管制塔からの指示一つで百何十人の旅客を乗せた他国の民間機を平気で待たせる神経はたいへんなものだし、日本の外務大臣が専用機を持っていないのは、場合によってはたいへん結構なことであると言われました。専用機で行っていたらまだまだ交渉を続けさせられたのかもしれないということです。飛行機に乗ったあと大臣は、「たいへん面白かったな。しかし、グロムイコさんにはもうしばらく会いたくないな」と言っておられました。しかし、私は、この二人は実際にはウマが合っていたとの印象でした。

――この年は国連総会でも会談をされますね。

ええ。そうです。そして一九七六年一月、グロムイコ外相が来日します。

――前年秋国連で木村外務大臣はグロムイコ外相に「次はあなたが来る番です」と言ったのに、宮澤外務大臣がソ連に行くことになったのは、譲歩したということでしょうか。

そういうことよりも、ぐずぐず言っているよりは進めるべきだということでしょうね。その次の年にグロムイコ外相はちゃんと来ました。しかし、交渉内容は事実上同じでした。

——平行線ですか。

ええ。

——ところで宮澤外務大臣は、ブレジネフ書記長宛の三木首相の親書を携えて行く訳ですね。

しかし、ブレジネフには会えませんでした。

——ご病気だったのですか。

我々は最後まで会うつもりでおりましたが、理由が分からないままに会えなかったんです。それで宮澤大臣はこの書簡をポドゴルヌイ最高会議幹部会議長に託されました。そして、ロシアからはいわゆる首相職以上の人が訪日したことがないので貴議長を含めぜひこれを実現したい、実は、自分は一九七〇年夏の大阪万博の担当大臣で、ソ連からは貴議長が訪日される筈だったのに御都合でお見えになれなかった、今度こそぜひと言われたんです。議長は大変にこれを喜んで、自分はあの時のことはいまでも残念だと思っている、ブレジネフ、コスイギンそれに自分の三人みんな行く訳にはいかないが、自分はぜひ行きたい、と大変素直な反応で、この段階でまだコミュニケには書けないと言っていたグロムイコの訪日について、宮澤大臣が議長に書くことを認めてやって欲しいと言われたら「グロムイコは何度も日本に行っているのだから次は他の人の番だ」と半分本気で言っていました。面白かったです。

——宮澤外相とグロムイコ外相が最後まで詰められた文書は結局、宮澤外務大臣がモスクワを発たれてから、大使館と向こうの外務省でさらに詰めた訳ですね。

「てにをは」についてはその通りです。私の日誌には「一月十八日の土曜日、風の強い日本晴れの東京に帰ってきた。空港記者会見、続けて井出官房長官を官邸に往訪、帰国報告。午後二時より明朝九時放映のＮＨＫ政治座談会のビデオ撮り。このため大臣が代々木の総合放送センターへ出発された後にモスクワからソ連が共同声明を『合意の発表文』とすることに固執している旨の電報が入り、あやうく座談会開始直前の大臣に連絡が取れ、ご了承を得た」とあります。「合意の発表文」ということは、共同声明よりランクを下げた訳です。宮澤大臣は「どうぞ、どうぞ」ということでした。

――署名はどうなさったんですか。

共同声明というのは、署名がある場合もあるけれども、ない場合もよくあるんです。

――この発表は、参事官クラスがイニシャルしたという簡略な文書発表だったようですね。

しかし政府間の合意は合意なのであって、日本側にとっては、十分満足のいく文書でした。一九七三年十月十日付日ソ共同声明当該部分に基づく平和条約交渉が行われ、これの継続が約束されており、かつ、一九七五年にグロムイコ外相が訪日することが明記されているからです。

確かに領土問題という表現はありませんが、一九七三年十月の交渉の経緯に鑑みれば、平和条約締結のため解決しなければならない諸問題に領土問題が含まれていることは明らかだからです。

――グロムイコ外相が帰る直前、空港の貴賓室で長引かせたというのは、やはり文書は出しておきたいということだったんですか。

そうだと思います。

――その時のソ連というのは、日中関係や米ソ関係を見ている訳ですね。

もちろんそれがあると思います。ソ連から見ていると、米に続いて日本も（日中共同声明で）反覇権条項を謳って対中関係を大きく改善している。そんな中で田中訪ソでは日ソ関係を前進させざるを得なかった。それを宮澤訪日の際に文書発出見送りで元へ戻したとなると、喜ぶのは中国だというのがあったと思います。

――日本に恩を売るというのも変ですが、少し日本の言うことを聞いておいたほうが、日中の絆を深めることはなくなると考えたということでしょうか。

多分内部ではそうやって説明したのでしょう。党の中には領土問題について強硬派がいると言われておりましたから。それでも合意文書についてその強硬派を納得させるために、この合意文書交渉の難航ぶりを示す必要があったのでしょう。そして、妥協の理由にはいま言われたソ連の対中関係があったと思います。

――覇権の話については、一九七五年一月の宮澤＝グロムイコ会談の時に、すでにソ連は反発していたのですか。

具体的な言及はありません。覇権の問題が新聞に出たのは、一月二十三日の『東京新聞』でした。

――一九七五年の二月には問題になっていますね。この問題を巡ってのソ連の対日声明は六月十七日に出ていまして、その二日後に日本政府は、きちっとソ連政府に対して日本の立場を回答しています。

これは特定の第三国に対して向けられたものではなく、国連憲章に沿ったものであり、共同行動を意味するものでもないと言うことです。

――ソ連としては、日中で共同でかかってくるということを考えていたのでしょうか。

直截にということではないと思うが、ニクソン大統領訪中の際の上海コミュニケにも同趣旨がすでにあり、懸念は当然あったのでしょう。

――九月の国連総会の時にもグロムイコ外相と会談していますが、この時は覇権の話が相当出て……。

新聞に書いてありますか。

――はい。

我が方の記者ブリーフの中で、そのまま説明していたのだと思います。ソ連が公に覇権条項に反対している訳ですから、日本はいわゆる宮澤原則を以て説明していて、これは特定の国に向けられたものではまったくないという。

――九月の時にグロムイコ外相が、日本側に慎重な行動を取るように要請したのに対して宮澤外務大臣は、日ソ友好は我が国の方針で心配には及ばない、日本には日本の政策があると応えたと新聞では報じられていますが。

そうでしょう。

七〇年代前半の日米関係

――宮澤外務大臣は、一九七五年四月九日から十三日まで訪米されます。まさに米国政府はベトナム戦争の終焉を迎えていた時でした。その模様をお話しいただけますか。

その前に当時の省内の雰囲気を思い出しながら、日本の対米関係がどんな状態にあったかをお話しします。戦後日米間で最大の懸案であった沖縄の返還は、まさに佐藤総理の手によって一九七二年五月十五日に実現しました。その間中国、通貨と二つのいわゆるニクソン・ショックがあり、繊維問題も悩ましかったけれども、七一年十二月沖縄返還協定案が国会で批准承認されますと、省内の主たる関心はまず中国、そしてソ連へと、即ち他の主要な戦後処理問題へと向けられていきます。アメリカ局でも条約局でも、私のように沖縄返還交渉に関わってきたものは、一九七二年の通常国会が始まっても引き続き、やれ漏洩だ、やれ密約だといったことに時間も心もうばわれておりましたが、これはもはや外交の本流ではありません。

沖縄返還協定が一九七一年六月十七日東京とワシントンで愛知（揆一）外務大臣とロジャーズ国務長官各々によって署名され、それが宇宙衛星で同時にテレビ放映されたことはもうお話ししました。振り返ると、キッシンジャー大統領補佐官がこの国務長官にも事実上何も教えないで極秘裡に訪中したのはその次の月、七月なんですね。そしてニクソン大統領自身翌年二月に訪中、「上海コミュニケ」によって米中関係は、一九四九年中華人民共和国成立以降一九五〇年五月から三年あまり続いた朝鮮戦争をはさみ四半世紀近く続いた敵視、敵対から、一気呵成に協調の関係へと大転換を遂げます。

このような状況の下、政財界、それに世論のおおむねが陰に陽に支持してきた中国との国交正常化が、我が国の戦略的利益の求める外交課題として切迫感を持って外務省につきつけられたのはごく自然のことでしたし、橋本恕課長以下、中国関係に携わっていた事務レベルは満を持していたと申して間違いないと思います。一月に条約局長に就任された高島益郎氏の関心も専ら日中関係で、長い条約局の経験でよく御存知だった安保、沖縄に関する国会での答弁はあまり重荷ではなく淡々とこなし、私は栗山（尚一）新条約課長がなるべく日中国交正常化に関わる多面的問題に取り組まれる環境を作るようにと意を用いました。あまりうまくいきませんでしたが。

さて、佐藤総理が退かれ、七月に自民党の総裁選に勝った田中角栄氏は、早速九月に大平外務大臣とのコンビで訪中し、日中国交正常化を実現します。田中総理は翌七三年十月これも大平外相とお二人で訪ソされ、もうすでに話しましたが、ブレジネフ書記長との厳しい交渉の末それまでソ連が解決済みとしていた領土問題につき、その存在を認めさせ、かつ、たとえ口頭ではあったにせよ、これが歯舞、色丹、国後、択捉四島の返還であることも認めさせ、平和条約交渉を軌道に乗せます。

また、これに先立ちその年一九七三年一月に総理は東南アジア五カ国を訪問されましたが、各地で猛烈な反日デモに遭遇しました。「もう搾取はやめてくれ」、「経済侵略反対」といったプラカードが林立。特に、インドネシアのジャカルタでは約一万人のデモが暴動化して、日本大使館で国旗が焼かれ、日本車が多数放火されるという事態が生じました。さらに軍隊による鎮圧の過程で負傷者も出るといった騒動でした。このため外務省の対東南アジア認識の甘さが広く批判され、省内でも責任論が出ていました。その後アジア局はいささか「羹に懲りて膾を吹く」的となって、木村大臣も、そして特に宮澤大臣が東南アジア訪問を考えるようにと言われましたが、もう少し待っていただきたいということでして、これの癒しは七七年八月の福田（赳夫）総理の東南アジア諸国歴訪の際マニラでなさった演説に盛られた、有名なマニラ・ドクトリン（福田三原則）を待たなければなりませんでした。ですから省内では、一言で言うと、対米関係は少なくとも案件の質から言って相対的に陰が薄くなってしまっておりました。

さらに米側の事情もあります。我が国でまさに田中総理の金脈事件が生じると、これと重なるように一九七二年夏の大統領選挙中に発生したウォーターゲート事件が、現職大統領を辞任に追い込むという米国史上初めての異常事態をもたらします。これに先だって、米国社会は極めて深刻な体験をしております。申すまでもありません、これは流血の惨事を伴った黒人の公民権運動、ベトナム反戦運動、これらに連動して発生していた大学紛争のことであり、この余韻が米国社会全体にこだましていたと言って決して誇張ではありませんでした。また、外交面ではベトナムからの撤退、これこそ米国史上初めての経験となる敗戦処理があり、膨大な戦費のもたらした経済、財政の苦境、これの建て直しのための第二次大戦後の軍事・戦略体制の見直し、この見直しについてはニクソン・ドクトリンのところですでにお話し致しましたが、そして、対ソ戦略核兵器制限交渉が象徴した東西緊張緩和外交の推進と、米国にとっても日本の影はちょっと薄いんですね。

他方、対米関係では明るい話もありました。これは、史上初めての米国大統領の訪日が、何とも人柄のいい、一緒にいるだけで心暖まると言われたフォード大統領によって大成功裡に実現したのはその一つです。そして、その際、フォード大統領から改めて天皇皇后両陛下に対して御訪米の御招待があり、陛下は「政府ともよく相談するが、実現すれば嬉しい」とお答えになったと伝えられました。

木村外務大臣が、これを「政府としては、両陛下の御訪米は日米友好親善関係の増進の上で望ましいことと考えるので、両陛下に適当な時期に御訪米願うよう取り運びたい所存である、御訪米の具体的時期については、将来外交経路を通じて米側と話し合うこととしたい」と発表されました。その時すでに米側からは、万障繰り合わせて日本側の都合を尊重すると申し越してきていて、政府、宮内庁は翌一九七五年秋が最も好ましいと考えていると聞いておりました。木村大臣はこれをことの外喜んでおられました。陛下の御訪米は、翌年十月に行われました。これがもたらした成果には言葉に尽くせぬものがありました。首席随員は、福田副総理が務められました。私にとって、昭和天皇の御訪米の実現とその成功を祈念しておられた佐藤栄作総理が、六月に亡くなっておられたことが大変残念に思われたものであります。

ところで、外務大臣、さらに総理の訪米をいつにするかは、新内閣の最重要課題の一つでありました。マスコミも強い関心を寄せていました。宮澤大臣は御自分の外国訪問について新聞記者に聞かれると、「外務大臣の最初の外遊は米国とすべきだといった意見を聞くが、これは我が国が必要とするところへ行くということで、拘る問題ではない」と答えておられました。宮澤大臣訪米の背景に時間をとりすぎましたが、大臣として「外遊は必要とされるところにいくということだ」というのは正論でして、まずはソ連との平和条約交渉のための訪ソ、そして、お話ししませんでしたが、サウジアラビアのファイサル国王逝去に当たって、我が国の弔意表明のための同国訪問は、いずれも日本の戦略的利益の求めるところであった訳です。第一次石油ショックの際の三木副総理中東訪問において、日本を救ってくれたのはファイサル国王だったのですから。

宮澤外相訪米／サイゴン陥落

他方、三木政権が発足致しますと、キッシンジャー長官からホドソン大使を通じ宮澤大臣に対し、いつでもいいからという訪米の強い慫慂が繰り返しございました。大臣御自身、まずは米国を訪問すべきだという意見に先程申した通り「必要なところに行く」とおっしゃっておられました。これは本音だったと思うのです。他方なるべく早い機会に訪米し、キッシンジャーと協議をしたいという御希望はこれまた強く、しかし、国会の日程がそれを許さずという状況が続いていましたが、結局我が方の統一地方選挙による国会の一時自然休会を利用して、四月九日から十三日まで行われることとなったんです。日程の調整は、三月中旬以降一時帰国していたホドソン駐日大使を通じ行われました。キッシンジャー長官は、四月上旬から中旬にかけて中南米訪問の予定でしたが急遽中止されました。これは米側が、大臣の訪米の早急な実現の希望をもともと強く有していたことに加え、右の日程の具体化とほぼ平行して生じたインドシナ、なかんずく南越の情勢の急変によるものと思われました。

ところで、大臣御出発に先立ち、三日、シュースミス公使から院内にいた私に電話で、まだアメリカ局には通報していないが、ホドソン大使は宮澤＝キッシンジャー会談に陪席することなく予定通り七日帰任することとなった、大使館としては釈然としないものを感じているとの連絡があり、これを大臣にお伝えしたところ、大臣は、「自分としては、ホドソン大使が自分の訪米中一緒にいてくれることを希望する。出来れば、シアトルまで出迎えて貰いたい。そこからワシントンへの機中で米国政府部内の空気などについて教えて貰えればありがたいと思う」とおっしゃり、そのままこれをシュースミス公使に伝えました。シュースミス公使はこれを深く多とし、ホドソン大使は喜んでシアトルに参上することとなろうと言って、実際そうなりましたが、これはアメリカ局には伝えませんでした。外交常識から言って米側のそもそもの措置は不可思議と言うか、不思議な話でした。

この時期米国外交は史上最大の試練に立たされておりました。三月ベトナムにおいて米軍がパリ休戦協定に従って撤収するや、北越はこの協定を無視して南越政府に全面攻撃をしかけ、南越政府からの緊急武器支援要請を米国議会が拒否、五月一日ですか、北越軍がサイゴンを占領して、これをホーチミン市と改名します。まさに、十年あまりにわたって米国政府が支持し、共に戦った南越政府が崩壊しているその時に、宮澤大臣はキッシンジャー長官の熱心な招待で訪米されたのです。最初の四月十日には、ベトナム問題を中心とする米国外交についてのフォード大統領の重要な演説がありました。このため、キッシンジャー長官は冒頭に顔をみせただけで、ホワイトハウスと議会に行きっ放しということでしたが、それでも旧知のインガソール国務副長官（前駐日大使）などと昼食に始まり二時間あまり、翌日はキッシンジャー長官とこれも昼食を共にしつつ三時間近く会談されました。通訳なしですから相当の協議です。いずれの会談も長官始め首脳の執務するいわゆる「七階」で行われました。

話が先に進みすぎました。いま申した通り、この宮澤大臣の訪米はサイゴン陥落直前のことで、米国の敗北がほぼ確実になった時期のことでした。
このような状況の中で、また、これが御二人の初めての出会いでもあったのですが、日本の外務大臣がいかなる考えを述べるか、これについては、実際に述べられたことを宮澤さん御自身が書いておられますのでそれを引用いたします。

私たちは、そのときが初対面であった。そこで、私はまず「自分はアメリカの批判者、評論家として訪ねたのではない」と前置きして、日本人はアメリカのベトナムにおける努力が善意にもとづくものであったと信じていること、しかしアメリカの追求する自由、民主主義という政治的理想も、時と場所によっては不幸にして普遍性を失うのではないかということ、ただし自助の決意をもつ国々ではアメリカとの集団安保体制にたいする信憑性はゆらいでいないこと、日本はアメリカのアジア政策立て直しの過程で積極的に協力する用意があること――などを率直につたえた。

（宮澤喜一『戦後政治の証言』読売新聞社、一九九一年）

見事なものです。これにキッシンジャー長官はじめ米側出席者がじっと聞きいっていたのが印象的でした。この後御二人が親交を深め度々会われるようになったのは御存知の通りです。
これが三木内閣が成立して初めての外務大臣の訪米でしたから、協議はインドシナ半島、ベトナム問題、中国問題、朝鮮半島などについて行われました。この訪米の重要な目的のもう一つは、ＮＰＴを批准するに当たり、米国の抑止の再確認ということでした。これについて、キッシンジャーは当たり前だと申し、八月の三木さん訪米の時に、合意文書にこれが明記されます。

――日米外相会談の直前くらいに日本は、南ベトナムでは解放勢力が優位であるという情報を基に、外務省の情勢判断として、いままでのサイゴン政権寄りの政策を変更していますね。それに対してアメリカは、今回の演説でもここが決定的な部分だったと思うのですが、これからも南の政権は存在し得るという立場を取っています。日本はその直前の情報によって、アメリカよりも少し軌道修正というか、両勢力に援助の足掛かりを築いていこうという、そういう立場を主張したということはあるのですか。

二億五千万ドルの経済難民救済援助と、北ベトナムに対しては、即時停戦とパリ協定遵守を要求。それから、日米安保条約はアジア太平洋地域安定の礎石であり、日本との友好関係、相互安全保障の協力を続行。あと、韓国との約束を守る。当時の『朝日』夕刊には「日米協調を力説した」と出ています。

私はその辺りのことを詳しくは覚えておりませんが、その通りだったのでしょう。ただ、御質問についてですが、すでに三月北越はパリ協定の中核をなす停戦合意を破り、米軍撤退と米軍事援助の激減で大きく弱体化した南越軍に全面攻撃をしかけているんです。もちろんこの大統領演説は戦争を続けている南ベトナム政府を挫けさせないよう配慮をしているのでしょう。しかし、宮澤さんの発言は、色々あるにしてもアメリカは敗けて引き揚げるということを前提としたものでした。ちなみに、この段階で米国議会が対越協力の金はもう出さないということは明らかでした。

――インガソールさんとの会談で米国側は、米国が軍事援助を供与出来れば、南ベトナム政府は主体性を持った政府として存続し得るし、政府軍にはそれだけの資金があるとの判断を示したそうです。これに対して日本側は、南ベトナム政府が解放勢力の進出に対して巻き返しをはかるようなことは、もはや米側は前提にしていないとの印象を受けたということでしょうか。

そういうことです。

——アメリカ側からもですか。

その段階でインガソール副長官は米国政府の建前としてはっきりそうとは言えなかったでしょう。しかし、もうサイゴンの陥落は時間の問題でした。

それから、この演説のもう一つの目的は、米国はベトナムからは引き揚げることとなるけれども、米国の他の地域に対する防衛の誓約は遵守し続けるということなんです。これが日本にとって重要でした。NPT批准との関係で我が国としては、核兵器開発の選択を放棄し、さらに核の平和利用の分野においてもIAEAの査察を受けることになれば、核保有国との関係では劣勢に立たされます。しかし、米国が核抑止力の提供をはっきり言ってくれれば、NPTに参画するつもりがある状況だった訳です。宮澤大臣のこの問題提起に、先ほど申し上げた通り米側は当然のことだという回答を致しました。

——十一日のキッシンジャー国務長官と宮澤外務大臣の会談で、米国の核能力が日本に対して考えられる攻撃に対する抑止力であるということが、確認されているのでしょうか。

はい。キッシンジャーは宮澤大臣には、何と言うか兄事するかのごとくに、しかし親しげに話していました。

当時、同席していたハビブという次官補が、キッシンジャーの何かの冗談に宮澤大臣が笑ったら、次官補が「Hey you should congratulate yourself. You have finally found a foreigner who can understand your bloody jokes――やっとお前の変なジョークが分かる外国人がいた、嬉しいだろう」と(笑)。それに対してキッシンジャー長官は憮然として、「こいつはこいつで自分で何か言って大笑いしている、こんなやつと仕事をしなければならない私に同情して下さい」と宮澤大臣に言っています。

――キッシンジャーさんは、どのようなジョークをおっしゃったんですか。

残念ながら、それは忘れました。

それから、ベトナム政策についてキッシンジャーが、この段階での状況と米国の政策を詳しく縷々説明してくれていたんですね。そうしたらハビブがキッシンジャーに「我々惨めな部下以外、あなたのベトナム政策をサポートしている人はワシントンにはいませんよ」と言ってまた笑うんですね。これはハビブが宮澤大臣にいくら長官の説明を聞いても意味がないと言っているんですね。もちろんこれは、ワシントンの雰囲気をオーバーに冗談で言っている訳です。

――それはハビブ次官補が言ったのですか。

ええ。ハビブというのは、レバニーズ・クリスチャンですが、冗談のかたまりのような人でした。そこでキッシンジャーが真面目になって話を変えて、「例えばバンディ兄弟だが、彼らこそ自信満々我々をベトナム戦争に巻きこんだのに、いま彼らはこの戦争を批判するだけでなく、この戦争を止めようとしている自分を批判している」と不愉快そうに言うんです。

――バンディ・ブラザーズというのは。

兄のマクジョージ・バンディというのはハーバードの政治学部の教授からケネディ大統領の安全保障担当の補佐官となった人です。それから弟のビル・バンディというのは国防省の役人をしていた人で、この段階では外交問題評議会（Council on Foreign Relation）で『フォーリン・アフェアーズ』の編集長をしていたと思います。この二人は米国のベトナム介入拡大にかかわっていました。彼等は、本当に東部エスタブリッシュメントのエリート中のエリートで、グロトン校を出てエールではスカル・アンド・ボーンという有名なクラブのメンバーでした。私がハーバードで学部の生徒として、またテューターとして長年住んだアダムス・ハウスという寮の副寮長で大変世話になった古典のゼフ・スチュアート教授、この人がバンディ教授を私に紹介してくれていました。それにこの方の兄上で最高裁判事をしていたポッター・スチュアートもスカル・アンド・ボーンでの仲間で、皆さんお互いに親しかった。

——ベトナム戦争を始めておきながら、いま頃になって批判するとは何事かということですか。

そうですね。この会談でキッシンジャーはこれら以外に、日本の政策決定過程について次のような感慨を述べていました。

自分は石油危機に対処する日本を見て、社会の機動力にたいへん深い印象を受けた。日本の指導者は自ら決定をする力がないとよく言われるが、一度コンセンサスを得ると、たいへんなスピードで決定を実施する能力を有している。自分自身が沖縄返還の際の繊維問題で体験したことであるが、日本では、政治家が約束したか、しなかったかではなくて、外国から提起された問題を日本社会全体が問題として認識し、その解決についてコンセンサスを得るかどうかがたいへん重要であり、日本社会は本当にそういう意味では、難しい問題を解決する高い能力を有しておられる。

こう言われたんです。その際キッシンジャーは「沖縄の時、自分は繊維問題に関心がなくて、基本的にはどうなってもいいくらいに考えていたものだから、あまり深刻にこれを取り上げなかった。しかし、米国にとってこれは非常に重要な問題であり、その重要性を日本側が理解して、時間はかかったけれども解決に協力してくれた」とも申され、日本の政策決定過程がどういうものであるのかメモにして欲しいと宮澤大臣に頼まれました。東京に帰って大臣からそれを書けと言われまして、原案は私が書きました。これをも使いながらキッシンジャーは確か *White House Years* に日本の政策決定過程を書いております。これは、先ほど御紹介した彼の考えを敷衍したものです。

それからその時、ホドソン駐日大使は、日本の政治というのは、本当に見ていて面白い。自由民主党が圧倒的な多数を有しているにも拘らず、法案・条約を通す時に野党の了解を得るためにたいへん時間をかける。そして、通す時にどうしても野党の了承が得られないと、強行採決ということで大騒ぎをするけれども、どうもそれを見ていると儀式のようであり、民主主義と言うけれども、日本では多数がすんなりものを決める訳にはいかないようで、コンセンサスが大きな意味を持っている、と言われました。

これに対して宮澤さんは、これは宮澤さんの持論ですが、「議会制民主主義が必ずしも定着しきっていないところでは、少数の意見を守るための手続きの遵守が極めて重要である。お互いに尊重しあうことが重要なのだ」と言われました。それについてキッシンジャーは「ああ、なるほど」というようなことを言っておりました。

――一九七五年のことですね。

戦後の日本人は大正デモクラシーというか、戦前の議会民主主義を比較的容易に想起出来たと思うのですが。戦前一般日本人が大正デモクラシーや議会民主主義について抱いていたイメージは、市井のドイツ人がワイマール体制について抱いていたイメージより明るいものだったと思うんです。

一九四六年一月一日の昭和天皇のいわゆる人間宣言と呼ばれる勅語は、戦後日本の政治指導理念として冒頭に「廣ク會議ヲ興シ萬機公論ニ決スヘシ」に始まる五箇条の御誓文を掲げ、これにつけ加えることはないとしています。敗戦直後、凄い自信です。もうすでに話しましたが、戦争の始まった翌年一九四二年四月に衆議院議員選挙が行われています。翼賛選挙と呼ばれているけれども、当選四六六人のうち八五人が非翼賛系で通った議員です。この中には安倍晋三氏の祖父安倍寛氏がおられるし、こういう政治家達はまさに尾崎咢堂を始め三木武夫氏など早速に議会民主主義の復活に邁進したんですね。

ライシャワー先生は、一九五〇年に出版された *The United States and Japan*（邦訳『ライシャワーの見た日本』）の中で日本の民主主義について極めて楽観的です。むしろ経済を資源で苦労するだろうと心配しておられる。戦前米国の駐日大使を十年務めたジョセフ・グルーは、国務省にあって戦争中すら日本の民主勢力を評価していたのはよく知られています。日本にはヒトラーやスターリンの率いたような全体主義はなかった。

――キッシンジャー長官と宮澤さんは、その後よくお会いになられていますね。ニューヨークで九月二十七日に、キッシンジャー国務長官が訪中する際に、十月十八日、十九日、二十三日と会談され、さらに十二月七日にもキッシンジャー国務長官は来日し、宮澤外務大臣と会談されていますが、これらの会談について印象に残っていることがありましたら、お話をお聞かせ下さい。

木村＝キッシンジャー、宮澤＝キッシンジャー各々の対話は、ほのぼのとしたものを感じさせるほどに密接でした。振り返ると木村先生もそうでした。それに、安倍晋太郎外務大臣とジョージ・シュルツ国務長官との関係も同様だったと聞いています。キッシンジャーは引き続きSALT（戦略兵器制限交渉）、対ソ緊張緩和の対日説明に熱心で、これもすでに御紹介しましたがSALTに合意するに当たって、いかに自分もグロムイコも、それぞれの軍に束縛されているかと言って、それこそ木村大臣との会談の場合と同様、キッシンジャーと同行した米国陸軍の軍人を指差しながら「こういうのがうるさくて話がまとまらない」と言われ、みんなが笑ったことを覚えています。ですから、あの頃はもっぱらSALTの話をしていました。東西緊張緩和の時代です。もちろん、中国訪問の話もしています。

――それから朝鮮問題。

そうです。宮澤大臣はキッシンジャーに、日中平和友好条約交渉の進展ぶり、あるいは進展していないぶり（笑）、そういう話を正確にしておられます。会談では長官は、米中上海コミュニケ（一九七二年）の覇権条項について、どちらが筆を執ったかもよく覚えていないくらいに、両方があっさりと合意したと言っていました。私はよく知りませんが、これはアメリカが提案したという説の方が多いらしい。

大臣は、日本の対ソ関係もソ連の「覇権条項」への懸念は理解出来ない訳ではないなどと説明しておられました。

――そして、いよいよ四月三十日にサイゴンは陥落します。この事件についてはどのような印象を持たれましたか。

これについては、いつ起きるのかということだけでした。当時、日本の外交官が何人かサイゴンの大使館に残っていて、その時の臨時代理大使は、後にロシア大使になった渡邊幸治さん。次席は林暘君でした。林君は、米国大使館で警護に当たっていた米海兵隊員を含め、何人かの米国外交官がヘリコプターで最終的に撤収した日にたまたま協議のため米国大使館にいて、彼もそのままヘリコプターで大使館から脱出致しました。ところが日本の外交官の身分証明書を見せてもアメリカ側は全然何もしてくれず、そのあとベトナムの難民と同じ待遇を受けて空母の甲板で寝ていたそうです。林君は本当に死ぬかと思ったそうですが、我々もその空母がフィリピンのスービック・ベイに入ってくるまで彼の安否の状況が分かりませんでした。それから、渡邊臨時代理大使以下ベトナムに残っていた何人かの館員は、その後バンコク経由で日本に戻ってきまして、私は大臣の御指示で空港に迎えに行ったのを覚えています。残留している間、渡邊さん達が検閲のため英文で極めて貴重な情報を電報で送り続けてきていてくれたことは有名な史実です。

また、その時残っていた日本人外交官の財産は全部失われてしまったのですが、日本の外務公務員法上、保障のアレンジメントが一切なかったので、そういう場合に保障出来る法体制が整ったのではなかったと思います。アメリカは、その時までに反戦運動と公民権運動で、米国社会未曾有の政治的混乱を体験するのですが、これはゆっくりと収まっていきました。

金大中事件の決着

——次に金大中事件の最終的決着についてお話を聞かせていただけますか。宮澤外務大臣ご自身は、一九七三年十一月の金（鍾泌）首相来日で決着済みの問題と考えられていたようですが、結局、韓国を訪問して一九七五年七月二十三日に金（東祚）外務大臣と会談し、金東雲書記官が公務員の地位を失うということで決着が図られます。この訪韓について宮澤外務大臣は、消極的だったのでしょうか。

宮澤先生は、一九七三年八月八日に発生した金大中事件について、その年十一月に金鍾泌首相が朴大統領の親書を持って来日し、遺憾の意を表明したことで国家間の問題としては解決したとのお考えでした。

しかし、国内情勢はこれとは異なり、謝罪もさることながら、韓国政府が犯行現場に指紋を残していた金東雲書記官に対し法に従って厳正な処分を行ったか否か確認の必要があるという意見が強く、特に一九七五年に入って日韓閣僚会議の再開が具体的日程に上るに及んで、この確認手続きが政治的に必要となりました。これは宮澤大臣はよく理解しておられて、訪韓に消極的だったということではありませんでした。この訪韓によって、金東雲に対する捜査は確証がなく不起訴処分となったが、公務員としての地位を喪失させたという韓国政府の処分を了承し、金大中氏の身柄についても継続中の選挙違反の裁判が終わり次第、出国を含む自由があることを確認して、金大中事件のいわゆる第二次決着を果たされたのであります。

――金大中事件がこの頃になってまた盛り上がってきた背景にはどのような事情があったのでしょうか。

別に改めて盛り上がってきたということではなくて、金大中問題はずっと国会では出ておりました。それに金大中と親しかった人が与党にもいたので、決着をつけてくれという要求は、野党だけではなくて与党の中にもあったんです。それから警察側としても、日本の中でこのような犯行が行われたことは極めて遺憾であって、犯行に携わった人の処分は重要であるということでした。

ところで、宮澤大臣は、自分は外務大臣として特に成果を上げることは出来なかったが、金大中事件以降こじれにこじれた日韓関係を正常化することが出来たのは誇りに思っていると言っておられます。

――話は前後してしまいますが、一九七五年三月に参議院予算委員会で社会党の上田哲議員が坂田（道太）防衛庁長官に、有事の際に海上自衛隊と第七艦隊の間で役割をいかに分担するのか決めた秘密協定があるのではないかと糾す質問をしています。この質問を踏まえ、坂田防衛庁長官は翌四月に、調べたけれども秘密協定などなかった。ただ、そういったものは必要であると考えるので、有事の際の日本周辺地域での日米共同作戦計画をアメリカ国防長官と協議したいと国会で発言します。今日では、この発言がゆくゆく旧日米ガイドラインに繫がっていったと注目されています（田中明彦『安全保障』読売新聞社、二八二頁）。もっとも、いま残っている本はほとんど防衛庁サイドの話なので、この時外務省がどういうリアクションを示したのか、お話をお聞きできればと思います。

当時は山崎（敏夫）さんがアメリカ局長で、山下新太郎君が安保課長でした。当たり前のこととして受け止めていたように思います。この背景には、ベトナムで敗退して孤立指向となり得る米国政府との、安全保障面における協議関係をより深めていく重要性についての我が国政府の認識がありました。

――この質問は事前通告されていたのですか。アドリブで言ったのでしょうか。

存じません。いずれにせよ、私の記憶が正しければ、有事の際の日米間の協議というのが表に出たのは、これが初めてのことだったと思います。やっていないから問題なのだという感じでした。これに説得力があったのは坂田道太さんという政治家の人柄なんです。坂田さんは非常に篤実、かつ、温厚で国士風な人でしたから。佐藤内閣時代文部大臣として大学紛争処理に当たられた方です。

――この発言は四月のことですが、その後、五月の末に坂田防衛庁長官が三木首相に対して、有事の際の周辺海域の防衛のあり方について日米間の分担取極を結びたいという発言をし、三木首相は、取極では有事の際に自衛隊と在日米軍の指揮系統を調整するよう指示したという記録があります。

それは実際にそうだったのではないですか。まあ、五条協議と言うんでしょうか。日米安保条約の第五条――我が国の管轄下にある地域に対する直接の武力行使が行われた際、米国がそれを排除するのに必要な措置を取るというもので、五条協議は六条協議ほどには微妙でなかったけれども、長いこと放ったらかしていた。しかし、ベトナムの後まさにこのままでいいのかねとなったのです。四月にこういう話が一般論として出てきたからこそ、坂田さんが総理の了承を得て、総理の方からは指揮系列の明確化という指示を出して協議を実現させたのです。指揮系列というのは繰り返し議論されていたところで、有事の際自衛隊は米軍の指揮下に入るのではないかという、そのようなことを野党がよく聞いていたので、そういうことを明確にしなさいと言われたのです。

三木首相訪米

——一九七五年八月の三木首相、宮澤外相の訪米について伺いますが、これに先立って平澤（和重）さんが首相の特使としてアメリカに行ったという話が伝えられています。

平澤さんの役割はどのように説明されていますか。

——平澤さんは事前に事務調整のために派遣されて、二本立ての共同新聞発表をするとか、共同声明を発表するとか、そういったことの詰めをしたことになっております。

二つ文書が出たんです。

——ええ。この後にはそういうことはないようですね。

これは平澤さんのアイデアと書いてあるんですか。

——いえ、三木さんのアイデアですけれども、平澤氏を事前に派遣して共同声明の文面を詰めさせたということが、中村慶一郎さんが書いた『三木政権・747日』（行政問題研究所）に書いてありました。「七月二十日に首相に先立って平澤和重氏がアメリカへ出発した。これも首相が独自の考え方から進めた一つの準備工作だった。平澤氏によって米政府やアメリカのマスコミへの事前の働き掛けを求めたのである。平澤氏はワシントンの各界に知己が多い。事前の地均し役としてこれほどの適任者はいなかった。しかも、首相と平澤氏とは、数十年来の親しい友人で、首相のブレーン……それで、八月二日に首相が羽田を出発する一日前か二日前だったか、とにかく出発直前になって、ワシントンの平澤氏から外務省に電報が届いた」と記されています。また「今度の三木首相訪米に際しては、日米共同声明と共同新聞発表文と二つの文書を出してはどうかというもので、その原案が打電されてきていて、このうち日米共同声明は全体として短い文書とし、両国首相により、民主社会擁護への誓約を謳うとの内容だった。平澤氏が米国国務省の誰とどうやって接触したのか私は知らぬが、ともあれこの時の首相訪米では発表文書が二本となった」と、あたかも平澤さんが発案したように書かれています。

私にとっては初耳ですが、面白い話です。そんな電報が外務省に入っていたのかどうか、私はまったく存じません。しかし、その二本のうち一つについてすでに文章について米側とやり取りがあったというのは、何かの誤解ではありますまいか。

私の記憶では、出発の前日か前々日の夜、三木総理が訪米に御一緒する宮澤外相始め私ども一行を夕食にお招き下さるということがありました。そこで突然「せっかくの訪米だからこの際日本と米国とが分かち合っている政治理念を謳った短い文書をぜひ出したい」と言われ、私ども事務方はびっくり致しましてね。その場で宮澤外相は、お気持ちはよく分かるが、御説明してきた通りかなり出来の良い共同声明案も米側との間にほぼ出来あがっていて、いまになってこのようなことを米側に申し入れるのもいかがなものか、二つの文書というよりは、この共同声明案の頭のところにすでにある共通の政治経済体制堅持の部分、これを御趣旨に沿った思想を持った前文として膨らまして書き替えてみたらどんなものか、と提案されました。

総理は、これをほとんど無視されて、君達の作ってくれた共同声明はもちろんそのまま出して欲しいが、いま自分の考えているのは「共同宣言」としたらいい、短いものでいいのだから、と言われたんです。結論から言うと宮澤外相が引き取られて、総理がそこまで言われるなら事務当局は大変だろうが、米側にも話をして作業してくれ、ということになりました。その後電報が入ったということを私は聞いておりませんし、平澤さんのことはいままで知りませんでした。

平澤さんが密使として行かれたということは、そうなのでしょう。三木さんと大変お親しかった。これは、すでにお話ししたように、第一次石油ショックの際一九七三年十二月の三木副総理中東訪問には顧問として同行されているし、翌年一月この訪問の報告ということで副総理が訪米された時も、行ってみたら平澤さんがワシントンにおられたということから、明らかです。ただワシントンでは、平澤さんが「三木副総理御発言案」を準備しておられ、これがちょっとアラブ寄りに過ぎていたのでお取り下げ願ったことがあります。密使としてマスコミへの働きかけなどはもちろんなさったのでしょうが、米国政府との接触がどのようなものだったのか。ましてや案文の詰めとなると分かりません。出来のいいのがあれば事務方は喜んで参考にしたでしょう。

私の理解していたところでは、外務省は早速国務省に右の次第を申し入れ、先方はもちろん驚いたとのことでしたが、これに異存はなく、案文はアメリカ局が起草してくれました。一行はシアトルに一泊致しましたが、機中でもこの作業が続けられていたように思います。

――共同声明が出来ていたにも拘らず、別のものを作りたいと首相がおっしゃったということですか。

別のもっと格調の高い崇高なものを出したいと言われました。これが「共同声明」となり、準備していた実質的政策についてのものが「共同新聞発表」となりました。「宣言」は、ちょっと大仰でして。フォードの史上初の米国大統領の訪日、それも国賓としての訪日でも「共同声明」でしたから。もっともこんなことに三木さんはまったく拘っておられませんでした。

これは私のまったくの推測ですが、訪米した平澤さんから総理に電話があって、せっかく来られるのだから、あなたの思想、理念を共同の文書にしたらどうか、といった示唆でもあったのではありますまいか。率直、これには戦中戦後を通じリベラル、議会の子と呼ばれた三木総理の琴線に触れるところがあったのだと思います。ちなみに外務省からの総理秘書官だった北村汎さんは、何も知らなかったと恐縮しておられました。

ところで話がちょっとそれますが、この訪米の際、三木総理は、双方からの陪席者のいる首脳会談の後、米側の通訳を使って後刻お二人だけの面談の場を作られたことがありました。その時宮澤外相が私に、一九六一年六月池田総理訪米の際参議院議員になっていた自分は、池田さんに頼まれて随行したが、池田さんがどうしてもケネディと二人だけで会いたいので「お前、お膳立てと通訳をしろ」と言われてやったことがある、第二回目の首脳会談、いわゆるヨット会談の冒頭的四十分で、終了後の全体会議でその趣旨はケネディ自身がブリーフしたことがあった、この前の公表文書を二つにしたいと言われた時にしても、自分はちょっと別の知恵を出してみたりしたが、総理にそのような権限があるのはごく当たり前のことで、役人は目くじらを立ててはいけない、総理になると相手首脳と二人だけの会談に魅力を感じるようだが、そこで国益に関わるようなそんなに微妙な話はかえってしないものだ、と言われたのをよく覚えております。

――この訪米では、五日と六日に渡ってフォード大統領と会談し、会談後の共同新聞発表では、朝鮮半島における平和の維持が日本を含む東アジアにおける平和と安全にとって必要であるということが盛り込まれています。ここで改めて朝鮮半島の事態について言及されているのは、ベトナムが陥落しても朝鮮半島は頑張って守るという意味なのでしょうか。

それもありましょう。しかし、当たり前のことを言っているのです。一九六九年十一月の佐藤＝ニクソン共同声明以降、日本政府と米国とが、朝鮮半島の安全保障環境をいかように認識しているかというのは、非常に重要な問題だったんです。すでに話したように佐藤＝ニクソン共同声明第四項では韓国の安全は日本自身の安全にとって緊要（essential）と言っているんです。

――ところがこの三木＝フォード共同声明第三項では、まず韓国の安全が朝鮮半島における平和の維持にとりessentialであり、朝鮮半島における平和の維持は、日本を含む東アジアにおける平和と安全にとり必要（necessary）であることに意見の一致を見たと書いてあります。どうしてここをnecessaryとしているのか。日本と韓国各々の安全の関係について用いられた英語のessentialという言葉を避けています。"essential for the security of Japan"とは微妙な違いがあります。国会対策ですか。

確かにもって回った言い方ですが、本質的差はありえません。佐藤＝ニクソン共同声明（一九六九年十一月）第四項にいう、韓国の安全は日本自身の安全にとって緊要（essential）という認識にぶれはゆるされないんです。折々により実態に即してということでしょう。しかし、本質的差はありえません。

——自動的にイエスと言う前提として、佐藤さんが共同声明とは別に発言されていますね。

これは別声明ではなく、プレス・クラブで総理が演説され、その中で朝鮮有事の際事前協議があった場合、迅速かつ前向き（positively）に答えると言われたんです。野党はこの positively と essential を重ねて「イエス」を約束しているのではないかと質問していましたが、事前協議に自動的イエスという前提などあろう筈がない。

——automatic approvable にするために、ああいうふうに仕込んだのだという見方もあるようですが。

そうじゃありません。諾もあり、否もあります。それで、諾というのはどういう時かというと、我が国の平和と安全にとって直接かつ重要な関係がある場合にイエスという。しかし、具体的にはその時の状況如何だというのが基本的指標です。

——国会では、宮澤外務大臣に対して随分と野党から追及があったようですね。朝鮮で武力衝突発生の場合、米軍の日本からの直接発進は容易に認めないと宮澤外務大臣が六月の衆議院外務委員会で答弁していますね。

そんなこと言われましたか。その時の状況如何によるということですが。

——それから、これは先ほどの坂田長官の発言を受けたものなのでしょうか、安保条約の円滑かつ効果的な運用のために、いっそう密接な協議を行うことが望ましいと認めています。日米安保協議会委員会の枠内で協議を行うことになり、これを元にガイドライン策定の作業が進められる訳ですか。

その通りでした。坂田防衛庁長官の発言が背景にあったからです。これは随時協議というもので、四条を見ていただければ分かると思いますが、この枠内でやりますから心配しないで下さいということなんですね。

――三木首相自身も枠内でやりたかったのでしょうか。首相は慎重で、安保協議会委員会の枠内で協議が行われることになったのは、それを反映していると……。

それはどこかに書いてあるんですか。

――ええ。田中明彦さんの『安全保障』(二八二―二八三頁)にそう書かれています。

これは、日米安保条約運用の技術的なことですが、この第五条に関わる事柄について協議をするからといって、何も大仰なことを言っているのではなく、条約の枠組みの中で出来るのだ、心配しないで欲しいということです。総理は外務大臣をしておられたので、御存知でそのように言われたのでしょう。ちなみに、日米安保協議会委員会というのは、第四条に基づく交換公文によって出来ている訳ですが、ご存じの通り、日本側は外務大臣と防衛庁長官で、米側は大使と太平洋軍司令官ですから、均衡を欠いていた訳です。これがその後改善されて、当方外務大臣、防衛庁長官、先方国務長官、国防長官いわゆる2+2になってくるのです。

――この時に核不拡散条約――NPT条約との関係で……。

これは非常にはっきりと書いてあります。

――はい。三木=フォード共同新聞発表第四項です。「米国の核抑止力は、日本の安全に対して重要な寄与を行うものであることを認識した。これに関連して大統領は総理大臣に対し、核兵力であれ通常兵力であれ、日本への武力攻撃があった場合、米国は日本を防衛するという相互協力および安全保障条約に基づく誓約を引き続き守る旨、確言した」と。それでご安心下さいということですか。これが共同新聞発表になったのが大切だということですか。

そうです。キッシンジャーは「当たり前だ」と申しました。

なお、第四項の末段にいう安保条約の円滑かつ効果的運用のための一層密接な協議が、先ほど言われた一九七八年十一月の「日米防衛協力のための指針」（ガイドライン）をもたらしたのですが、福田＝カーター、大平＝カーター二つの共同声明での日米安保条約への言及は、比較的簡単なもので、それ自体興味深く思われます。

――これで日本の核不拡散条約を批准するに当たっての障害は……。

一つの大きな障害はなくなった訳です。

もう一つ重要なのは、原子力の平和利用の分野で、核兵器保有国に比べて不利な取り扱いを受けたくないということがあった訳です。しかし、実質的に不利な差別を結局は受けることになるんです。というのは、常任理事国五カ国は、核兵器保有国として一切、IAEAの査察を受けない訳で、これはたいへんな差別です。我々は欧州原子力共同体（EURATOM）並みと主張、これは、確保されました。

――森山欽司さんは原子力の平和利用、査察で差別があるので反対だった訳ですか。

彼の場合はそうですね。もっと右の人は、将来我が国が核兵器を開発する可能性をこの段階で排除する必要があるのかと。森山さんの反対論というのは野党の中にも抱く人があって、そういう人達は、日本は核兵器なんか開発する筈がないじゃないか、何で不利な取り扱いを受ける条約に入る必要があるのだと。一つ一つ当然の懸念で、NPT体制参加に先立ち政府として納得のいく説明を必要としていました。

——この他に何かこの首脳会談で印象に残っていることはありますか。

三木さんが、ナショナル・プレス・クラブで非常に良い演説をされた記憶があります。三木さんは、外務省が書いたものにご自分で色々手を入れられたんですね。それから、サイゴンが陥落して、米国が特にアジアの政治に関わるのを逡巡するようになるのではないかと思っていたら、フォードとキッシンジャーのコンビはまったくそうではなかったので、私は本当に良かったと思いました。戦争には負けたが、「みんな元気だな」と（笑）。

最後になってしまいましたが、不幸なことに総理訪米中、日本赤軍がマレーシア・クアラルンプールの米・スウェーデン両大使館を占拠、服役中の赤軍派など囚人の解放を要求、超法規措置として五人の出国を認めるという深刻な事件が発生して、マスコミの関心がこれに向けられてしまいました。大使館は早速総理、外務大臣の宿泊されていた迎賓館ブレアハウスにオペレーション・ルームを作り、宮澤外相が陣頭指揮、東京との連絡に当たられ、警察から出向していた立花（昌雄）一等書記官が大活躍でした。その時宮澤外相は、明日三木総理は首脳会談等々で大変だからこの事件について福田総理臨時代理に全権を委ねるという点を直接再確認してもらったら休んでいただこうとおっしゃって、それをなさった後はワシントン側で直接陣頭指揮、東京との連絡に当たられました。あんな時の宮澤さんを見ていると、佐藤総理が議席のない宮澤さんを官房長官にぜひと言われたのも頷けるところでした。

――この首脳会談が終わった後、今度はシュレジンジャー国防長官が八月に来日して、二十九日に坂田防衛庁長官と会談しています。その会談では、まず北朝鮮の軍事力が脅威であるという認識で一致し、有事の際の日米協力について、これは首脳会談で合意されてきたことですが、日米安保協議会委員会の下の新機関で協議することが決められます。坂田防衛庁長官とシュレジンジャー長官が会談するような時には、事前に外務省とも十分な打ち合わせがなされているものなのでしょうか。

少なくとも、当時は日米安保条約の運営が国内政治上極めて微妙で、防衛庁が外務省と相談しないというのは考えられません。国会答弁を分かち合うわけですし、日米安保条約を有権的に解釈出来るのは外務省ですから。それに宮澤、坂田両大臣はお親しかったし、久保卓也次官、次の丸山昂次官といった方々は外務省の幹部に大いに敬愛されていてしっかりした協議がなされていたというのが私の印象です。

日中平和友好条約問題

――日中平和友好条約についての宮澤＝喬冠華交渉は有名ですが、宮澤大臣とこの条約との関係について印象に残っていることをお話し下さい。

話の順序として、宮澤大臣は、この条約の締結は、まず、党内の親台派の理解が得られなければ実現しないだろうとの御判断でした。そして、そのためには、日中航空交渉の過程で大平大臣の述べられた青天白日旗についての認識を以て台湾が、その尊厳が傷つけられたとして停止した日台空路を復活させる必要があると考えられ、そのための手を打たれたということがあります。

――それは亜東協会の人と行ったんですか。

大臣御自身は、一切直接関わっておられません。

――それに関して清宮龍の『宮澤喜一・全人像』(行政問題研究所)によりますと……。

清宮龍さんが、そのことについて書いておられるんですか。

――書かれています。「外務大臣に宮澤さんが就任した時に外務省幹部を集めて、『田中内閣は日中国交回復を実現した。これは意義のあることだが、だからといって手の平を返すように、これまで親交を続けてきた台湾を切り捨ててはならない。北京と外交関係を保ちながら、なおかつ台湾と外交を維持する、これが外交というものだ』と」そういう発言をされたと記録されています。

私の記憶にはありませんが、趣旨としては民間レベルでの日台交流の推進には何ら問題がありません。ただ、「外交を維持する」と言っておられることはありません。念のため申しますが、手を打たれたことは、第三者には一切話しておられません。ですから外務省の事務レベルも一、二の人を除くと承知していなかったと思います。大臣は、現役、特に中国派の人達にとってこのことを教えられるのはかえって迷惑な筈だと言っておられました。

三木総理には、日台空路再開なくして日中平和友好条約の締結は党内事情からしてありえず、処理は自分に任せて欲しい、総理のためにも御存知ない方が好ましいとだけ話したと言っておられました。

——平和友好条約交渉が始まっていた頃ですからね。

そうです。

この日台航空問題の本質ですが、まず政府の基本認識が何であるかと言うと、一九七二年九月の日中共同声明によって、我が国と中華人民共和国との間に外交関係が設定された結果、不幸にして我が国と台湾との外交関係は途絶えることとなったが、中華人民共和国との間でも、日本と台湾との間に民間レベルでの交流が行われることについては了解が存在しているということです。それで、日中航空交渉の時に中国側が、中華航空と同じ空港でオペレーションを行うことはしない、かつ、中華航空の羽田空港の使用はこれが首都にあるから認めない、なぜならば、それは、日本政府が中華航空が翼につけている青天白日旗を国旗と認めていることになり得ると強硬に主張し、大平大臣は、青天白日旗は日本にとっては国旗ではないと言われたのです。これに怒って台湾側が日台航路を切ってしまった訳です。

台湾側が青天白日旗を侮辱されたという事態を解消するため、国会の審議において改めて青天白日旗についての日本政府の立場認識を正確に述べることに致しました。七月に入ってから、一日でありますが、参議院外務委員会の休会審査の場で秦野章議員——同議員は警視総監をなさった後、自民党に推され都知事選にも出馬された方でしたが——、この秦野さんと宮澤大臣との間で前出の基本認識の確認がなされ、その上で次のようなやり取りが行われ、傷が癒され、日台空路は再開しました。

秦野　我が国は別として、国連に加盟している国を含めて多数の国が台湾にある政府が中国の唯一の合法政府であると現に認めている。それらの国が青天白日旗を国旗として認識していることに関連して、青天白日旗についてどう考えておられるか。

大臣　衆議院外務委員会でお答えしたと記憶するが、昨年春の我が方の青天白日旗に対する言及が誤解を招いた事は誠に不幸な事であったと思う。しかし秦野議員の御指摘になったように、それらの国が青天白日旗を国旗として認めているという事実は我が国を含めて何人も否定しえないところでございます。

なお、台湾がこれを以てよしとした理由に、この春蔣介石が亡くなった時の我が国の丁重な対応、佐藤総理の国民葬への台湾出席者に対する我が方の筋の通った接遇ぶりがあったと聞きました。

この過程で大臣も関係された方々も、日台路線の回復は台湾の尊厳の回復の政治的象徴であって、打算的あるいは利権がらみの要因はあらゆる段階で排除されなければならないということに神経質なまでに配慮しておられたのが印象的でした。日本側は、大臣の依頼で牛場信彦氏、フジサンケイグループの鹿内信隆氏、同氏の秘書だった大和（寛）氏のお三方、牛場氏と鹿内氏は別々に動かれました。政治家では、藤尾正行、玉置和郎両議員が大臣を陰で助けておられまして、その過程は、椎名、灘尾（弘吉）両議員のお耳には入っていました。亜東協会の在日代表は馬樹礼という人でしたが、この方に加え、やり取りは台湾で先方の閣僚や党の首脳レベルの間でも行われました。

宮澤大臣はこのようにして、平和友好条約を巡る党内環境を整えられました。また、覇権条項についてでありますが、共同声明では米中の上海コミュニケに入っていたこともあってすんなり入ったのに、条約交渉の段階で表立って誠に難しい問題になったのは、宮澤外務大臣がモスクワから帰国された翌日、一九七五年一月十九日中国が発表した新憲法の前文に「社会帝国主義の侵略政策と戦争政策に反対し、超大国の覇権に反対しなければならない」というくだりが、従来旧憲法に謳われていた「ソ連とのゆるぎなき友好」に替わって明記されるに至ったからであります。これとほぼ同趣旨が日中平和友好条約に規定されれば、ソ連がこれを不快とするのはもちろんのこと、解釈如何によっては我が方の憲法上の問題ともなり得るということです。

実は、もうお話し致しましたが、この新憲法発表の前から私どももこの反覇権条項の条文化には極めて強い違和感を持っていました。ですから、これは國廣道彦大使の書かれたものによるものですが、まだ木村大臣の時代、七四年十一月十三日海運協定署名のため来日した韓念龍外交部副部長と東郷外務次官との間で平和友好条約の第一回予備交渉が行われた際、東郷次官は、覇権条項挿入につきその場でこれは日中二国間の平和友好を謳うもので第三国の覇権云々は馴染まぬと述べられたそうです。中国側は、具体的には政治的性格の文書である共同声明と国家間の法的権利、義務を定める条約との違いもなかなかよく分かってくれませんでした。大臣は当時さまざまな議論を聞かれた後、その後「宮澤四原則」と呼ばれるに至った覇権条項についての我が国の考え方を自ら筆を執って次のようにまとめられました。

一、アジア・太平洋地域だけでなく、世界のどこでも覇権に反対する。
二、この条項は特定の第三国に向けられたものではない。
三、日中の共同行動を意味しない。
四、国連憲章の精神に反しない。

このようにして準備された宮澤大臣は、九月国連総会出席の機会に二十四日、二十七日の二回、第一回目は我が方の、第二回目は先方の大使公邸で喬冠華外交部長と、第一回目が六時間半、第二回目は確か四時間程交渉されました。大臣は、日本の憲法や戦後の国民感情に絡ませて、この四原則について先方の理解を得るべく心を込めて縷々話され、かつ、喬部長の方も一つ一つ実はよく分かっているとの風情でありましたが、この四原則を共通の認識とすることを最後まで肯んじませんでした。そして、いまの日中関係は良好であり、条約締結は「急ぐ必要はないのではないか」、なくても「天が落ちることはないでしょう」と長時間にわたるやり取りを締め括られました。私自身の外交官生活の中で最も印象深い場面の一つでしたので、宮澤大臣御自身のお言葉を借りてちょっと長くなりますが、再現させていただきます。

喬冠華外交部長はたいへん魅力的な人物であった。ちょうどニューヨークは秋であった。食事の席で、たまたま中国の詩が話題になって、私が唐の詩人、李白の峨眉山月歌「峨眉山月半輪の秋」

の話をすると、彼は「月なら――」と言って、同じ李白の子夜呉歌「長安一片の月、万戸衣を擣つの声」を持ち出した。そこで私が「日本にも、女が砧をうちながら夫の帰りを待つという能がある」といったところ、彼は「それじゃ、私が長安一片の月を舞ってお目にかけましょう」と立ち上がり、低い声でゆっくりと歌いながら舞い始めた。興がのるにつれて、若いころ東京の本郷に暫く暮らしていて、桑木厳翼博士にドイツ哲学を学んだという昔話を披露したりした。章含文夫人も外交部の高官で、毛沢東夫人の江青女史にかわいがられていた人だそうであった。着ている中国服も高級な生地のものであった。そんな訳で、私にとっては喬冠華外交部長との会談はなかなか面白く、思い出に残る出会いであった。

大臣と喬部長との交渉、出会いは、日本側のその後の努力に拘らずこれが最後となりました。大臣は、日本側の条約案を英文で草し、これを中国側に手交せよと指示され、確か北京と国連代表部の二つのルートを通じて年内に実施致しましたが、梨の礫でした。一九七六年秋毛沢東主席が亡くなり、江青女史ら四人組が失脚した際、喬冠華氏も連座したといった話もありました。大臣は喬氏の消息にはその後常々強い関心を寄せておられ、一回は『タイム』誌が香港で姿が見られたと報じ、調べるようにと言ってこられました。また、同氏死亡が報じられた時は、私に何らかの形で弔意を未亡人なり家族なりに伝えたいとの御意向申し越され、中国課に頼みましたが、結局手だてがないとのことでした。

宮澤先生はこの交渉について『戦後政治の証言』に詳しく書いておられますが、この本に大臣と喬冠華部長の写真が載っています。ところが、当時の中国の国連大使だった黄華氏が喬部長となっているので申し添えておきます。その後外交部長となった黄華はがっちりした人、喬氏は長身痩躯、一見対照的でしたが、お二人とも穏やかな教養豊かな外交官でした。黄大使は、宮澤、喬両外相のやり取りをそれこそ楽しんでいるといった趣でした。

宮澤大臣が書いておられるように、当時の中国内政事情にはいま一つ分からないところが多かったんです。この宮澤＝喬会談四カ月後の一九七六年一月周恩来総理が亡くなり、同総理を弔う第一次天安門事件、鄧小平失脚、唐山の大地震、それに先ほどお話しした毛沢東主席の死去と続きます。多分日中平和友好条約どころではなく、ソ連からの脅威も実感されていたのでしょうから、反覇権について柔軟な思考が許される政治環境でもなかったのでしょう。

この条約は一九七八年八月十二日福田内閣の時に、我が方園田（直）外務大臣、先方黄華外交部長が署名・締結されました。反覇権条項についてでありますが、第一条に国連憲章の原則を謳い、第二条の覇権条項は、共同声明の「アジア・大洋州地域において」に加えて「他のいかなる地域においても」と原則の適用対象をグローバルなものとし、特に第四条において「この条約は、第三国との関係に関する各締結国の立場に影響を及ぼすものでない」と規定することによって、そもそもの宮澤四原則はほぼそのまま合意されることとなりました。私は、この紆余曲折の経緯はワシントンで見ておりましたが、私ども日中双方子々孫々にわたって遵守していくべき約束であります。

ちなみに、もっと早くお話しすべきでしたが、日本を中ソ共同軍事行動の対象として締結されていた中ソ同盟条約につき、まず鄧小平副首相がこれを「名存実亡」と福田総理に述べ、一九七九年四月中国政府がソ連政府に廃棄通知を送っております。三十年近く続いたこの鬱陶しいというか理不尽な取極が消滅したことは我が国の安全保障環境にとって極めて大切なことでした。たとえかなりの間「名存実亡」であったにはせよ、です。

ランブイエ・サミット

――ところで一九七五年十一月、三木首相の時にランブイエで初めてのサミットが開かれます。宮澤外務大臣も当然このサミットにご参加なさっておりますので、このサミットについて特に印象に残っていることはおありになりますか。

色々ありますが、二つお話ししておくと、当時SALT協議が行われていたことに象徴されるように、初めて米国は、ソ連の核兵器体制との均衡を認めることになります。そこで西欧諸国は核兵器の抑止力・均衡ということにものすごく神経質になっていて、例えば、核抑止力が確保されていることを米国に確認するためとして、一九七三年にグアドループで会議を行います。その会議に日本も出席を希望致しましたが、核兵器の話だけをすると聞いて、それなら結構でございますということになったことがありました（笑）。グアドループの会議とは違ってランブイエは経済の会議だった訳です。ただ、彼らは集まると核兵器の話をするものだったらしい。確か最初の朝食会でも核の話が出たそうで、総理は私どもに何を言っているかさっぱり分からなかったとおっしゃいましたが、それがごく自然に受け止められていました。

もう一つは、随員が全部で三十人くらいいたと思いますが、ランブイエというのはお城で随員が入る設備がなかったため、各国昔の馬小屋だったところを一つずつ宛てがわれ仕事をしておりました。それに、そこには電話が一本しかありませんで、その電話が偉い能率が悪く、外との連絡が大変でした。

ところで、この会議はジスカール・デスタンのイニシアティブで行われて、石油ショックを背景として当時の世界情勢はインフレと不況が重なり、これにどのように対処するかということで集まった訳です。それで、二度目もやりましょうということになって、その次の年にはサンファンで開かれるのですが、その時は誰もこれが翌年開かれることになるとは思っていませんでした。

――日本はどのような役割を果たしましたか。

そこで日本政府としてもぜひ新しいアイデアを出したいと、三木さんが吉野文六外務審議官に指示されました。そこで吉野外務審議官が、私の覚えているところでは、一次産品のための価格調整基金を作るという知恵を出されたんです。それは、第一次石油ショックの時の我々の主たる関心が、開発途上国の経済問題で、当時は経済不況のため、一次産品の価格が下落してしまったんですね。木村大臣がアフリカ訪問の際コンゴで銅価格の下落について色々頼まれたことはお話ししました。そこで、吉野さんのアイデアに三木さんも乗って、その構想を英文で作るように、人手不足だったのでしょう、吉野さんから私は頼まれたりしたのですが、必要な国内そして参加国の根回しの字間が全くなくて残念ながら断念ということになりました。

それから警備が厳しくて宮澤さんがお城の中に入り損ねたこともありました。ただ、宮澤先生は結局は中に入れた訳ですが、出て来られて「ひどい目に遇った」と言っておられたのを覚えています。因みに、宮澤先生はフランス語の素養も豊かなものでした。

――ところで、田中前首相が一九七六年七月にロッキード事件で逮捕されています。また自民党内では「三木おろし」なども行われました。このような政治情勢が外交に影響を与えるようなことはありましたか。

なかったと思います。

――二月にロッキード問題が発覚した時期ですが、宮澤外務大臣が東郷駐米大使に、高官名を含む全資料提供の要請を訓令したとあります。

それはせざるを得なかった訳ですが、三木総理は党内で一生懸命にやりすぎているのではないか、「惻隠の情がない」と言われて、「惻隠の情」という難しい表現を日本中が知った訳です。しかし、それゆえに外交が停滞したことはないと思います。

官房調査部分析課長／企画課長

――そうした中で有馬さんは一九七六年九月に官房調査部分析課長になられます。まだ三木内閣が続いていましたが、外務大臣が代わられたんですね。

宮澤さんが辞めて小坂善太郎さんが外務大臣になられました。

——七六年九月ですか。

ええ。その直前にソ連最新のミグ事件があったり、宮澤大臣の北方領土視察とかがありました。平然としていた大臣を除き随員は船酔いでたいへんでした。国内政治が流動的で、三木さんは解散したい訳ですが、結局出来なかったんです。そして内閣改造があり、私が分析課長になったのは、前任の英（正道）君が小坂善太郎氏の秘書官になったからです。また、ミグ事件と言えば、大臣はせっかくソ連の最新の戦闘機が飛んできてくれたのだから徹底的に性能を調べろと指示されました。大切な史実です。

分析課はいわゆるインテリジェンス、情報の収集と分析です。その後、股野（景親）企画課長が英国の研修に行くことになり、その後任として企画課長を致しました。

——企画課というのは、官房調査部企画課ですか。企画課長にはいつ頃なられたんですか。

そうです。よく覚えていませんが、しばらく分析課長と企画課長を兼任していました。

——分析課と企画課というのは、どう違うんですか。

企画課は、『外交青書』の編纂、総理、外務大臣の演説を書いたりします。カーター政権が成立して人権外交が出てきた時には、これは官房から頼まれたことですが、カーター政権が出した人権外交をどのように理解すべきかなどについて、幹部会での議論のために論文を書いたりしました。それから、米独等主要国との企画協議というのもあります。組織法令上の仕事とちょっと遊軍的な仕事をしていました。

――企画課ではどういう方と御一緒でしたか。

首席は浅井基文君。もう話したように私は条約課でも一緒でしたのでよく知っていました。大島正太郎総務班長、飯村豊君、それに茂田宏君。先ほど申し上げた通り遊軍的仕事というか、官房を含め色々なところから注文があって、何と言うかみんなでわっさかわっさか仕事をする雰囲気を私は楽しんでいました。

一回こういうことがありました。福田内閣が出来て鳩山威一郎氏が外務大臣になられました。施政方針演説の外交部分と外交演説は企画課が関係各課と協議してとりまとめますが、結構厄介なんです。しかし、何しろいま御紹介した陣立てですから、官邸の方は早々と小和田（恆）総理秘書官を通じ了承が得られ、外交演説は飯倉公館での夜の大臣勉強会で私が声を出して読んで大臣の御了承を得ました。これら諸演説の臨時閣議は翌日の昼ということでしたか、印刷も請議の手続きも終わったんですが、翌日早朝大臣秘書官から、誠にすまんが大臣の手がまた入ったという電話がありました。

早速浅井君に連絡して、長い話なのですが、彼らは全員早速登庁、当時の講堂の下にあった印刷室の職員の方々に御願いして、内閣の方はいざとなれば閣議請議の資料は一部手書きであっても先例はあるので構わないと言ってきてくれました。しかし、国会の方はそんなこと聞いたことがない、それはそうでしょう、といった状況の下で相当に手の入ったものを印刷室に持ち込み、みんなで協力して間に合わせてしまいました。いまならワープロでなんでもない作業なんでしょうが、当時は活字のセットの仕直しなんですね。あのようなことを文句も言わずにさっさと処理する人柄、頭脳というのはあるんですね。

第7章　カーター、レーガンのアメリカ　1977-81

日米の新政権発足

――一九七六年十二月に福田（赳夫）内閣が発足します。福田内閣の誕生はアメリカにはどのように受け止められていたのでしょうか。

自然の流れと受け止められていたというのが私の印象です。一言で言えば、福田総理は、米国政財界要路に知遇を受けておられる方が多く、大いに歓迎するということです。

私にとって、こんな経験がありました。佐藤（栄作）総理が退かれた一年後、『佐藤榮作日記』によると一九七三年の五月十一日でありますが、当時米国防大学の副学長をしていたレオンハートという職業外交官で、マッカーサー大使時代、まさに安保改定の頃、大使館の次席をしていた人が訪日され、前総理が一夕新喜楽に招かれたことがありました。

私にはぜひ来てくれないかとのことで――この設宴に私は関わりませんでしたから在京米大使館と佐藤家が準備されたのでしょう――参りましたら、岸信介氏、福田赳夫氏、それに保科善四郎元海軍中将の三方がおられたんです。ちょっと顔ぶれに驚きましたが、レオンハート副学長、この人は安保改定時代日本の政界との連絡役を大使に代わってしていたんだそうです。一回しか在日勤務経験がないのに日本の政治情勢に詳しいのに驚きましたが、彼が、七二年の自民党総裁選挙で福田赳夫氏が敗れたことを米国政府は驚きもし、残念に思ったこと、その理由、さらには引き続き福田氏の登板に期待を寄せているという話を縷々していました。私にとって興味深い経験でした。岸総理や佐藤総理と親しかったニクソン大統領とその周辺は福田さんのことを大蔵大臣、外務大臣あるいは幹事長としてよく知っていたのだと思います。しかし、その後ニクソンは退き、フォード大統領は民主党のカーターに敗れてしまっています。福田総理の登場はこの共和党惜敗の一カ月後でした。ニクソン・フォード時代に比べて、カーター政権の対日人脈は、趣が相当に違いました。

――一九七七年一月にはカーター政権が発足致します。カーター政権の外交政策や対東アジア政策がどのようなものになると、日本では受け止められていたのでしょうか。

カーター大統領の名前は、彼が海軍士官、ジョージア州知事であったという日本人に馴染みのない経歴にしては、日本政財界の一部の人の間では知られておりました。カーター大統領はジョージア州知事を退いた後、面白い政治家だということで、日米欧委員会の米側事務局長だったブレジンスキー・コロンビア大学教授が、この委員会の委員に入れたからです。ブレジンスキーがカーター大統領の安全保障担当の補佐官になったのは御存知の通りです。ですから一九七六年に京都で日米欧委員会が開かれた時は、来日してそこでスピーチをした宮澤（喜一）外務大臣や福田、大平（正芳）のお二人には会っています。宮澤大臣のスピーチは股野景親企画課長が書いてくれたのでよく覚えています。

カーター大統領の外交方針では、日本政府にとって三つ問題がありました。その一つは、選挙戦の時からカーターが、在韓米地上軍の撤退を唱えていたことです。これは、当時の米国におけるベトナム戦争の後遺症からして、理解し得るところではありましたが、他方、我が国の安全保障に不安感をもたらしていました。もう一つは人権外交です。第三は、日米原子力協定の運用問題でした。

在韓米軍撤退問題／日米原子力協定

第一の在韓米軍の撤退については、この見直しを米国政府はすぐ始めます。これからの話は私が在米大使館に配置されてからのことですが、米国政府は、在韓米軍の戦略的また外交的意味を改めて検討し、撤退にはすぐには着手しないことが決められ、日本政府には、これの発表に先立ち内々通報してきてくれておりました。

繰り返しになりますが、この背景には、韓国政府はもとよりのこと我が国政府その他関係諸国などからの懸念の表明があったこと、北朝鮮の軍事力の増強が宇宙衛星の写真で明らかになったこと、それにアジア太平洋地域におけるソ連軍の増強が目に見えてあり、この地域における米軍のレベルを下げることは好ましくないということがあったとのことでした。さらに新政権として、米国の対東アジア安全保障政策を検討するにあたり、在韓米軍の撤退を一方的に決定してしまうことによって、ありうべき交渉上の自らの優位な立場を手放してしまうことの好ましからざることを認識したのではありますまいか。

第二はいわゆる人権外交です。あれから三十年あまり経ったいまでは、米国の外交の中に人権が含まれるのは自然に思われますし、キッシンジャーの『外交』を読んでみると、米国の人権外交はウィルソンの時からという感じがしますが、実際に外交を進めるに当たって人権がいまほど重視されるようになったのは、カーターの時からだというのが私の印象です。

私は企画課長をしておりました時に、人権問題について我が国はどのようにこれを理解すべきか幹部会で報告するように官房長から言われて、個人的見解としてのペーパーを書いたことがあります。残念ながらこの論考はいま見つかりませんが、私は、カーターが南部バプティスト派の熱心な信者だということに着目して、一九二〇年代のドイツで、マックス・ウェーバーと並び称せられたエルンスト・トレルチという学者の書いた *Social Teachings of the Christian Churches*（『キリスト教会諸派の社会教義』）に依拠して書きました。一言で言うと、人間の本質的価値は何人も神の子であるということに由来しているのであって、政治権力の最高の責務はこの価値の擁護にある。この責務は政治家に神から与えられていて、政治家は人の価値がみだりに侵されていることを見逃すことは赦されていない、ということになりますでしょうか。換言すると、人間の尊厳が犯されている時、即ち人権の蹂躙の事態の放置、無視、これへの無関心は罪ということになるというのです。

ただ、現実の問題として米国が人権外交を唱える際、東アジアで当時問題になるのは、朴正熙政権でしたから、その批判と、韓国からの米軍撤退が重なるのは、好ましくないであろうという考えを私は持っておりました。というのは、純粋に軍事的な判断に基づき地上軍が削減されることと、人権外交上の対韓国批判に影響されそれを行うことは、意味が異なる訳です。しかし、結論から言うと、人権外交について我が国は、これは米国独自の理念に基づくものであるから、我が国としては、それについてとやかく申さぬということでした。ですから、いまこの三十年を振り返って、日本外交も大きく変わったんですね。例えば、日本のＯＤＡ憲章の中には、民主主義、人権、国防政策などを協力実施の判断基準にすると明記されるに至っているのですから。

次に第三の、日米原子力協定に関してですが、カーターが核不拡散について非常に昂ぶった使命感を持って登場し、日本に対し核燃料再処理を認めないと言ったのです。これについて、科学技術庁長官だった宇野（宗佑）さんが、強く抗議を致しました。これが新任のジョセフ・ナイ次官個人への批判だと『ニューヨークタイムズ』に報じられました。私はナイ氏とは大学院時代から親しかったので厄介だと思いましたが、直に誤解は解消しました。

――一九七七年の三月に福田首相が訪米されて、カーター大統領と日米首脳会談を行っており、共同声明が出されています。その中に、「大統領は、米国の意図する在韓米地上軍の撤退に関連して、韓国や日本との協議の後に、同半島の平和を損なわないような仕方でこれを進めていくこととなろう旨述べた」とあります。

就任早々のことですから、まだ「撤退」という表現が使われているのでしょう。しかし、その後の協議などの末、期限を決めての地上軍撤退はしないと決まりました。

――最終的には中止します。一九七九年二月に「北朝鮮の軍事力の検討が完了するまで、在韓米地上軍の撤退を中止する」と表明しています。七七年の福田訪米の際はいまお話がありました核燃料再処理の問題も取り上げられて、「総理大臣と大統領は、原子力の平和利用が核拡散に繋がるべきでないことを確認した。これに関連して大統領は、一層効果的な核拡散防止体制を支援するような米国の政策を策定する決意を表明した。大統領は、米国の新原子力政策の立案に関連して、エネルギーの必要に関する日本の立場に対して十分考慮を払うことに同意した」と謳われています。宇野さんはその後、九月に訪米しています。有馬さんは、ジョー・ナイ先生とはいつからのお知り合いですか。

最初に会ったのは一九六〇年の秋です。彼は一九五八年にプリンストンを出てから二年間、ローズ・スカラーでオックスフォードに留学しています。そして彼がハーバードに来た時には、私はティーチング・フェローになっていて、私は翌年先にPh.D.を取って講師にしてもらったんですね。ですから、もう半世紀です。若い頃から令名の高い人でした。スタンレー・ホフマン教授の愛弟子です。

——ジョー・ナイ先生はずっとハーバードに……。

そうです。

——その間も会われていたんですか。

一年か二年に一度会うか会わないかですが。

ただ、ああいう政権にジョー・ナイがいたことは、非常に助かりました。昂ぶった使命感を持った人権派とか、核拡散防止派がいて、歴史的な背景を何も知らないのに、日米原子力協定を見直そうとするんですから。日本がNPT条約署名に踏み切るに当たり、いかに平和利用を重視し、かつ平和利用を理由に反対していたグループを説得するのに政府が苦労したかを何も知らないで、また見直しだなんて言っている人達がいた訳です。人権についても、国務省の人権部門の政治任命の幹部が、日本のケースなるものを問題にして俎上にあげるといった調子で不愉快でした。

――その会談でカーターは、使用済み核燃料の再処理は認めないと散々言ったそうですね。

そうですか。

――しかし、いまだに一部には根強い不信感がありますよね。

日本について？

――ええ。日本が行っているプルトニウムの再処理と、H2ロケットを開発していることとか、ああいうのを全部まとめて考えると、日本は核兵器弾道ミサイルをいつでも作れるようにしているのだと真顔で言う外国人がいますよ。

言わせておけばいい。それは、基本的に我が国の抑止力となるでしょう。日本の国民感情からして、日本が核兵器を作る訳がない。しかし、そういうことを思う人がいてもいいと思います。一九六〇年代後半、若泉敬さんがロンドンに来られて私の家にお招きしたことがあります。その時は、米国から欧州経由の帰国の途次で、ハーバードなどで聞かれた核拡散防止構想についての御自分の疑念を語りつつ、私の意見を求められたので、次のような個人的考えを述べたことがあります。

先進民主主義国の中で日本ほど地勢的にも地政学的にも核兵器に脆弱な国はないでしょう。幸い、日本の国民感情からして核兵器を保有することは考えられないが、この脆弱さは、日本が核兵器国になれば政治的にも軍事的にもかえって深まることはあっても改善されることはないのであって、核拡散防止体制の強化は日本の戦略的利益だと話したことがあります。その時私が併せ強調したのは、日本が運搬手段は当然のことだが、核兵器開発能力を有している客観的事実は、日本にとって、米国の対日核抑止力提供の約束と共に、大切な抑止力だということでした。これに対して若泉さんは、後輩にも丁寧な言葉遣いをされる方でしたが、「あなたの言わんとするところは分かりました」と言っておられました。

マンスフィールド駐日大使

——ところで、中でカーター大統領は、駐日大使にマイク・マンスフィールドさんを指名しました。このことは当時、日本国内でどのように受け止められていたのでしょうか。

たいへんに歓迎されました。その前の大使はホドソンという人で、この人はニクソン政権の時に労働長官をなさっていて、評判のいい人でした。そして、ホドソン大使の前の財界出身のインガソールも評判のいい人で、その後、国務省で東アジア担当の次官補をして、副長官になられましたね。さらにその前はマイヤーというイランから来た職業外交官でしたが、この人はかんばしくなかった。すでに言及したように『自伝』で、中国についてのニクソン・ショックは、日本は秘密を守れないから当たり前だったといった調子で書いています。その前がジョンソン大使で、その前がライシャワー先生。先生の前がマッカーサーですね。ジョンソン、マッカーサー共に極めて優秀な職業外交官。ジョンソン大使は沖縄返還交渉時、政務担当の次官でした。マッカーサー大使は、安保改定について、これに懐疑的だったダレス長官を岸総理の意向を汲んで説得し、その実現に大きく尽力した人です。こういう錚々とした方々と比べても、マンスフィールド大使は上院の院内総務ですから、超大物が来られた訳です。

それから、マンスフィールド大使は上院時代、日本の要人が行くと必ず会ってくれる方でした。ただ、マンスフィールドさんは、在日米軍の削減論者だったことがあり、日本は防衛面でももっと責任を持つべきだと論じておられました。ベトナム戦争に最初から反対していた人です。私が北米局長になった時も大使をしておられまして、御夫妻で私どもを大切にして下さいました。十二年近く在勤され、ご帰国の時成田にお見送りに参りました。日米交流史の中で最高の大使でした。「日米関係は、世界の中のいかなる二国間関係に比べても一番重要である、例外はない」というあの有名な表現を人口に膾炙させた方です。

マンスフィールド大使について私の記憶に深く刻まれているのは、私は、在米大使館と局長時代に六回総理の訪米をお助け致しましたが、その都度一時帰国された大使が、常に迎賓館のブレアハウスの玄関横の部屋にパイプをくゆらせながら、日本茶を前にして静かに待機され、米側行事で常に案内役をお務め下さったことです。上院院内総務を史上最長なさっていた方がですよ。

——マンスフィールドさんと日本との関係はどのようなものだったのでしょうか。

あの方は一九〇三年ニューヨーク生まれ。しかし事実上モンタナの出身で、私の記憶が正しければ、歳を偽って軍隊に入り、第一次世界大戦直後海兵隊員として中国に派遣されたということがあって、その出会いゆえに、モンタナに戻って大学で東アジア研究を始められた。奥さんは学校の先生をしながら、マンスフィールド大使が東アジア研究で修士をお取りになるのを助けたと聞きました。そもそも、東アジアの好きな方でした。なお、東アジア研究に先立ち、大使は鉱山技師の資格で働かれていたこともあります。
お話ししてもいいと思いますが、レーガン政権が発足するに当たって当時の官房長官だった宮澤先生が私に電話をしてこられて、マンスフィールド大使の続投を出来れば働きかけてくれぬかとのことでした。安全保障補佐官に内定していたリチャード・アレン氏に話しましたら、すでにレーガン大統領はそのつもりでおられるとのことでした。

――カーター政権が発足した頃、日米経済摩擦の状況はいかがでしたか。記録を見ますと、テレビの輸出が首脳会談でも問題になっていて、協議を始めることに福田首相が同意して、結局五月にはテレビ輸出を自主規制することに合意しています。また、七月にマンスフィールド大使が講演で、自動車や鉄鋼などを挙げて、特定品目の輸出急増は政治問題化すると指摘されています。特に印象に残っていることがありますか。

貿易の不均衡が深刻になってくるのは、まさにこの頃なんですね。それで、もうちょっと先のことですが、ヤングスタウンの鉄鋼工場が閉鎖されることが劇的に報じられて、これが当時かなりのスピードで進んでいた失業者の増大と結びつき、日本からの輸入超過が原因だと言われ始める訳です。ですから、日米の貿易問題がいつから始まったのか、私は正直言ってはっきりとは分かりませんが、やはり大きく表面化するのはこの一九七五年頃か、これよりも少し前ではないかと思います。
一九六二年の秋、第二回日米貿易経済合同委員会にお供で出席した際、日米の貿易収支はアメリカ側の一方的な黒字で、日本側は米側に改善を求めていたんです。この時は福田一通産大臣や椎名(悦三郎)

外務大臣が出席なさっていて、当時の米側の説明は、すでに申しましたが、一国の国際収支を二国間関係で見るべきではない。一国の経済は貿易収支の姿によって決められるものではなく、健全な開放市場経済を維持すれば、日本の貿易赤字は、長期的に見て日本経済の強化・活性化を必ずもたらすから、日本は頑張るように、ということでした。それから十年くらい経って逆に日本が同じことを米側に言い出したのです。私は「いつの間に日本はこんなに強くなったんだ？」と思うものでした。ただ、貿易摩擦が本当に厳しくなるのは、これより少し後です。一九八〇年代半ば以降。厳しい「日本異質論」、日本叩きを引き起こしていきました。

その頃のことでしょうか。貿易不均衡の問題を米国政府と話し合う際、日本政府は常にその事態の改善に努力すると言うけれども、米側としては、結果が出てこないことに焦燥感を覚えるようになって、懸案輸入品目の一つ一つを取り上げて、その解決に努力する、実際に解決すべきだと言うんですね。

――Market Oriented Sector Selective Talks――市場重視型個別協議ですね。

私が外政審議室長の時に、政府側の最高責任者は石原信雄官房副長官でしたが、このような交渉でも結果をもたらさないので日米構造協議に移っていった訳です。

当時は、私のようにどちらかと言うと政治や安保をしていた人間は、米国内でだんだんと先鋭化している貿易問題が日米安保の関係にのめり込んでくるのを、どうやって阻むかというのが大きな心配事でした。なぜかと言えば、いまと違って当時はベトナムの後遺症で、日米安保の不可欠なところを行政府は理解してくれても、ベトナムの米軍人犠牲者が五万八千人とあまりにも多くて、議会も世論も他国との防衛協力には懐疑的になっていました。ですから、これが貿易の数字と一緒に重なったらたいへんだということです。これが役割分担や思いやり予算等々に繋がっていくのです。私どもはこれらの分野で出来るだけのことはやるべきだと考えるようになっていました。

これは沖縄返還協定の時のことで、私はまだ首席事務官でしたが、ワシントンに出張した時に在日米軍経費にかかわる「日米地位協定の第二十四条の柔軟な適用は可能ではないか」と国務省で言われたんです。そのやり取りについて私は特に報告しませんでしたが、「有馬は二十四条の flexible application を検討しますと言った」という話が在京の米大使館から伝わり、上司に「お前はそんなことを言ったのか」と聞かれて、「向こうはそう言いましたが、私が検討するなんて言う訳がない」と言ったことがあるんです。しかし、本音のところでは、こんなにギリギリ言っていたのではもたないと思っていました。まだ貿易問題が深刻になる前のことですが、ベトナム戦争が進行していて、日本が米軍駐留費について何も出来ないと言い、ベトナムの戦争についてははっきり支持しない、それでいいのかねという気持ちが、私にはありました。ですから、北米局長になってから、いわゆる「思いやり予算」では頑張りました。なお、そのための国内法上の手だてを含め、軌道はすでに栗山（尚一）、藤井（宏昭）両局長によって敷かれておりました。

企画課長としては五月にロンドンで第三回サミットがありました。当時のサミットは「経済サミット」と呼ばれたように、特にフランスが、日本の入っているところで国際政治の話をしたくないと頑なに言っていたこともあって、ほとんど政治の問題がフォーマルに取り上げられることはなかったんです。しかしながら、その都度、政治的な面も若干あって、いまならば政務の外務審議官が担当している訳ですが、当時企画課長だった私が政治の責任者だったんです。まあ、それだけ政治が取り上げられていなかったということなんですね（笑）。

――ロンドンにご出張になりましたか。

ええ。私の後の企画課長は林貞行さんでしたが、確か彼もそうでしたが、コミュニケなど文書のテキストの責任者としてでした。

――コミュニケですか。

そうです。政治のところと文書の責任者ということで、実態は翻訳の監修です。私がロンドンに行った時には、いまカンボジアの大使をしている小川郷太郎君が一緒にきてくれました。それで、ロンドンの大使館が私の下に小さな作業体制を作ってくれて、作成した最終文書を参加国が同時に新聞発表する訳ですが、これが時間的にたいへんなんですね。というのは、文書作りは中でやっていて、それを外に持ってきてもらって訳す。もちろん事前に合意されていた部分もありましたが、ほとんどが首脳の間で論じられ、手直しされておりました。

その際、東京に電報したコミュニケの日本語最終版テキストからセンテンスが一つなにかの手違いで抜けていて、当時の佐藤正二次官がすんでのところでこれに気が付かれて訂正されたということがありました。帰任後次官室にお詫びとお礼に参りましたら、「なんだい」とのことで、これこれしかじかと御説明したら、「僕はそのためにここに座っているんだぜ」と笑っておられました。西山事件の時は官房長をしておられて、責任は自分がとるだけでよいと主張された方です。

——当時、シェルパもいたのでしょうか。

おられました。第一回から第三回までは吉野文六大使でした。

——当時はどこが取りまとめの部署でしたか。

当時も経済局の総務参事官室だったと思います。

——それはコミュニケ全部ということですか。

ええ。政治もあったのですが、その部分の起草に私が参加する訳ではなく、そこも吉野外務審議官が中で見事に采配を振るっておられました。

駐米大使館参事官

——一九七七年八月に有馬さんは駐米大使館に、政務担当の参事官として栗山さんの後任で赴任されます。御赴任時の大使は東郷（文彦）さんでした。次席公使はどなたでしたか。

私は、四年間で四人の次席に仕えました。最初が西田誠哉さん、国連の次席大使、イタリア大使などを務められました。次が角谷清さん、この方は、私が外務省で最初に配属された北米課で首席をしておられました。儀典長、フィリピン大使の後、式部官長をなさっています。次が村角泰さん、この方も儀典長をなさいました。最後の溝口道郎さんとは事実上入れ違いでした。この方は、経済局が長かったのであまり仕事での御縁はありませんでした。その後オーストラリア、カナダ大使をされました。振り返って、お一人お一人頭が良くて温厚篤実、大使を支え、事実上政府の全省庁からの出向者によって成り立っているわが国最大の在外公館の運営をよく果たされました。決して易しい仕事ではありません。

――政務班にはどんな方がいらしたのでしょうか。

まず条約課で一緒だった丹波（實）君、彼は間もなく安保課長として帰国しました。その他、川島裕、沼田貞昭、西村六善、竹内行夫、浅見眞、総務班兼任で大島正太郎、法務省から原田明夫、渡部尚、警察庁から上野治男、金重凱之、防衛庁の内局から太田洋次の各氏。

皆さん大成されると思っておりましたが、まさにお一人お一人そうでした。検事総長になられた原田さんは、東郷大使の信頼が厚く、浅見君が離任後、当時厄介だった米韓関係に関わる仕事を担当され、それに関連して議会関係で苦労していた在米韓国大使館の政務班の人達をよく助けて、いまに続く友情を育まれました。川島君は、中東も担当していて、カーター外交の成果の一つ、エジプト・パレスチナ関係正常化をもたらしたキャンプ・デーヴィッド交渉を始めから最後までフォローしました。また、一九七九年秋発生した在テヘラン米国大使館のイスラム過激派による占拠、大使館員人質事件の際、川島君は我が方大使館が入手していたイラン情勢、なかんずく米国大使館館員の安否に関わる情報を国務省に内々提供するなどして、苦境に立たされていた米国政府を助け、南東アジア一課長として帰国するに際してヴァンス国務長官かニューサムという国務次官から感謝の書簡をもらっています。稀有なことです。いまでもよく覚えているのは、一九八〇年春米軍による人質救出作戦が失敗した際、惨状が現地からCNNで放映されてきていて、これを私を夜中電話で起こして教えてくれました。亡くなった『毎日新聞』の寺村（荘治）記者も同じく電話で知らせてくれたんです。四半世紀経って二〇〇一年の九・一一事件、ワールド・トレード・センターなどへの同時多発航空機テロ、これのテレビによる実況報道も次官を退いたばかりの川島君が電話で教えてくれました。

政務班は総務班と最も密接に仕事を致しますが、私が赴任した時の班長が藤井宏昭さん。次に都甲岳洋さんでした。後の欧亜局長、ロシア大使です。藤井さんとは誠に不思議な御縁があって、昭和二十一年春、私が都立一中に入学した際、丙組でまさに同じ机の隣同士で座っておりました。私がその後間もなくその秋結核で休学致しますと、やはり同じ丙組だった後の芥川賞作家で夭逝した柏原兵三さんと一緒に、わざわざ私の家に見舞いにきてくれたことがありました。当時結核と言えば死に至る伝染病と考えられていたのですから、その思いやりというか、勇気と言うか。母がまさに涙を流して喜んでおりました。その後私は、藤井さんは作家を志していると仄聞しておりましたが、三年で外交官試験に通って、アマースト大学で研修を始め、二年目はハーバードの政治学部に来たいということがあり、私は当時のマクロスキー学部長に伝え、入学ということで手続きを進めたのですが、結局アマーストを卒業しました。その後在米大使館に発令となって、朝海（浩一郎）大使の秘書官を務めました。私は、外務省にお誘いを受けた話を彼にはしておりませんでしたが、一九六二年春帰国した時、最終的に決めたのは藤井さんのお考えを伺った結果でした。その際須之部（量三）人事課長の後任であった魚本藤吉郎氏が、結核の再発という前年春の私にとってのトラウマについて、自分も結核で長患いをしたけれどもいまはいい薬もあるのだからと勇気づけてくれたということもありました。事実上どなたにもお話ししなかったのですが、もう一人御相談したのは、帰国の前、当時ハーバードのロシア研究所で研修していたロシア語官補の伊藤憲一さんでした。その後私は人事課長、北米局長と藤井さんの後任となったのも、考えてみれば御縁です。その後官房長を務めた藤井さんはパリのOECD、タイそして英国に遣わされ、国際交流基金の理事長を務めています。

——有馬さんが赴任された時にカウンターパートとして常に仕事で接触されたのは、どんな方々でしたか。

順不同で、濃淡は勿論ありますがいろいろと親しくしてくれた人達のみということで、まず、ニック・プラットでしょうか。セント・ポールズ、ハーバードで同期、かつ、その頃から親しかった人です。在京大使館の政務班に勤務したこともありました。私が赴任した時は日本部長、その後まもなくホワイトハウスに移り、ブレジンスキーの下で東アジア担当の大統領補佐官。仕事でも社交面でも助けてもらいました。カーター大統領の進めた米中国交正常化が第二のニクソン・ショックとならないよう配慮してくれた人です。フィリピンなどで大使をし、国務省では日本でいう官房長のポストにもいました。ニューヨークの有名なアジア・ソサエティの理事長をしています。

これに加えて、プラットの上司だったリチャード・ホルブルック次官補、プラットや私より若い人でしたが、そもそもブラウン大学を出た職業外交官でして、ベトナム戦争遂行の過程でキッシンジャー長官の対カンボジア秘密進攻政策に反対して辞任したNSCや国務省のスタッフの一人です。私のいわゆるカウンターパートではありませんでしたが、案件によって、よく私が呼ばれて行くことがありました。

彼は国務省を退官後プリンストンの行政大学院、ウッドロー・ウィルソン・スクールでそこのディーン（院長）だったリチャード・ウルマン教授に師事、卒業すると『フォーリン・ポリシー』誌の編集長となりました。その頃東京にやってきて、私は後にブレジンスキーの下でNSC報道官となったジェラルド・シェクター『タイム』東京支局長のお宅で一緒に呼ばれて、一夕話をしたことがあったんです。

それに加えて、ホルブルックの指導教授となったウルマン氏は、ハーバードで私の二年先輩、大学新聞の *Crimson* 紙の編集長をしたりしましたが、ローズ・スカラーとしてオックスフォード大学に留学した後、ハーバードに戻ってきて私と一緒になり、極めて親しくしておりまして、ホルブルックはそのことをその後ウルマンから聞いた由で、付き合いが深まりました。いずれにしても、カーター政権が成立するとヴァンス長官に招かれてアジア・太平洋地域担当の次官補に就任した人です。

私がドイツに赴任した時、彼は駐独大使をしていて、ちょうど欧州担当国務次官補含みでワシントンに戻るところでしたが、その離任のレセプションに私ども夫妻を招いてくれただけではなく、挨拶の中で私どもを古い友人として紹介し、さらに、リューエ国務大臣、すでに退いてはいましたが戦後ドイツ外交の最大実力者と言われたゲンシャー氏夫妻始めドイツ外務省、国防省の幹部、外交・軍事関係の議員方に懇に引き合わせてくれました。これは私のボン在勤時代大きな助けとなり、いまでもありがたく思っています。

また、前任の栗山さんが親しくされていたため御紹介いただき、私も折々話を聞くことが出来たのが、トニー・レイク政策企画部長でした。大学はハーバードだったと思いますが、ホルブルック氏と似た経歴、即ち一緒に同じ理由で国務省を退き、ウッドロー・ウィルソン・スクールに行ってウルマン教授に学んで、カーター政権発足と共にヴァンス長官に呼び返されました。その後クリントン政権が発足すると大統領の安全保障担当補佐官に任命されました。栗山大使の時代です。

それからマイク・アマコスト。私が赴任した時にホワイトハウスにいて、そこから国防省の国際安全保障担当次官補代理に昇任、レーガン政権下で東アジア・太平洋地域担当次官補代理、フィリピン大使、政務担当国務次官、駐日大使、ブルッキングス研究所理事長、スタンフォード大学フーバー研究所上級フェロー。アマコストは、コロンビアのPh.D.を取った後、東京の国際基督教大学で教えておりましたが、当時在京米国大使館で沖縄返還交渉を担当したリチャード・スナイダー次席公使に勧められ国務省に入りました。ですから彼には東京ですでに会ったことがあり、私のワシントン在勤四年間を通じホワイトハウス、国防省、国務省で東アジアを担当していましたから、随分と密接に仕事を致しました。

ホワイトハウスでは、スチュー・アイゼンスタットという著名な弁護士が内政担当大統領補佐官をしていましたが、そのすぐ下にビル・スプリングという、私のハーバードの寮アダムス・ハウスでルーム・メイトだったまさに親友が政治任命でおりました。よく出かけて内政の話を聞いたものです。この人にも民主党系エスタブリシュメントとの社交で助けてもらいました。長いことゲイロード・ネルソンという民主党のリベラル派に属す上院議員のスタッフをしていました。その後、ハーバードのケネディ・スクールで教えていましたが、ボストン連銀の副頭取をもう十年以上務めています。いまでも毎年クリスマスにはフルーツケーキを送ってくれます。

ホワイトハウスには、よく知っていたブレジンスキーがおりましたが、一参事官のカウンターパートではもちろんありません。ただ彼の場合も、レーガンの安全保障担当補佐官になったリチャード・アレンも、大使とのアポイントメントを取るのにまったく苦労がなかったのは助かりました。モンデール副大統領と大使とのアポイントメントも、モンデール夫人がライシャワー大使の従兄の娘さんだったこともあってか、よくとれました。また、ブレジンスキーの下でNSCのスポークスマンをしていたジェリー・シェクターは、先ほどホルブルック氏との関連で触れたように、『タイム』誌の東京支局長をしていたため、私が外務省に入った頃から親しくしていたので、総理訪米の際色々と協力してもらったものです。

NSCには欧州安全保障問題担当でボブ・ハンターという研究者がいました。奥さんがイラン人の中東学者でしたが、私がオランダにおりました頃、米国のNATO代表としてブラッセルにきていて夫婦で呼んでもらったりしました。ブラッセルと言えばアイゼンスタットも、こっちの方は米国のEU代表としてブラッセルに来ていて何度か会ったものです。

いまのネグロポンテ副長官、エリオット・エイブラムスNSC次席補佐官なども当時から仕事で接触がありました。エイブラムスは中南米担当の次官補代理で西村君が会っていました。国際機関担当の次官補のビル・メインズは、私の政治原論のセクションの生徒でした。この人はホルブルックもしたことのある『フォーリン・ポリシー』誌の編集長にその後就任して、長年務めていました。

レーガン政権発足後は、リチャード・アレン、アーミテージ、アーミテージの上司ヘンリー・ローウェン国際安全保障担当次官補、この人は一期で古巣のスタンフォード大学に戻りました。内政担当補佐官となったマーティン・アンダーソン、ウォルフォヴィッツ、ジム・ケリー等々。アンダーソンは、学部はダートマス、Ph.D. は確かＭＩＴ。ご夫妻で優秀な経済学者ですが、レーガン政権の第一期が終わるとこの人もスタンフォードのフーバー研究所に上級研究員として赴任し、私がサンフランシスコの総領事時代、ミルトン・フリードマン博士などを紹介してくれるなど、助けてくれました。フーバー研究所は私がハーバードで行った講義"The Inner Landscape of Japanese Culture"を冊子として出版してくれましたが、これは彼の勧めで実現したものでした。ローウェン教授にもサンフランシスコではよく大学に招いてもらうなどして大切にしてもらいました。

ワシントン時代、私の教え子と言えば、キッシンジャーの補佐官で、著名なピーター・ロドマン、メリーランド大学教授のマック・デスラー、カーター政権の下、国際機関担当の次官補で、その後『フォーリン・ポリシー』誌の編集長を長年務めたビル・メインズなどがいてよく会っていました。ロドマンは、ハーバードのロースクールを出たのですが、結局弁護士の道は歩むことなくキッシンジャーをよく助けました。ブッシュ政権では、ウォルフォヴィッツの下で国際安全保障担当の次官補を務め、私はワシントンに行くとこの人には会うようにしています。デスラーは、沖縄返還と繊維問題についてよく知られた本を書いていますし、カーター時代に一時国務省かホワイトハウスにいたのかな、日本の特派員の方々に日米経済・貿易関係について時々求められてレクチャーをしているのだと言っていました。こうやっていくときりがありません。

言論人としては、『ニューヨークタイムズ』の長老政治評論家ジェームス・レストン。彼自身尊敬しているといっていた有名なジャーナリスト、思想家ウォルター・リップマンの後継者と呼ぶ人もいるほどの人でした。面白い自伝を書いています。また、当時の『ニューヨークタイムズ』のワシントン支局長バーナード・グワーツマンは私のハーバードの同期。その前すでにモスクワの支局長をしていて、その後同紙の外交担当主筆を長いこと務めました。私ども卒業の年、大学新聞 *Crimson* の編集長をした人で、ワシントンでは文字通り家族ぐるみでつき合ってくれました。

他には、当時ワシントンで最長老、かつ、華やかだった評論家ジョセフ・オルソップ氏にはニック・プラットが紹介してくれて親しくなりました。グロトン校、ハーバード大学でフランクリン・ルーズヴェルトと同窓、家族ぐるみの付き合いだったそうで、抜群の毛並みの良さ。時々お招き下さるのですが、夜の遅い人で話し方がちょっと回りくどい。家内がいつもこくりこくりとして、そうすると、「You are sleepy, my dear――お眠くていらっしゃる、奥さん」と言いながら話を続けられたものです。振り返ってどうしてあんなに親切だったのか、プラットの紹介がなければ一参事官が社交の輪に入れてもらえるような人ではありませんでした。奥様はもう亡くなっておられました。

それから丹波君が親しくなっていた政治外交評論家のジョセフ・クラフト。主に『ワシントンポスト』、『ニューヨークタイムズ』に寄稿する辛口、辣腕の記者で、容貌を含め丹波君にそっくりでした。他にも沢山の知己をジャーナリズム、大学研究機関に得ることが出来たのは幸いでした。率直こういう人達は日本の政治や外交のこと、日米関係について話を聞きたいと言って交遊を求めてきてくれる場合も多く、ありがたく思ったものであります。

最後にノーマン・ミネタ議員、その後クリントン政権で商務長官、ブッシュ政権で運輸長官を務めた人ですが、この方の御両親が、私の父が牧師をしていたオークランドのメソジスト教会で父から洗礼を受けられたということを知って驚いたことがありました。これは私がワシントンに赴任する前、いつ頃でしたか、訪日米議員団を外務省の幹部が一夕接遇した際陪席して、たまたま隣り合って話している時、お前の親父は何をしていると聞かれて、そのような話になっていき、私がそこからまだ元気だった母に電話をしたらよく覚えていたということがあったんです。その時母はミネタさんの御宅のかわらの色を申しました。母にとって四十年ほど前の記憶ですが、四十年前の人間関係の記憶というのはいまの私にとって一九六〇年代のことですから、まだまだ結構鮮明なんです。そんな御縁で私の次男がワシントンに在勤していた頃大変に親切にしていただいたそうです。いまでも来日されると夫妻で食事を御一緒しています。

最後になってしまったが、長年国務省にあって対北米、日本外交に携わったビル・ブリア駐日公使、ペギー夫人のたゆむことのない日米友好協力関係維持促進のための貢献を述べておきたいと思います。夫人は、一九七一年秋昭和天皇皇后両陛下御訪欧の際アンカレッジに立ち寄られ、ニクソン大統領夫妻の御挨拶を受けられましたが、皇后陛下の御通訳をつとめました。私がワシントンに在勤していた当時は朝鮮部長。その後マンスフィールド大使の下で次席公使を務め、日本での人脈は豊かで福田康夫先生の親友でもあります。

大使館政務班

――大使館での仕事について具体的に教えていただけますか。

私は政務班についてしかお話し出来ませんが、いままで飛び飛びに色々お話ししたので少しはお分かりいただけたと思います。主な仕事は、日米関係の政治的側面、日米安保条約と地位協定の運用、主要な国際政治問題についての日米各々の政策の調整、国際情勢についての情報収集、交換など。それに米国国内政治情勢を詳しくフォローして東京への報告、来訪する国会議員への大使によるブリーフの補佐、案件によっては班長がそれを直接に行う場合もままありました。

また、私の頃は対議会連絡、工作も、もちろん案件ごとに他の班と協力してではありますが、よく政務班がしておりまして、大使の補佐役を務めておりました。私自身一参事官の身分ではありましたが、かなりの数の上下両院議員の方々の知遇を得て、例えば、ダニエル・イノウエ上院議員、ハミルトン下院国際関係委員長、下院の軍事委員会の重要メンバーで戦争中は日本語将校だったストラットン議員、ノーマン・ミネタ下院議員等々とはよくお目にかかって、議会における対日感情などを伺ったものです。我が家にもよくお見え下さいました。いまは議会班が出来て、公使クラスの優秀な人が班長を務めています。極めて大切なポストです。

議会関係で苦労したのは、イラン革命後、一九七九年十一月に在テヘラン米国大使館人質事件が発生後間もなく、日本がスポットで、イランの対米禁輸であまった石油の三分の二を高値で買ったことがありました。それが米国で広く報じられるに及んで囂々とした対日批判が巻き起こり、下院議長だったティップ・オニール議員が「今回の日本の行動は、我々米国人に真珠湾を想起させた」というステートメントを発表したことがありました。早速私は、いくら何でも「真珠湾」はひどい、これは抗議はすべきと考え、川島君と国務省の日本部長のところへ対処ぶりを相談に参りましたら、「何も打つ手はないよ」とにべも無いんですね。実際にはもうちょっとひどいことを言っていて。それでも、私ども挫けずに議長のスタッフに知っている人がいたものですから、釈明の法はないにしてもまずは面談して、いくら何でも真珠湾はないだろうと文句を言いに行こうと申し込んでも返事がないといった状況で、閉口したものです。

イランの人質事件と言えば、当時大来佐武郎外務大臣がヴァンス国務長官とパリで会談した際、やはりこのイラン石油のスポット買いなどを含め日本の対応振りに米国への同情が足りないと不満だった長官が、「日本はインセンシティヴ（無神経）だ」と言ったんですね。相当にきつい表現です。ところがこれを大臣が記者会見でインセンシティヴと言われたとそのまま話してしまわれ、日本ではかなり大きく報じられました。

――その頃のことを東郷駐米大使は、「当座の日本側の反応は、政府要路の発言も、シャーをイランに戻す方向でアメリカとイランの間を斡旋したいとか、石油に関しては日本は自然体で行くとか、ワシントンから見ていて、いかにも立ち後れの感を禁じえなかった」と回顧しています。有馬さんご自身がワシントンからご覧になった日本の対応について、どのようにお感じになられましたか。

そういうことをひっくるめてヴァンス長官はインセンシティヴと言われたのでしょう。石油について自然体というのは、イランの石油は買うということで、主要な石油輸入国では、日本だけがその後もこのように買っておりました。

これについては、当時の國廣（道彦）経済局参事官が資源エネルギー庁の幹部に対して、「日本の企業がイランの石油を引き続き国際市場を上回る価格で買っているのは好ましくない」と言いましたら、その幹部は、「アメリカは高々五〇パーセント、五五パーセントを外国から輸入しているだけだが、日本は九割超、一〇〇パーセント近く輸入しているのだから、そういうことは言っておられない。それにイラン革命後メジャーの日本の非系列石油会社への原油供給がどんどんカットされていて、それを補うためイラン原油の増量で補わざるを得ない」と言うので、「少なくとも高値で買うことは避けてくれ」と。そしたら「そう致しましょう」と言って、日本は高値で買わないことを発表したんです。それに対してイランが今度、対日禁輸を発表したので、確か米国との関係では問題が事実上それで解決してしまったんですね。これは國廣経済局参事官の功績でした。

ところが後で聞くと、大来大臣の方にも不満があったのだそうです。というのは、人質事件の直接の契機は、よく知られているように、エジプトに亡命していたパーレビ皇帝が癌になって、その治療のための米国入国を米政府が認めたことでした。すぐにイランの革命派は、皇帝引き渡しを求めて激しい反米運動を繰り広げ、それが大使館占拠、館員人質事件と繋がった訳です。この入国については、キッシンジャー元長官の強い主張があったと言われていますが、私どもワシントンで見ていて、往時の米国とイランとの緊密な関係に鑑みても、人道的配慮からしてもごく自然に思えました。しかし、大来大臣は、米国政府の皇帝入国許可に批判的だったと聞きました。

そのようなこともあって、先ほど川島君が電話で教えてくれたとお話しした米海兵隊による人質救出作戦が失敗した時、国会の審議において野党は、この海兵隊の作戦行動に批判的でしたし、大臣も最初は「聞いていなかった」といった反応を示されたそうです。在米大使館にとっては、幸い栗山北米局審議官が、直ちにこの武力行使の違法性はイラン側の大使館占拠、大使館員の人質という重大な国際法上の不法行為によって阻却されていて、米国政府の正当防衛であるとの政府の見解、国会説明をまとめられ、国務省にも伝え、対米関係ではことなきを得ました。

それでも、この救出作戦失敗という事件は、当時衆議院議員に設置された安全保障特別委員会のたまたま初めての会合で取り上げられ、社会党の石橋政嗣氏が、この作戦に使用された米空軍機は沖縄発進の疑いがあり、かつ、作戦の訓練は沖縄で行われた可能性があるとして政府を追及、防衛庁長官が調査を約束するなど、米国政府は日本の理解と同情のなさを苦々しい思いで見ておりました。

詳しくはお話し致しませんが、この当時第二次石油危機でガソリン・ステーションに車の長蛇の列が出来るようになっていて、あの公共交通機関の実に乏しい車社会のことですから、市民の間では苛々というより一種の危機感すら漂っていました。ですから、私どもワシントンにいて、この事件のすぐ後、七九年四月末大平総理が訪米され、苦楽を共にするのが同盟国だと言われ、苦悩する米国国民に同情を示され、カーター大統領がこれを多としたことで、ちょっとした安堵感を覚えたものです。もっとも、この救出作戦については、米国政府内部でも意見の対立があって、ヴァンス長官は辞任、マスキー元メイン州選出上院議員が後任に就任しております。

日米経済摩擦の胎動

――話が元へ戻りますが、一九七七年九月には宇野（宗佑）科学技術庁長官が訪米して、東海村の核燃料再処理施設の運転方法についてスミス代表と交渉しています。このことについて印象に残っていることがありましたら、お話をお聞かせ下さい。

これはもちろん科学班が担当しておられまして、総務班も関わっていました。私は携わっておりません。しかし、東郷（文彦）大使の御示唆でナイ次官補に、直接我が国がＮＰＴ批准に踏み切るに当たり国内で大きな問題になっていたのは、米国の核抑止力の信憑性云々もあったけれども、加えて、平和利用の面で日本が差別待遇される可能性、この懸念を払拭することが非常に重要で、少なくとも前政権は、日米原子力協定を問題にしたことはまったくなかった、それが、カーターになってから何となくスムーズに行っていないのは、納得いかないところだという、そういう話をし、それこそ社交の場のようなところだったかもしれませんが、素直に聞いてもらったことを覚えています。実際には、この宇野長官訪米の際の合意があって問題は一応解決したと聞いておりましたが。

――直接のご担当ではなかったかもしれませんが、十二月には牛場（信彦）対外経済大臣が訪米して、ストラウス特別代表と経済交渉を開始します。そして、翌年の一月にはストラウス代表が訪日し、日本はGNP成長率七パーセントを目指すと共に、内需拡大によって黒字削減を図り、関税を引き下げること、さらには、オレンジの輸入枠を七八年度からは四万三千トン、ホテル用高級牛肉の輸入を一万トン増やすことで合意します。この経済交渉について印象に残っていることがありましたら、お話をお聞かせ下さい。

詳細は存じません。ただ、東郷大使がロバート・ストラウス通商代表とたいへん親しくなられて、米国内政についての指南役としておられるようなところがありました。そのため面談の際、私を連れていかれたことがあったりして、通商を巡る緊張の雰囲気を若干知るようになっていました。他方牛場大使は、私の義父が若い頃から良く存じあげていたものですから、お見えになると飯を食おうと誘って下さり、「米国はどうだね」と聞かれるものでした。この御出張の時でしたか、いわゆる牛柑交渉の大枠について私に話しながら「米国の内政にとって実際どの程度重要な問題と思うか」と聞かれたことがありました。

私は、ニクソンの往時の繊維へのこだわりほどではないにしても、米国史上ディープ・サウス選出最初の大統領としては、共和党に大きく浸食された「南部」という民主党の歴史的地盤の奪回のために、例えばオレンジでは頑張るでしょうし、牛肉での譲歩はより広く喜ばれると申し上げました。また、インフレ率二桁が恒常化し、利息も史上最高、しかも経済の実体はスタグフレーションというほとんど未体験の状況に見舞われ、米国国民は自らの生活の見通しに深い懸念を持つようになっていて、万が一にも日本との経済関係がスケープゴートとされることのないように、ともお話し致しました。もちろんこれは経済班の方々が議会の雰囲気を踏まえて正確に認識していた話ではありましたが、求められるままに意見を申し述べたんです。この段階での私の懸念はちょっとオーバーだったかもしれません。一九八〇年代に入ってからの対日批判圧力に比べれば、当時の政治化の激しさはそれほどではなかったように思います。

——経済摩擦が本当に激化するのはいつ頃ですか。

もう始まっていたと言えるのかもしれませんが、一九八〇年代に入って米国の貿易赤字が千億ドルを超えるようになり、その六、七割を日本との貿易赤字が占めるようになった頃でしょう。通商交渉担当者がお互いに嫌悪感を覚えるくらいになって、これはもう少し後のことかもしれませんが、小倉（和夫）君が「日本人の嫌米感情」というようなことを言い出すくらい、たいへん長い間続いた訳です。日本は自由市場経済には馴染まないという日本文化異質論が横行しました。

これら日米貿易交渉については、元・通産審議官畠山襄氏の優れた、興味深い著作があります（『通商交渉　国益を巡るドラマ』日本経済新聞社）。

対日防衛力増強要求

——アメリカに赴任された頃に、「日米防衛協力のための指針」（ガイドライン）策定に向けての作業が始められています。これはもっぱら東京で行われていたのですか。

そうです。私が着任して間もなく、政務班にいた丹波（實）君が北米局の安保課長で東京に戻りますが、前々任の山下（新太郎）君が私の赴任に先立って当時の状況を話してくれました。指針作りは正確に言っていつ頃始まっていつ終わったのですか。

――一九七六年七月に日米防衛協力小委員会を設置することが合意され、それ以後、協議が行われていくことになっております。防衛協力小委員会のメンバーは、外務省アメリカ局長（一九七九年度より北米局長）、防衛庁防衛局長、統幕幕僚会議事務局長、駐日公使、在日米軍参謀長、必要に応じて太平洋軍司令部、国防省関係者が出席することになったということですから、その前の年からですね。七八年の十一月に仕上がって発表されました。

九月には三原（朝雄）防衛庁長官が訪米し、ブラウン国防長官と会談していますが、これについて何か印象に残っていることはありますか。

陪席している筈なのですが、特に印象はありません。ブラウン長官は、物理学者でカリフォルニアの大学で先生をしておられたのかな。極めて率直に意見を言う人でした。我が方防衛庁長官始め日本の要人との会談には、いつもアブラモヴィッツ次官補代理が一緒でしたが、この二人は日本との関係ではなかなか手強いコンビでした。

――その翌日には岸（信介）元首相が訪米して、カーター大統領と会談していますが、この訪米について何か印象に残っていることはありますか。この会談でカーター大統領は、GNP比一パーセント以内に防衛費支出を抑える必要はないのではないかと、そのような発言をしたと伝えられておりますが、当時のアメリカにはそのような雰囲気はありましたか。

カーター大統領が岸元総理に実際そのような発言をしたのかどうか私は知りません。カーター大統領が細かい数字を挙げて議論をするのを好んだというのはすでによく知られておりましたが、いずれにせよ、そのような雰囲気は、カーター政権になって出てきました。その都度私どもは、我が国の防衛政策、防衛費について米政府から圧力がましい発言があると、出来ることも出来なくなる、我が国の自主性を尊重して控えて欲しい、と繰り返し強く申したものです。あまり効果はありませんでした。

その後、なるほどそうだったのかと思い当たる当時の米国要人の発言を読みました。ブレジンスキーが、「日本人がとても礼儀正しく一般的要求に合意し、丁重に合意を実行しない癖がある以上、我々の示唆が具体的になったのは当然だった」と日本人のある識者に言っているんです（外岡秀俊、三浦俊章、本田優『日米同盟半世紀』朝日新聞社）。ひどいものです。でも、これがカーター政権時代の対日認識の一面だったのではありますまいか。

カーターという人は、「この米国にも力の限界があるのだ」と言って登場し、外交面では人権、核拡散防止に加え、唯一具体的目標と言えば在韓米軍の撤退をあげていたものですから、日本の防衛努力の向上はこれの実施に当たっての大切な要件の一つだったのでしょう。米国政府は、通常一国の国防費というのはその国を取り巻く安全保障環境が決めるものであって、ただGNPの一パーセントというのは納得がいかないと申しておりました。作為的な目標——artificial targetと言って批判していました。ニクソン、フォード時代には防衛費を巡って露骨な要求があったとは承知していません。かつての木村（俊夫）、宮澤（喜一）両外務大臣とキッシンジャー長官とのあの頻繁な会談の中で、防衛費の話が出たことはついぞなかったと思います。

もっとも、こんなこともありました。私が北米局長になって間もなく、一九八八年当時、ニューヨークの日米協会会長をしていたヴァンス元国務長官が東京に来られて、私のところにお見えになったんです。その時、私は、カーター政権は日本の防衛政策について色々注文されたので、私どもとしては当時、非常に苦労したと申したんです。そしたらヴァンス氏はたいへん驚かれて、そういうことはしていなかったと言われるんです。私の方も驚きましたが、往時を具体的にくどくど再現するのは長老に失礼かと思ってやめました。

――ヴァンス国務長官に関連する話では、八〇年三月には大来（佐武郎）外務大臣が訪米して、ブラウン国防長官とヴァンス国務長官と会談して防衛力増強を要求されています。そこには、ソ連のアフガニスタン侵攻が大きく影響したということはありませんか。

もちろんアフガニスタンもありますが、そのような要請はいま申した通り、カーター政権発足時からありました。これの背景にはアジア太平洋地域におけるソ連の軍事力の著増があります。これが我が国においてもソ連の軍事的「脅威」と認識されるに至ったのが、前年十二月のソ連軍のアフガニスタン侵攻だったと申せましょうか。

私自身というか、私どもの多くは、アフガン侵攻の前から極東ソ連軍の動き――我が国北方領土の軍事基地化、ソ連艦船のベトナム・カムラン湾寄港などにみられたソ連太平洋艦隊の遠洋航海能力の向上、原子力潜水艦や新戦略爆撃機バックファイアーの極東への配備など——を目の当たりにして、我が国の安保環境の劣化を懸念致しておりました。それゆえに日米安保の信憑性の保持のための努力は欠かせないと感じていました。ちなみに、よく知られている話ですが、カーター大統領がこの軍事侵攻を目の当たりにして、自分は初めてソ連の攻撃的性格を認識したと述べて、ひろく批判を浴びていました。

——米国の対日要求は強まってくる訳ですね。

米国からの要請が強まっていたということは、もちろんあったと思いますし、米側にはそのような意図はブレジンスキー補佐官の言う通り当然あったでしょう。しかし、日本の当時の国会の雰囲気からして、すぐに防衛力を増大するということではありませんでした。しかし、在極東ソ連軍全体の増強、北方領土におけるソ連軍の駐留等々で、防衛意識が強まったことは確かだと思います。

米国の対日圧力と言えば、ある年末、沼田（貞昭）君から、米国政府が日本の防衛予算案を突然、公に批判したという連絡をうけたことがあります。

——それは八〇年末ではありませんか。十二月三十日に米国国務省が、日本の防衛予算決定に対し不満であるという趣旨の発表をしております。

大統領選挙は終わっています。ヴァンス長官は、この年の春、人質救出作戦失敗の後退いておられ、国務長官はメイン州出身のマスキー上院議員がなっていました。いずれにせよ私はすぐに電話で理不尽な発表だし、少なくとも事前の連絡のなかったことは極めて遺憾だと抗議をし、その旨を東京に報告して、処理した記憶があります。他方、それで収まったと思いますが、もう慣れっこになっていたのかもしれません。

――実は、この発表には伏線があって、大平（正芳）首相は一九八〇年の五月に、メキシコ、カナダ、アメリカを訪問された後、チトーが亡くなってカナダからユーゴに向かわれます。この時の日米首脳会談で、カーター大統領は、中期業務見積りの繰り上げを要請し、大平首相は、真剣に検討しながら努力を続けるとおっしゃっています。その時の報道によると、日本は着実かつ顕著に防衛費を増額させる約束をしたと米国側は受け取ったと言われています。それに対して大平首相は帰国後、米国側から具体的な要請はなく、防衛力の整備は自主的判断で行うと国会で発言されています。この首脳会談の防衛力整備についてのやり取りで、何か印象に残っていることはありますか。

やり取りは大平総理の国会での御発言の通りだと思いますし、中期業務見積りの細かいことは総理は御存知なかったのではありませんか。私の記憶に残っているのはまずイラン問題、これのもたらした第二次石油危機、石油価格の高騰、世界経済の減速、加えて利子二〇パーセントという史上最悪のインフレに苛まれていた米国経済の異様な苦境、モスクワ・オリンピックのボイコット、経済制裁などソ連のアフガン侵攻への西側の対応ぶりなどが主な議題だったということです。中期業務見積りが首脳会談で取り上げられていたということ、私にはピンときていませんでした。

先ほどもちょっと触れましたが、カーターは非常に細かい人で、大統領就任後、福田（赳夫）さんとの初めての会談で、テレビ輸出の自主規制について米側の要求の数字を言ったそうです。ところがその数字は、日本にとっては有利な間違ったもので、それを東郷さんが正しい数字に直した。日本側には何でそんなよけいなことをしたのだと言う人もいたそうですが、カーター氏は感謝していたと聞きました。

――一九八〇年四月に駐米大使が交代されまして、大河原（良雄）大使が着任されますが、大使の交代はどのような影響があるものなのでしょうか。

東郷さんは四年くらいおられたでしょう。

――一九七六年二月十日のご着任ですから、四年ちょっとですね。

通常の交代でしたね。東郷、大河原両大使の交代は静かなものでした。東郷大使は怖かったんですが、大河原大使は決して叱らない人でした。他方官僚としての優秀さ、上下を問わず公正な対人関係において同質の上司でしたので、職務環境、館員の士気には変化がありませんでした。

――八〇年六月には大平首相が亡くなられて、七月の葬儀にはカーター大統領が参列されます。このことについて印象に残っていることはありますか。

このことは、いかにお二人が親しくなっておられたかということに尽きます。

――大統領が参列なさるというのは、大統領府から大使館に連絡があるんですか。

あの時は国務省を通じて都甲総務参事官に連絡が来たと思います。

――それから、八〇年七月には鈴木（善幸）内閣が発足しますが、鈴木内閣の発足についてアメリカ側はどのように受け止められていたのでしょうか。

大平さんの突然の逝去に、カーター政権は誠に残念だという気持ちを強く持っておりましたが、鈴木さんの登場については、国内政治向きの人だそうだが、人格者であり実力者とのことだから、様子を見ようということだったのでしょう。ただ、その段階で、総理候補として中曽根（康弘）、宮澤、竹下（登）、安倍（晋太郎）とおられた訳ですから、そういう人ではなくて鈴木さんが首相になられたことについて、日本の国内政治を見ていた人達は、驚いたのかもしれません。

――そして、八一年一月にはレーガン政権が発足しますが、カーター政権と比較して、対日政策はどのように変化したのでしょうか。

レーガン政権登場直後、国防政策の転換を大宣言する訳です。それは何を意味したかというと、日本始め同盟国の防衛力強化もさることながら、まずは自分達を強くしないと、という訳です。カーターの四年間で、いやよく考えればニクソンとキッシンジャーがデタント、デタントと言った七〇年代を通じて失ってしまった米国の軍事力の対ソ優位を回復する、との決意を公にしました。ですから、日本の国防費一パーセントなどということを問題にする世界ではもはやないんです。日本に対しては理詰めでの防衛努力の強化を慫慂する、米国は世界の軍事的安全保障確保に努力するから、日本は自分の防衛のため出来ることはやって欲しい、そして日米間の防衛協力を強化しよう、そのための協議を深めていこう、そういう対日姿勢です。

――この頃からですか、ロール・アンド・ミッションということを言われますね。

そうですね。それは日本に対して、より多くの役割を果たすようにということですけれども、防衛費を何億円増やせという世界ではありません。そして日本も、これはたまたまですが、その頃になってくると、鈴木さんは防衛問題にはあまり関心がないと言われておりましたが、ソ連の軍事力の増強ということを認識しだして、防衛整備ということは考えられるようになりつつあった訳です。それから、米国との協力をより効果的にしなければならないというのは、世論が許すようになってきていました。ですから、この頃ではありませんか、共同演習がかなり活発に行われるようになったのは。

――防衛分担が提案された時に、日本はそれをすぐ受け入れようという感じになったのですか。

それは、集団的自衛権の行使にならない役割分担協力は有り得るということでした。ですから、その当時になると、いよいよイージス艦みたいな話になってきて、情報収集したものを共有するのは、集団的自衛権だと野党が申したりして、いや自衛権は武力行使を伴う概念であって情報の共有は関係ないといったやり取りが行われていました。注意深くではあるけれども、役割・責任の分担について政府のレベルでは、これは受け入れる話だなということを考え始めておりましたが、それでも八一年五月の鈴木＝レーガン共同声明というのは、勇気を必要としたものではあったんです。

――話を元に戻しますが、一九七八年五月に福田総理が訪米されてカーター大統領と会談されていますが、印象に残っていることをお話し下さい。日中平和友好条約の締結が話題になったようですが。

日中平和友好条約については、福田内閣の時に改めて交渉が加速して、この訪米の三カ月後の八月に締結されたのですから、当然総理から懇切な説明があったと思います。米国政府自身、正常化交渉をしていたので強い関心を持っておりました。

また、この頃福田内閣の下で、我が国は初めて国連安保理常任理事国入りの可能性を検討始めました。福田総理の秘書官だった小和田恆さんが国連局の政治課長をしておられたこともあって、積極的でした。ちなみに、小和田恆課長の時代に、国連の平和維持活動に対し我が国としていかなる人的貢献が可能かについての内々かつ非公式の勉強会を立上げられ、これは後任の小林智彦課長へと引き継がれていきます。学者として京極純一先生などがお入り下さっていて、私もメンバーだったのですが、中身の記憶は稀薄です。これは最終的には斎藤鎮男大使が座長になって緒方貞子さんも加わり、報告書にまとめあげられていったのです。

――さらに六月には金丸（信）防衛庁長官が訪米して、ブラウン国防長官と会談しています。この際、金丸長官は在日米軍の駐留経費について、いわゆる「思いやり」の精神で、出来るだけ負担していくと発言しています。この会談について印象に残っていることがありましたら、お話をお聞かせ下さい。

私はこの会談に出ていると思うのですが、この時大使館の防衛班に頼まれて、米国がいかに在日米軍経費内の日本負担分を増やしてくれと言っているのか、金丸さんに説明したことであります。米側がアジア太平洋地域における防衛義務を見直している中で、日本に対して責任や経費の分担を求める声がたいへん強くなっていることを、御説明したということですね。金丸さんという方は、あまり細かい話を聞く人ではないと言われておりました。私はかつてお話ししたように沖縄特別国会の頃、千葉（一夫）北米第一課長のお供で、当時国対で担当の副委員長をしておられた金丸さんのところに参上してブリーフをしたことが二回か三回ありましたが、よく話を聞くし、勘のいい政治家でした。いずれにせよ、「ベトナムで挫折した米国が引き続き東アジア太平洋地域の防衛に関心を持ち続けるためには、日本も責任を担ってくれと米側が言っているのは理解出来るところであります」と、そのような趣旨の話を致しました。

――金丸長官にそのようなご説明されたのは、この訪米の時ですか。

この時だけですね。

――金丸さんの反応はどのようなものでしたか。

「どうにかしなくちゃいかんのだろうな」と言っておられました。

――「思いやり」というのは、金丸さんが言われたことですか。

私は金丸さんがお使いになった言葉だと思っています。これは賢い表現なんですね。これは条約ではないよ、ただ、日本を守ってくれているのだから出来ることはしてやるのは当り前ではないかという、そういう雰囲気を出されたのでしょうね。

――金丸さんは、『偉大な将軍とは単に強いということではなく兵士の靴まで思いやるものである（英・ウェリントン将軍）』ということだよ」と言われていたそうですが。

そういうことを金丸さんがおっしゃったんですか。

――おっしゃったそうです。

そういう人だからこそ、あんな実力者になったんです。

――そうかもしれませんね（笑）。人の心を摑むから実力者になるんですからね。

そうですよ。部下の命を預かっている人は、そういう配慮をすることが出来て初めて実権を掌握するんですから、それはちっとも驚くことではありません。加えて、滲み出るようなユーモアのある政治家でした。

カーター政権の対日政策

——有馬さんは、カーター政権が発足した一九七七年の八月から、カーター大統領が惨敗して代わってレーガン大統領が就任した一九八一年の八月まで、四年間ワシントンに在勤されました。その間の米国の対日姿勢についてお話し下さい。

着任して間もなく、私は当時の米国政府の対日姿勢について、東郷大使の御指示で大使の事実上、口述を伺いつつ、おおよそ次の趣旨をまとめたことがありました。

カーター政権は、発足以来対日関係をそのアジア政策の中心において重視していくと言っている。しかし、米国経済が活力を失い、国内政治が錯雑となり、主要外交目標の達成が遅滞するに至って、我が方との懸案の処理ぶりにしてもいきおい「ゆとりを欠く傾向」を見せるようになっている。現政権の外交担当者は大統領以下ブレジンスキー補佐官、ブラウン国防長官など日米欧委員会の経験を有しているが、彼らの発想は端的に言って日本は応分の国際責任を果たすべきであるということであり、主要先進民主主義諸国の一角を担う以上「日本の特殊事情」といった言い訳はもはや通らないというものである。「ニクソン・ショック」に懲りて日本にいささかの罪悪感すら有していたキッシンジャー国務長官時代の対日態度に比し、現政権の態度は、日本の頭越し外交はしない、幅広い協議をあらゆる問題について行ってゆく、しかし、応分の責任は果たして欲しいというものである。最近日本担当者は、「従来、米国政府は日本政府と国会の関係など日本の内政事情に種々配慮してきたし、今後もこの態度は維持するつもりである。しかし、今後は日本政府も同様の配慮を米行政府に払って欲しい」との趣旨をよく口にする。いま米国には、国際問題について米国のみが重荷を負うのはおかしい、応分の責任の分担が同盟国間で行われるべきであるとの風潮が強まっている。いまのところ日米経済問題は、一部の論調を除き「安保ただのり論」といった政治面に波及することなく推移している。問題が深刻であるだけに米側当事者の間に自制があったとも考えられる。しかし上述のごとき米政府関係者の姿勢よりして、将来につき楽観は許されない。

カーター政権の掲げる国防費の節約と防衛の強化は、相反する目標でありながら議会側より強い支持を受けている。在アジア・太平洋米軍については、韓国からの地上軍撤退と海軍の若干の増強を除き現在規模を堅持する旨が強調されているが、同時にこのような防衛上の努力を行うに当たって、同盟国の更なる努力を訴えるに至っているのが注目される。従って、今後日米安保体制の運用、経費面に議会の関心が一層深まることは十分考えられるところ、当地の議会関係者に対する説明ぶりを含め対処方針を準備する必要があろう。今後我が国が対米交渉の基盤を強化していくためには、自主的かつ問題を先取りする形で解決をあみだすとの姿勢をとることが必要となろう。いわゆる日本の「特殊事情」を理解する寛容さは、ただ経済面のみならず他の分野でも急速に失われている。

これは私の在勤中レーガン政権登場までの間ほぼそのまま当たっていたと思います。ところで、最初の「ゆとりを失っている」というのは、東郷大使が当時よく言っておられたことでした。敗戦時から日米安保改定、沖縄返還と長年対米外交に携わってこられた東郷さんの実感だったのだと思います。

――御在勤中の米国内政についてここで改めて伺いたいと思います。振り返ってベトナム戦争、市民権運動、大学紛争、ウォーターゲート事件のあと、米国政治の性格はカーター、レーガン政権を通じ変質したと言われております。そしてこの質問は最初にすべきだったのかもしれませんが、一九七七年カーター政権登場時の米国の政治状況についてお話し下さい。

それでは内政面でありますが、コロンビア大学で米国史を講じるアラン・ブリンクレーという教授に*The Unfinished Nation*(『未完の国家』)という名著があります。米国通史の教科書として書かれたもので最近のものとしては優れています。その中でブリンクレーはカーター大統領の登場してきた時の米国が直面していた諸々の問題は国民をよろめかすほどに複雑かつ困難なものであった、だから誰が大統領であったとしても巧みにこれを乗り切ることは出来なかっただろう、しかし、指導者としての彼のスタイルは「頑固で独善的で」、一九八一年に彼は二十世紀で最も不人気な大統領の一人として職を離れることとなった、と書いています。

私は、御指摘の通り、この大統領が就任した一九七七年の八月に着任し、彼が八〇年の選挙に惨敗して、レーガン大統領が就任した八一年の八月までの四年間、ワシントンに在勤致しましたが、このブリンクレーの評価は激しすぎるにしても、カーター政権四年間を振り返っていささかの共感を覚えます。

私にとっては十五年ぶりのアメリカで、着任後、ハーバードのケネディ・スクールのあるゼミに呼ばれて、米国社会、政治のこの十五年間の変貌について話を致しました。私はその導入のところで、自分は一九六一年一月、ケネディ大統領が就任演説で、米国は自由を守るためにはいかなる犠牲をも払う用意がある、米国国民は国があなた方のために何が出来るかと問うのではなく、あなた方こそが国のために何が出来るかを問うて欲しいと訴えた翌年、一九六二年春十年半生活した米国から日本に帰った。今年カーター大統領はその就任演説で、米国国民はこの米国でさえ自らに限界のあることを知るに至ったと述べている、率直複雑な感慨を覚えざるを得ないと申しました。ちなみに、ブリンクレーは、一九七七年のカーター就任からレーガン再選の一九八四年までを扱った章を「The Age of Limits（限界の時代）」と名付けています。語感はあえて意訳すれば「八方塞がり」に近いと思います。

しかし、米国社会がカーター就任の当初からそうであった訳ではありません。カーターは就任一年後、七八年の年頭教書で「アメリカの現状は健全である」と述べていますし、前の年には年末にかけて『ニューヨークタイムズ』や『ワシントンポスト』といった主要紙が、米国市民がその個人生活に満足感を覚えているとの世論調査の結果についての論説を掲げたりしておりました。ですから着任当時私は、米国内政について次のような認識を書いたことがありました。

一九六〇年代後半ベトナム反戦運動に端を発した未曾有の大学紛争、さらには黒人等人種問題の激化、大都市の荒廃、青少年犯罪の激増、そしてベトナム敗戦に由来する挫折感、ウォーターゲート事件のもたらした大統領及び連邦政府自身の権威の失墜等々が徐々に過去のものとなりつつある。重要なことは米国市民がこの十年間の試練を克服した過程で基本的には自国の政治体制につき改めて自信を深めたやに見受けられることである。

しかし、上述のごとき諸体験は、米国社会にいくつかの変貌をもたらしている。これを政治的側面のみからみれば、第一に、一九三〇年代ルーズヴェルト大統領のニュー・ディール以降ほぼ間断なく続いた権力の行政府（大統領）への集中に対する批判が強まり、議会の力が相対的に増大し、かつ議会内部においてもいわゆる「指導者層」の伝統的権限が浸蝕されて、政策決定過程を複雑なものとしていること、第二に、米国は依然として世界の最強国ではあるが、世界はもはや米国の思うがままには動かないのだという認識、それだけに国際場裡においては米国のみが重荷を負うのではなくて主要先進民主主義諸国もこれを分かち合っていくべきであるとの考え方が強まってきていること、第三に、知識階級・学界の政治に対する積極的介入の態度が無関心に変わりつつあること、第四に、ワシントンの権威の衰退を背景に巨大かつ国民から乖離した連邦政府の意味は何であるのかという素朴な疑問が強まっていること、第五に、政府のあり方、政治家の行動について昂った道義感が適用されるに至っていること、さらには *The Best and the Brightest* に象徴された東部エリートの後退等々が挙げられよう。

「政治的奇跡」と呼ばれた地方政治家カーター大統領の登場は、以上のごとき趨勢の中でこそ理解し得るのではあるまいか。就任演説において、自己の政権を「謙虚さ」「開放性」「思いやり」「正義」といった米国市民の土着的価値観に訴える表現で性格付けようとしたカーター大統領は、同時に政府が国民に与え得る期待には限界があることをも述べている。これに米国国民の多くは共感を覚えているようだ。

カーター大統領——One Term President

——カーター大統領は、再選に失敗した後も活躍されていますが、どのような大統領でしたか。

このカーター大統領のことですが、私は、着任後知遇を得るようになっていた『ニューヨークタイムズ』の長老政治評論家ジェームス・レストンから懇切な話を聞いたことがありました。私にとってはとても面白かったのでちょっと御紹介しますと、レストンがいうには、彼は長年にわたって政治記者をしてきて、ルーズヴェルトの末期に始まり歴代の大統領を間近に見てきたが、カーター大統領の知性は群を抜いているというんですね。カーターと個人的に話し合ったことのある世界の指導者達は、その前の年の春訪米された福田総理を含め彼の卓越した理解力に感銘を受けたと述懐しているというのです。福田総理とレストンとの会談は誰かがアレンジしたのでしょう。その後私は、カーター大統領は人の話をよく聞くということはよく耳にしました。御存知の通り彼は海軍士官学校アナポリスの卒業生で、原子力潜水艦搭乗の訓練を受けた原子力工学の専門家です。しかし、早々と海軍は退いてジョージア州に戻り、家業のピーナッツ農場の経営者となり、それから地方政治家の道をまず辿ります。

レストンの話に戻りますと、カーターは大衆を湧かせる政治家ではないというのです。ジョージア州知事時代のカーターをよく知っている政治家から聞いたのだそうですが、毎年開かれる全米知事会議にはお祭りのようなところがあって、一日の行事が終わると、知事達は酒場に集まってにぎやかに飲むそうです。これが慣例なのに、カーターだけは食事が済むと自分の部屋に戻って仕事をしていた。「孤独を好む（a loner）」というのが知事仲間の彼の評判であって、また、オニール下院議長はレストンに「カーター大統領は政治家が肩を叩き合ったり、取り引きをしたりするのは不品行なことと思っているらしい。しかし、議会政治にはそれ以外に何もないのではないか」と嘆じていたが、この議会の大ベテランの嘆息の中に、自嘲と敬意の念が含まれていることも見逃してはならない、と話してくれました。

レストンは続けて、政治家が知性だけで大統領になれる訳がない、地方政治家の間ですら異色であったカーターが、それではどうして大統領にまで上りつめたのであろうか。自分はかつてフランスの友人に「ド・ゴールの人気の秘密は何か」と聞いたことがある。「失われたもの、失われつつあるものを象徴していることだ」というのが答えであった、カーターの政治力を考える時、この答えが思い出されてならない。「家庭」とか「教会」とかいった伝統的制度の権威が失墜していく中で、この様ないわゆる「近代化」の過程を「解放」と考えるアメリカ人がいると同時に、多くの者達が耐えられない不安を覚えているのも事実である。いや、多くの個人がいずれをも感じていると言った方が正確かも知れない。自分はこの若い大統領が多くの欠点を持ちながらも、米国の良き伝統を蘇生させることが出来るのではないか、国民の不安をいささかでも和らげることが出来るのではないかとの期待を抱いている。彼の政治力は、この様な期待感によるところが大きい。日々の政治過程で、さまざまな利益グループから批判されることはあっても、全国的に見て、彼が根強い心理的支持を有していることを忘れるべきではないと思う、と申しました。

さらにレストンは、「失われつつあるものの象徴」ということとの関連で、カーターの宗教について一言説明してみたいとして次のように話してくれました。

米国社会自身、もはや宗教的ではない。これは健全なことである。しかし、米国社会は全体として依然宗教的なことに価値があると信じている。自分が最も敬愛していたリップマンの著書に『道徳序説』というのがあって、その中で彼は「祖先の秩序が崩壊する時」何かを信ずることに対する憧憬が強まるのだとの趣旨を説いているが、いまの米国社会はまさにその様な「時」なのではあるまいか。この様な状況をひっくるめて最近の米国の保守的傾向と呼べるのかもしれない。

歴代の米国の大統領は、ウィリアム・ジェームズが“The Bitch Goddess of Success”と呼んだ拝金・唯物主義と戒律的清教主義・ピューリタニズムとの緊張の間に身を置いて来た。カーターははっきりと後者に身を置いている。自分の見るところ、カーターは自分の信仰をあくまでも個人的なものとして、社会・政治の分野に持ち込むことをしていない。現状においてはこれはカーターの賢い政治的選択である。反感も強いが、いやそれでいいのだという考え方の方が強いように思う。ただ多くのキリスト者はこれは政治的偽善だとしている。他方、これこそ健全とするキリスト者も多い。

これは米国国民が個々に決めることであって、三年後に分かる。

ちょっと分かりにくいですが、私には興味深く思われる話でした。その頃、カーター就任後一年あまりしか経っていないのに、「一期のみ務める大統領（One Term President）」ということがすでに論じられるようになっておりました。現職として出馬して落選したのは、確か一九三二年に民主党候補ルーズヴェルトに敗けたフーバーだけだと思います。これについてもレストンは次のような意見を述べてくれました。

「一期のみ務める大統領」という流行の表現は、『ニューヨークタイムズ』の自分の同僚であるトム・ウイッカー記者が作り出したものである。当たっているかもしれないし、外れるかもしれない。好むと好まざるとに関わらず今後三年間は米国大統領の地位にいるカーターを、この様な角度からのみ見るのは、米国の国益に反することだと自分は思う。政治家として彼に欠けるところが多いのは自分もよく承知していて、特に米国議会を知らないということはカーターの最大の弱点であり、これを克服し得ず、かつ、その間、特に経済で深刻な問題が解決されずに放置されれば、指導力のない政治家としてのイメージが定着して、彼の二期目選出が困難となる政治的事態は考えられよう。そのような状況では、彼は案外あっさりとジョージアに帰ってしまうのではあるまいか。

振り返ってこの「一期のみ務める大統領」についてのレストンのコメントは予言的です。ただカーターは、ジョージアに戻りましたが、引退とはほど遠くなかなか意欲的、かつ、活発で「カーターは米国史上もっとも芳しくない大統領の一人であったが、『元大統領』としては最も優れている」などと言われています。北朝鮮の核施設への武力攻撃を中止させるための北朝鮮訪問などは、評価は分かれますが、よく知られています。レストン氏はその後も二、三カ月に一回くらいは会ってくれておりました。

ところで大使館では毎年、全総領事が出席し在米公館長会議と呼ばれるものを開きます。これには本省の北米局、経済局、情報文化局の幹部も参加致しますが、政務班長はそこで米国の内外政、日米政治安保関係について報告を致します。七八年度公館長会議の際、これは中間選挙の前でしたが、東郷大使から今回はいま色々論じられている米国内政の性格付けを試みたらどうか、各総領事にも色々意見があるであろうし、自分としてもそれを聞きたい、との趣旨の指示で要旨次のような報告を致しました。先ほど御紹介したものに比べ米国内政の錯雑さをより詳しく説明しています。

最近来、米国政治のバルカン化（Balkanization）または細分化（Atomization）ということが言われている。これは「権力のたそがれ」（Kevin Philips）、「共通国家目標の喪失」「権威とその象徴の衰退」（Nisbett）なども説明されていて、この意味するところは、個人の忠誠心はもはや国家に集中されることなく、その対象の細分化が進行している。具体的には、個人が自己の直接的利益、欲望、嗜好をそのまま主張することによって、政治的、社会的または宗教的規律、抑制が弱まったということである。

労組、ユダヤ人、黒人、主要企業などの伝統的圧力団体に加え、環境保全、反原子力開発、同性愛者、老人、子供、胎児などの権利、女性解放、麻薬規制の緩和、さらには、遺伝学の研究態様等々の問題の可否を巡って多数の新たな圧力団体が独立集団として自己主張を行うに至っている。

そして、これを受けて立つべき立法府は、かつての長老議員を長とする常任委員会を軸とした政策決定過程の崩壊によりもたらされた権力の分散を背景として、調整機能を弱め、従って個々の圧力に脆弱となっている。換言すれば、各議員の力が相対的に強まった。これは大切な点である。また、行政府自身ベトナム戦争、ウォーターゲート事件を直接の契機とする反連邦政府の機運を背景に、かつてほどにはその権限を行使しえない国内政治状況におかれている。具体的例として、「国家安全保障」という概念ももはや立法府から独立した聖域たり得なくなっていることは、ＣＩＡに対する議会規制の強化にも見られる。

また、現在国民の最大の関心事であるインフレ問題について世論は、政府はこれを解決しえないのだと一般的無力感を示している。

以上のごとき政治について、思想的には市民参加の民主主義（Participatory Democracy）ということが強調されるに至っている。このことは、一九六〇年以降の最高裁の一連の判決にも示されていて、例えば、各選挙区間選挙民数の相当の不均衡は違憲であるとの見解を示した結果、かつては一八：一といった不平等すら存在したものが、現在では同一州内の各選挙区有権者数の格差は二〇パーセントに抑えられていること、その他、投票要件としての長期居住期間、識字テスト、選挙税、立候補の際の高額供託金などを禁じた一連の判決（一部はその後憲法修正に繫がった）が有権者、特に南部の黒人など歴史的に差別されがちであった諸グループの選挙参加環境を容易なものとしているのはその具体例である。

しかるに、当国における各種選挙の投票率を見ると、特に中間選挙については漸減傾向すら見られる。

このように、各種のかつ細分化した市民運動が政治参加を旗印として強まっている時に、なぜ投票率がこのように低迷し、事実前回の中間選挙では三〇パーセント台にまで下がったかについて定説はまだない。しかし、連邦政府、議会に対する期待感の低下、民主、共和両党の国家組織としての規律の一層の弛緩、特に下院議員の個々の選挙区に着目した場合、世論を二分し、選挙で帰趨を問うような問題の少ない場合も多いこと、移民など社会底辺を政治的に組織したかつての主要都市における「ボス政治」の衰退、社会福祉制度の整備に伴う社会底辺層の政治的無関心の助長、市民の関心の多様化とこれを反映する利益団体の多岐化などが説明として挙げられている。

いずれにせよ、連邦政府、議会の権威、権力の相対的低下、政策決定能力の鈍化が今後米国政府の外交、安全保障政策にいかなる影響をもたらすか、これはワシントンだけではなく、全米各地においてよほど注意深く観察し続ける必要があるとの趣旨をごく短時間に話しました。

――有馬さんはハーバードのケネディ・スクールのゼミで、十五年ぶりに見る米国の政治的風潮の変化について話されたそうです。米国国力の相対的低下を正直に、真摯に認めるカーター氏のスタイルとケネディ氏の自信満々のスタイルは別として、ほかにどのような変化がありましたか。

二つありました。一つは、政治のラディカルな民主化、先ほど申し上げた政治の「バルカン化」、これは「米国への忠誠心の稀薄化」とでも呼べましょうか。オリンピックで優勝する黒人選手が、国歌吹奏、国旗掲揚の際、黒い手袋をはめた右手のこぶしを挙げて国家拒絶の態度を示していた時代です。しかし、これは早々と癒されました。もう一つは、私の専門ではありませんが、米国の歴史学――米国人の歴史体験についての自己認識――の性格の変化です。

この二つめの米国の歴史学の性格の変化についてでありますが、一九六〇年代後半以降、若い学者による米国史学の見直しが行われ、その過程で米国史の伝統的諸解釈が次々と葬り去られていきます。例えば、私の世代の米国史の古典、丸暗記を強いられたモリソンとコマージャーの *The Growth of the American Republic* の説いた、米国社会は異なる宗教、人種、国籍、政治信念を有する移民難民をその民主主義の理念とこれに基づく体制の下で渾然一体に統合された国民に作り上げていくといういわゆるmelting pot 論、ルイス・ハーツの *The Liberal Tradition in America* が唱えた、封建主義に対決する経験を有さない米国民主主義はロックの思想を排他的ドグマとして強烈に異質のものを統合してきたという論、日本人にも馴染みの深いビアード夫妻の米国史の経済的解釈すらが政治経済、社会の制度及び思想の権力者側の立場からなされたWASPの解釈として批判され、真の民衆の体験を物語る歴史が書かれるべきであるということで、家族、女性、黒人、インディアン、都市貧困層の生活と意識といったものの歴史が流行となり、ここでは統合ということではなく個の追求ということが尊ばれるようになっています。これは一方で米国史学の視野を拡げることにはなりましたが、他方政治について言われたバルカン化と学問とが表裏をなしているとも言えるもので興味深いんです。私はこれを mixed salad と呼びました。その頃すでに行き過ぎについて学界の内部で反省が行われておりまして、米国史の unifying theme への模索が改めて始まっていました。

例えば少数人種の疎外、黒人の虐待を説き、それは事実であっても、これを公に語り、かつ社会としてこれの是正に努める米国は、一時期考えられていたほど悪くはないのではないかという実感の蘇生です。また、米国史を詳細に見れば、米国国民は例えば州権、奴隷制度を巡って随分と血臭い対決をしてきたし、自分達の過去について現在についてまた将来について極めて悲観的見方をしてきたことは度々あった訳で、一九六〇年代から七〇年代にかけての経験をそう特殊なものと考え絶望する必要はないという見方です。ただそれでも当時の『タイム』誌の一論説は、米国史あるいは米国についての米国国民の理解は、米国中心の天動説から地動説に移行しつつあることを指摘しておりまして、戦略核兵器体制絶対優位の終焉とかＯＰＥＣ石油への依存が象徴するように「米国にも限界がある」という実感が深まっている。

私はハーバードでこのようなことをとりとめもなく述べた上で、以上のごとき米国人の歴史観、自己認識の変化が果たして今後大きな回復へと繋がるか否か、理想主義的国際主義の復活ももたらすか否かは今後とも注目していきたい。一つ言えることは、この自信の回復は、自己の限界を正確に認識した上で初めて健全なもので有り得る、足らざるところを補うための日本を含め同盟友邦諸国との協力に対する期待は強まるのであろう。一歴史家は、米国には地上の楽園をこの大陸に作り上げてこと足りるとする思考の伝統と、この楽園を国境を越えて作りたいとする志向が併存していると説いているが、米国外交はこの二つの歴史的極の間を今後とも辿るのであろう、と述べました。これはいまも私の米国史についての認識です。

一九八〇年大統領選

――こうした中で一九八〇年の大統領選挙を迎えます。印象に残っていることをお話し下さい。

私にとっては米国において大統領選挙を経験するのは二十年ぶりでした。この前に見聞したのは、史上初めてテレビ討論が行われた一九六〇年のケネディ＝ニクソンの大接戦です。この開票を私は、国際基督教大学留学から帰国間もなかった――現在上院議員の――J・D・ロックフェラー氏のアパートで早朝にかけて見たのをよく覚えております。そして、私は、一九八〇年の大統領選挙を見て、民主、共和両党の国、州、都市、郡レベルでの党組織と、これを支え運営してきた職業的政治家達の力の衰退に驚きました。最大の理由は、両党が党則を大きく変えて大統領候補の指名を各州での党員、または、かなりの州では一般市民による予備選挙、または、各州の地域別幹部の集会の決定に委ねたことです。かつて党の長老、熟達の指導者達が、四年ごとの党大会において「葉巻の煙にみちた」密室の協議を通じ候補者の選出に大きな役割を果たしていたのですが、党大会は、予備選の結果の追認の祭典になってしまっていることでした。さらに、連邦選挙資金法の運用上、資金は個々の大統領候補の責任で処理されることとなって、国家レベルでの党組織の財政基盤はまったく空洞化していました。さらに、党組織の力はＴＶ、マスコミの選挙専門家と各候補お抱えの世論調査機関の影響力の増加によって大きく削がれていました。

また、一般市民の党に対する帰属意識の稀薄化が見られ、これに加えて支持なし層が漸増し始めていました。これは国民の政治的無関心が増大したというのではなく、国民の政治活動が国家、州単位の党組織を通じてではもはやなく、諸々の自発的団体などを通じて行われるに至っていることを示しているんです。党を通じてではなく自己の属する宗教、利益、職業あるいは価値グループを通じての政治目標の追求という形をとるようになっている。私は、高校、大学時代米国における政党帰属意識は、多くの場合家庭の遺伝子のように思っていましたから、この変化は印象深かった。戦後の米国社会の流動性がこれを変えたそうです。

さらに一九六四年共和党が保守主義者ゴールドウォーターを、また、一九七二年民主党がマクガバンを大統領候補に選び、各々大敗を喫していますが、多くの中庸の党員がその際とてもついていけないと言って棄権したり、反対党に票を投じたりしたのだそうです。一回そうすると精神的にふっ切れたとでも言うか、その後は支持政党なしの傾向に走りがちになると聞きました。民主党にとっては、ベトナム戦争が、共和党にとってはウォーターゲート事件が、各々党員の離脱行脚をもたらしたと言われていました。

それはそれとして私が着任して間もなく、一九七八年初頭、カーター大統領が二度目の年頭教書で「アメリカの現状は健全だ」と述べたこと、その前年末米国主要紙が、米国市民がその個人生活に満足感を覚えているとの世論調査の結果を論じていたことはすでにお話ししました。ところがその二年後、一九八〇年初頭までにこれは大きく変わってしまいました。まず、米国を取り巻く内外の環境の劣化があります。対外的にはイラン革命、在テヘラン米国大使館の占拠、館員の人質、冷戦の作法を無視してのソ連の間断なき軍拡、アフリカ、中南米への進出、イラン＝イラク戦争さらにソ連軍のアフガン侵攻、加えて、在パキスタン・米大使館焼打事件、在カブール米国大使誘拐暗殺事件など一連のテロ事件など、経済的には第二次石油ショック、ガソリン・ステーションでの長蛇の列、未曾有のスタグフレーション、一つ一つが市民に怒りと無力感を与えていました。いまでも、大統領選挙の年、一九八〇年春の海兵隊による人質救出作戦の失敗の無惨さが、一般市民の痛恨が思い出されます。

このような苦境にあって、大統領が著名な経済学者、社会学者それに神学者をキャンプ・デーヴィッドに招いて、今流に言う「リトリート」的会議を開いたのです。そこには、私がハーバード時代からいまでも親しくしている著名な宗教社会学者ロバート・ベラー教授もいて、二日ほど皆さん隠遁しておられましたでしょうか、会議の中身は私どもには分かりませんでしたが、終わって出てきたカーター大統領は、スピーチをします。これは、「マレイーズ・スピーチ（病いのスピーチ）」として歴史に残りました。「マレイーズ」という表現は、特定の病とは違う不調といった意味です。このスピーチの主題は経済の筈だったんですが、その部分は何も覚えていません。国民に訴えるところの薄い話でした。平時にあって、米国史上あの時ほど米国国民が大統領からの鼓舞を必要としていた場面はあまりなかったのだと思います。米国主要論調の示した失望はよく理解出来ました。

他方、ベトナム戦争とウォーターゲートとが米国国民に残した傷というのは、このような大統領を選ぶほどに深かったのかという印象をも改めて持ちました。もうすでにお話ししたように、二大政党の大統領候補の選出は、熟達老練の職業政治家集団の手を離れ、予備選を通じ、一般市民の意向によるようになっていて、信仰篤く清廉潔白の政治家が求められた。ところが、その基準を満たした政治家は、日々混迷を深めていく米国政治経済に立ち向かう有効な処方箋とカリスマとを欠いていたということです。

そして一九八〇年十一月カーター大統領はレーガン大統領に惨敗します。選挙人数において四百八十九対四十九。カーターの勝ったのは五十州中六州（知事を勤めたジョージア、ハワイ、メリーランド、モンデール副大統領の地元ミネソタ、ロードアイランド、ウエスト・ヴァージニア）にワシントン区のみ。四年前国民の期待を担っての地方政治家カーター氏の登場であったことは、レストン氏の語ってくれた通りだったのでしょうが、結局「一期のみ務める大統領」に終わってしまいました。他方カーター政権時代共和党内では、いわゆる後期保守派、いま私どもがネオコンと呼んでいるグループの源流が力をつけていきました。初めて共和党の保守派を代表する政治家が大統領となったのです。

以上からもお分かりのように、一九八〇年の大統領選挙は、それまでの大統領選挙における候補者選びに始まる国、州、郡レベルでの職業政治家の役割を大きく削ぐこととなりました。民主、共和両党の全国的組織の弱体化というか、州、地方へ向けての下降拡散化傾向も顕著でありました。加えて、共和党の主流がはっきりと保守派の手に収められました。また、原理主義的キリスト教団体の政治力が著増します。いまの米国政治の原型がこの選挙の折に生まれたのではなかったかというのが私の印象です。

レーガン政権成立

——レーガン政権登場について印象に残っていることをお話し下さい。

一言で言うとゆとりの回復でしょうか。例えば、鈴木総理の五月の訪米が早々と決まりますと、アレン補佐官から早速私に、「この訪問を成功させるため米政府としてはいかなる協力をもする用意があるので、日程の組み方など日本側に希望があれば何なりと言ってきて欲しい」という電話がありました。カーター政権時代、ブレジンスキー補佐官以下ＮＳＣの日本担当の関係者は全員出来るだけのことをしてくれるのですが、国内政治担当部門の力が強くて会談の時間などが土壇場まで決まらないとか、会談時間が短くなるということがままありました。これがまったくの様変わりとなったのです。ありがたいことでした。それに事実これは鈴木訪米の時も、その後北米局長、外政審議室長として関係した竹下、海部（俊樹）、宮澤各々の訪米の時もそうでしたが、レーガンそれにブッシュ時代、首脳会談の予定時間が延びてもみんな落ち着き払っているんですね。大統領も偉いし、周りも偉い。

もう一つは、レーガン大統領の人柄でしょうか。カーター大統領は、敬虔な信仰心、清廉潔白さ、知性、勤勉さなどで広く米国民に尊敬されておりました。このような徳目一つ一つを疑う向きは、共和党員を含め、なかったと申せましょう。しかし、レーガン大統領は一味違うというか、普通の政治家ではありませんでした。俳優出身、政治的にはそもそもはいわゆる「ルーズヴェルト・ニューディーラー」と呼ばれる世代の民主党員で、ハリウッドの俳優組合の委員長、その後、カリフォルニア州知事を二期務め、細かくはお話ししませんが、名知事としての名声をまさに超党派的にほしいままにした人です。私は彼が一九七六年の選挙で共和党の保守派に担がれて現職のフォード大統領に対立出馬した当時、すでに彼が俳優組合委員長の頃、マッカーシー旋風でハリウッドを追われた映画関係者の仕事探しを一生懸命やっていたといった話を聞いたことがありました。人間味があるというか。一つ、二つ有名なエピソードを御紹介すると、就任の年の春、たまたまですが福田元総理が訪米中でしたが、大統領が精神障害の学生に狙撃されたことがありました。深刻な傷を負っていたのですが、ウォルター・リード病院には警護官に助けられながら歩いて入って行きました。そして緊急手術を受けるため麻酔を受ける時、眼を開いて「先生、まさかあなた民主党員じゃないでしょうね」と聞いたと言うんです。

その年の夏、党の募金運動の大イベントが開かれ、御存知の通り、アメリカではそういう時には色とりどりの風船を会場にたくさん飛ばします。レーガンがまさに演説を始めた時その一つがはじけた。風船のはじける音というのはピストルの発射音に似ているのだそうです。ですから会場はしんとなり、警護官が大統領に走り寄り、また身構えたというのです。そしたら大統領が「今日は外れた――He missed today」と言ったといって会場が爆笑したというのです。いずれももちろん実話です。ですから、私は思わず「ゆとり」の回復と申しました。

いつでしたか、私がもう半世紀近く愛読している *New York Review of Books*（ＮＹＲＢ）が、レーガン大統領についての著書数冊をまとめて書評する長文の論考がありました。ＮＹＲＢに寄稿する人はいわゆるリベラル派の知識人が多いのですが、人柄の魅力を含め二十世紀で最も優れた大統領の一人と書いておりました。会談に陪席したのは二回だけでしたが、私もまったく同感です。

日米の「同盟」関係

――一九八一年五月に鈴木総理が訪米され、七日と八日にレーガン大統領との首脳会談を行います。首脳会談後、共同声明が発表され、共同声明の中に「日米両国の同盟関係」という言葉が盛り込まれます。この共同声明を巡って混乱がありました。このことについて印象に残っていることについてお話をお聞かせ下さい。

宇治（敏彦）さんの『鈴木政権・８６３日』（行政問題研究所）によれば、鈴木首相が「『共同声明』に首脳会談の結果が十分に反映されていない」（『鈴木政権』一八七頁）という不満を漏らした背景について、次のような説明がなされています。レーガン大統領との第二回目の首脳会談で、「急激に防衛費を増やしたら自民党への批判が強まり、社会党政権への道を開く。そうなったら日米関係は元も子もなくなる」ということをおっしゃったそうです（『鈴木政権』一八六頁）。そして、会談自体は第一回目も第二回目も非常に友好的な雰囲気で行われたので、鈴木首相の意識としては、自分の主張が向こうにも理解されたと思っていたところ、「同盟」という言葉が共同声明に出て、新聞の報道では日米関係についてその側面が非常に強調されたので、首脳会談の結果に共同声明が十分に反映されていないとおっしゃったのではないのか。

また、エンバーゴー（報道解禁時刻）付きで事前配布されていた共同声明について、『朝日』が「第二回会談を待たずにその内容が公表される」（『朝日新聞』一九八一年五月九日）と報道してしまい、このため共同声明が第二回目の首脳会談の前に発表されたと鈴木首相がお怒りになられたからではないか（『鈴木政権』一八二―一八三頁）、とも指摘されています。

さらに、共同声明の最終的文言はどこで確定したかということが問題になりました。最終的にはワシントンで確定して鈴木首相の了承を得たことになっていると、この本には書いてあります（一八五頁）。

おおよそそのようなことだったと思います。他方振り返って誠に残念な、そして鈴木総理には申し訳のない出来事でした。というのは、ただ一点を除いて、御訪問そのものは、実は大成功だったのです。私はこの時も首脳会談には出ておりませんでしたが、第一回目は七日の午前に一時間二十分ほど、そのうち冒頭の四十分は「差し」で、この「差し」の部分についてはレーガン大統領が引き続いての全体会議で丁重に説明され、第二回目は翌日やはり午前、この時は予定を一時間超過して一時間半の会談で、この第二回目においては総理の方から我が国の防衛政策に関し懇切な説明をされ、大統領の方からもこれを受けての率直な意見の開陳がありました。かつ、大統領は、今後いつでも、問題があれば電話をしてきて欲しいと言われて会談が終わったそうです。会談の内容は、正確にブリーフされています。これを見ると総理は御自分の言葉で存分に話しておられます。第二回会談の安保部分についての同行幹部の対プレス・ブリーフは以下の通りです。

防衛問題だが、これは非常に熱の入った有意義な意見交換であった。

まず、総理より、日本の防衛政策の基本を説明する前提として、これまでの会談で国際情勢の認識については一致している。共同声明二項で謳われているソ連の動向に対し、西側は協力・協調した政策をとるべきである。又、日本は第三世界の脆弱性を少なくするために経済援助をしたい、との発言があった。

次いで総理より、防衛については、国民も国際情勢の厳しさに理解を示しつつあり、防衛力を整備すべしとの関心も高まりつつあるが、やはり国民の健全な認識を育てながら防衛計画を整備すべきである。その際、第一に世論の動向、国民意識の状況、第二に財政の状態、第三に他の政策との調整、第四にアジアの近隣諸国への影響を考えつつ防衛力を整備していきたい、憲法の枠内で自主的に整備していきたい、との発言があった。

次に総理より、日本に対する大きな侵略があれば、日本は日米安保に依存する訳で、その円滑かつ効果的な運用が必要である。そのために、日米で緊密な連絡・協議を行うと共に、米軍の駐留施設については地位協定の枠内で出来るだけ分担していきたい、との発言があった。

日本の国力、経済力を以てすればもっと防衛予算を計上できる、との意見、つまり憲法を改正して軍事国家となったらどうか、という意見もあるが、国民の大部分は、近隣諸国に大きな迷惑をかけ、国土を灰じんと化し、経済の破綻をもたらした第二次大戦の大きな誤りを二度とくり返さぬことが国民の誓いであると考え、平和憲法の下で日本の再建を図った。この民族の誓いは大多数の国民が担っており、平和憲法を堅持すべきものと考える、と発言された。

引き続き、総理より、では、憲法の範囲内でどうするか、ということだが、防衛予算は七一年から七九年にかけては実質七パーセントの成長を続けたが、現在は財政は三分の一を公債発行に頼り、発行残高は七十一兆円、毎日の利払いが百二十億円、という状況にあり、自分（総理）としては財政再建に政治生命をかけている。五十七年度予算編成に当たっては前年比ゼロ査定が原則で、その中で防衛費だけを突出させれば国民意識の反発を受けることとなる、との発言があり、最後に、防衛問題の具体的内容については、六月の大村防衛庁長官の訪米の際話し合いたい、として発言をしめくくった。


それでは共同声明で何が問題になったのかということですが、これの冒頭にある「総理大臣と大統領は、日米両国間の同盟関係は、民主主義及び自由という両国が共有する価値の上に築かれていることを認め、両国間の連帯、有効及び相互信頼を再確認した」というくだりを巡ってのことでありました。私どもが長年この「同盟」という表現の使用について躊躇いを覚えていたのは、これが戦前の日独の枢軸同盟を少なくとも私どもの世代までは連想させるところがあったからです。それこそ特定の共通の敵国を想定し、日独いずれか一方が戦争状態に陥れば他方が参戦を義務づけられている、このような、きな臭いとでも申しますか、関係を思い出させるところがあったからです。

しかし、この逡巡を大きく払拭されたのが大平総理大臣でした。総理は、前の年一九八〇年五月訪米され、イラン及びアフガニスタン問題で苦境にあった米国に対し平和的解決を訴えつつ、「共存共苦」、西側の主要国として責任を果たす、これが「同盟」というものだとの趣旨をはっきりと述べられたのです。ですから、大平総理急逝の跡を継がれた鈴木総理の訪米を控え、共同声明起草の過程で私ども事務方が、これをきちんと受け止めて、戦後両国国民が育んできた共通の価値観に基づく幅広い友好協力の絆を同盟関係と認めたいと考えたのは自然のことでした。

しかし、ここにいう同盟関係の拠って立つ日米安保条約は、国連憲章の目的及び原則と各々の憲法の遵守を前提としていますから、戦前のいわゆる「同盟」とはまったく異なる性格のものです。しかし、もし我が国に対し武力攻撃のあった場合、我が国は個別的自衛権、米国は集団的自衛権に基づいてこの共通の危険に対処すると規定されておりますから、武力行使、軍事的意味合いのあることも当然なのです。事務方は、ここのところを鈴木総理に御説明し、当然総理の御念頭にあったであろうわだかまりを取り除いておくべきでした。私ども専門家にとってもなかなか説明のしにくい、歴史認識というより歴史感覚のわだかまりの問題だからです。

何が起きたかというと、会談後の記者会見で『読売』の老川（祥一）記者の質問に答えて総理は、この同盟関係に「軍事的意味合いはない」と言われたんです。総理のおっしゃりたかったことは「これは戦前の軍事同盟ではない」、これに尽きるんです。これが、総理は安保をよく分かっておられないという形で報じられ、かつ、一、二の主要新聞は、共同声明について、軍事同盟色が強まったと報じておりました。

総理としては、先ほども御紹介したように、日本の防衛政策については首脳会談で詳しく説明したのに共同声明にはこれが書かれていない、会談の前に共同声明が起草されているというのはおかしいという強い不満を改めて持たれたんですね。これについても、事務方の説明が後手に回ったとの印象を禁じえません。詳しくはお話ししませんが、総理は八日第二回目の会談のあとナショナル・プレス・クラブで演説をされ、その際質問に応えていわゆるシーレーン防衛について発言しておられるのですが、これも問題になってしまった。御帰国後、事務次官の総理批判が報じられるに及んで伊東（正義）大臣が引責辞任されました。高島次官も退かれました。

『朝日新聞』のエンバーゴー破りは、総理は不快でしたでしょう。まさに、会談前に会談についての声明の発出は理不尽そのもの、とお取りになって当然です。しかし、それはそれとしてせっかくの総理訪米がただ一点「同盟」についての御発言で綻びてしまったのは、共同声明の出来が良かっただけに残念でなりませんでした。

ひとつ申し添えますが、私は八月帰国後、たまたまですが、宮澤官房長官が、官邸の記者団に対し共同声明発表までのエンバーゴー付きでなさったブリーフを読みましたが、完璧なものでした。

また、伊東大臣からは辞任された後、何とも御懇篤なお便りを二回頂き大きな慰めを覚えたものであります。

——そして、日米首脳会談が終わった後、まだ五月のことですが、ライシャワー元駐日大使が、核兵器を積んだアメリカの艦船が日本に寄港していたと、『毎日新聞』の古森（義久）さんのインタビューに答え、大きな波紋を日本国内で呼び起こします。印象に残っていることがありましたら、お話をお聞かせ下さい。

ライシャワー先生は同趣旨のことをすでに日本についての御著書に書いておられて、それが特に取り上げられなかったためか、その後も口にしておられたらしい。丹波課長から『毎日新聞』から聞いたとして事前に連絡がありました。ラロック証言等々似たような話が折々出ていました。その都度の我が国からの照会に対して米国政府は、核抑止力の効果の維持のためその存否については肯定も否定しないが、米国は日米安保条約の諸々の取極を誠実に遵守しており、その中には核についての事前協議が含まれると答えておりました。

詳しくは話しませんでしたが、ワシントンにおける四年間の政務班長時代、丹波實君が安保課長で、実質面でも精神的にもとことん助けてもらいました。

ところでその後存じあげるようになった老川祥一さん（現読売新聞最高顧問）は、大分経ってから、私に「あの同盟の質問は、総理を助けるつもりだったんです。鈴木さんが説明すれば、国民の啓発になると思いまして」と私に話されたことがあります。勿体ないことでした。

（以下下巻）

著者紹介

有馬龍夫（ありま・たつお）

1933年北海道・札幌生まれ。1951年より渡米しハーバード大学大学院博士課程修了（Ph.D.）。ハーバード大学講師を経て、1962年より外務省入省。外務参事官、官房審議官、サンフランシスコ総領事等を経て北米局長。オランダ大使、ドイツ大使を経て退官、1998〜2008年日本政府代表を務める。現在、公益財団法人中東調査会理事長。著書に、*The Failure of Freedom: A Portrait of Modern Japanese Intellectuals* (Harvard University Press, 1969), *The Inner Landscape of Japanese Culture* (A Booklet, Hoover Institution, Stanford University, 1988) 他。

〈略歴〉

1953年9月、ハーバード大学入学
1957年6月、同大学政治学部卒業、9月、同大学大学院入学
1959年7月、政治学部助手 Resident Tutor, Adams House
1961年7月、同講師兼極東問題研究所研究員。9月、哲学博士（政治学）課程修了
1962年2月、同研究員退職。6月、外務事務官アメリカ局北米課
1965年5月、北米局北米課。9月、条約局条約課
1966年5月、二等書記官、連合王国
1970年1月、条約局条約課
1972年8月、調査部調査室長
1974年1月、経済協力局技術協力第二課長。7月、外務大臣秘書官事務取扱（木村俊夫、宮澤喜一各大臣）
1976年9月、調査部分析課長。10月、調査部企画課長兼分析課長（免76年12月）
1977年7月、参事官、アメリカ合衆国
1981年8月、大臣官房人事課長、人事管理官
1983年6月、兼文書課長。9月、外務参事官兼アジア局
1984年6月、官房審議官兼アジア局
1985年11月、総領事、サンフランシスコ
1988年1月、北米局長
1990年1月、内閣外政審議室長兼総理府
1992年7月、特命全権大使、オランダ
1994年7月、特命全権大使、ドイツ（1997年9月まで）
1997年12月、退官　外務省参与　大使（2009年7月まで）
1998年1月、三菱商事特別顧問（2001年5月まで）。4月、早稲田大学政治経済学部特任教授（2004年3月まで）。8月、日本政府代表（当面の重要な外交問題に関し、関係国政府等と交渉）（2008年12月まで）
2001年6月、三菱商事取締役（2009年6月まで）
2002年6月、中東和平問題担当特使（2009年7月まで）
2002年12月、（現）公益財団法人中東調査会理事長。現在に至る

編者紹介

竹中治堅（たけなか・はるかた）
1971年東京都生まれ。1993年東京大学法学部卒、大蔵省（現財務省）入省。1998年スタンフォード大学政治学部博士課程修了（Ph.D.）。1999年政策研究大学院大助教授、2007年同准教授を経て現在、同教授。主な著書に『首相支配――日本政治の変貌』（中公新書、2006年）、『参議院とは何か 1947～2010』（中央公論新社、2010年。大佛次郎論壇賞受賞）など。

対欧米外交《たいおうべいがいこう》の追憶《ついおく》 ――1962-1997 上

2015年2月28日　初版第1刷発行©

著　者　有　馬　龍　夫
編　者　竹　中　治　堅
発行者　藤　原　良　雄
発行所　株式会社　藤　原　書　店

〒162-0041　東京都新宿区早稲田鶴巻町523
電　話　03（5272）0301
FAX　03（5272）0450
振　替　00160 - 4 - 17013
info@fujiwara-shoten.co.jp

印刷・製本　中央精版印刷

落丁本・乱丁本はお取替えいたします
定価はカバーに表示してあります

Printed in Japan
ISBN978-4-86578-003-1

近代日本「政治」における「天皇」の意味

天皇と政治

（近代日本のダイナミズム）

御厨　貴

　天皇と皇室・皇族の存在を抜きにして、近代日本の政治を語ることはできない。明治国家成立、日露戦争、二・二六事件。占領と戦後政治の完成。今日噴出する歴史問題。天皇の存在を真正面から論じ、近代日本のダイナミズムを描き出す。今日に至る日本近現代史一五〇年を一望し得る、唯一の視角。

四六上製　三一二頁　**二八〇〇円**
（二〇〇六年九月刊）
◇978-4-89434-536-2

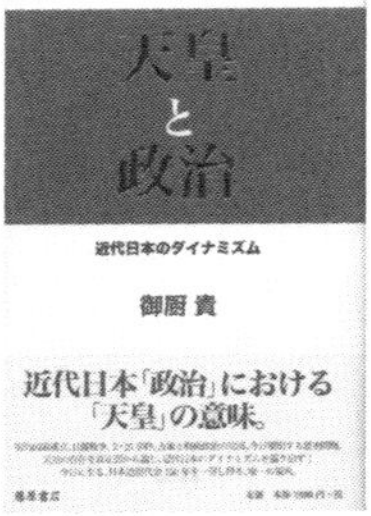

今蘇る、国家の形成を論じた金字塔

明治国家をつくる

（地方経営と首都計画）

御厨　貴
解説＝牧原出
解説対談＝藤森照信・御厨貴

　「地方経営」と「首都計画」とを焦点とした諸主体の競合のなかで、近代国家の必須要素が生みだされる過程をダイナミックに描いた金字塔。「国家とは何か」が問われる今、改めて世に問う。

Ａ５上製　六九六頁　**九五〇〇円**
（二〇〇七年一〇月刊）
◇978-4-89434-597-3

グッバイ、「自由民主党」！

政治の終わり、政治の始まり

（ポスト小泉から政権交代まで）

御厨　貴

　「小泉以後」の3内閣3年間における、「政治の文法」の徹底的な喪失と、そこから帰結した自民党政権の壊滅の過程をたどり、いま政治的荒野に芽生えつつある、新しい政治のかたちを見つめる。政治の歴史、制度、力学に最も通じた著者ならではの、戦後日本の屈曲点における渾身の政治批評。

四六上製　二八八頁　**二二〇〇円**
（二〇〇九年一一月刊）
◇978-4-89434-716-8

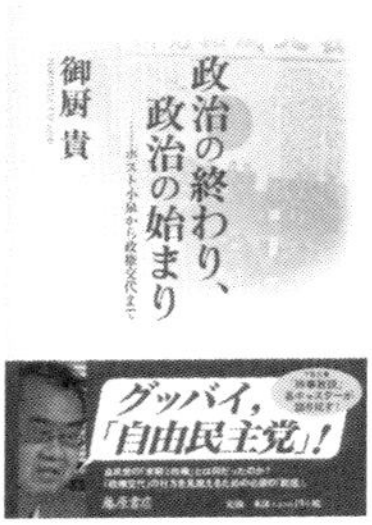

歴代政治家が思わず洩らしたことばの数々

政治家の胸中

（肉声でたどる政治史の現場）

老川祥一

　岸信介、佐藤栄作、田中角栄、三木武夫、福田赳夫から小泉純一郎まで約四十年、戦後政治の激変期の中で、第一線の政治記者として著者が間近に接してきた政治指導者の肉声から迫る、政治家の器量と、政治の真髄。前首相官邸写真室長による貴重な写真も多数収録。

四六上製　三五二頁　**二八〇〇円**
口絵一六頁
（二〇一二年九月刊）
◇978-4-89434-874-5

一人ひとりから始める

「自治」をつくる
（教育再生／脱官僚依存／地方分権）

片山善博・塩川正十郎
粕谷一希・増田寛也・
御厨貴・養老孟司

「自治」とは、狭義の地方自治にとどまらない。一人ひとりが、自分の生活を左右する判断を引き受けて、責任をもって参加すること。そのために、今なにが求められているのか？　気鋭の論者が集結した徹底討論の記録。

四六上製　二四〇頁　二〇〇〇円
（二〇〇九年一〇月刊）
◇978-4-89434-709-0

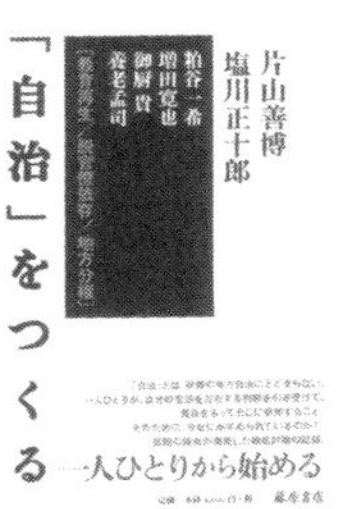

二十一世紀日本の無血革命へ

新しい「日本のかたち」
（外交・内政・文明戦略）

武者小路公秀編
川勝平太・姜尚中・榊原英資・武者小路公秀

外交、政治改革、地方自治、産業再生、教育改革…二十世紀末から持ち越された多くの難題の解決のために、気鋭の論客が地方分権から新しい連邦国家の形成まで、日本を根底から立て直す具体的な処方箋と世界戦略を提言。

四六並製　二〇八頁　一六〇〇円
（二〇〇二年五月刊）
◇978-4-89434-285-9

「サラリーマン国家」から「自立人間」の日本へ！

小国大輝論
（西郷隆盛と縄文の魂）

上田 篤

西郷隆盛の死により途絶した、ありうべき「もう一つの日本」への途を辿り直し、サムライ／百姓／縄文の〝DNA〟の先に、一匹狼の自立人間が割拠する、新しい日本像を見出す。建築学の権威が震災後の日本人に贈る、「二十一世紀の日本構想」。著者渾身のメッセージ！

四六上製　二八〇頁　二二〇〇円
（二〇一二年五月刊）
◇978-4-89434-859-2

日本国家の重大な礎は憲法と皇室典範

皇室典範を改正しなければ、宮家が無くなる

市村真一

激変する世界の中で、日本は〝国のかたち〟を、どのようにつくっていくべきか。経済学の泰斗が、今何をなすべきかを緊急提言！　国民を守り、文化を支えるために、あるべき国のかたちとは。

［収録対談］江藤淳「天皇」／所功「皇統の永続のために」

四六上製　二八〇頁　二八〇〇円
（二〇一二年九月刊）
◇978-4-89434-873-8

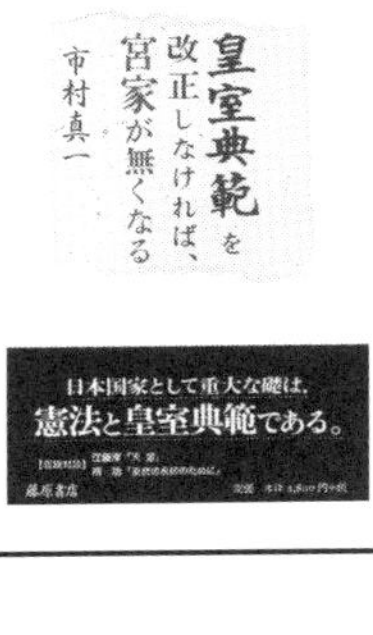

新たな視点から「正当性」を問う

政治的正当性とは何か

J－M・クワコウ
田中治男・押村高・宇野重規訳

頻発する政治腐敗、政治への信頼性の喪失……、現在においてこそ問われるべき「正当性」の問題に、マルクス、ウェーバー、ロールズ、シュミット等多くの政治哲学者の議論を批判的に考察しつつ果敢に取り組む刺激的な一書。

Ａ５上製　三三六頁　六八〇〇円
（二〇〇〇年六月刊）
◇978-4-89434-185-2

LÉGITIMITÉ ET POLITIQUE
Jean-Marc COICAUD

新しい「国連」をめざして

国連の限界／国連の未来

J－M・クワコウ
池村俊郎・駒木克彦訳

元国連事務総長のスピーチライターを務めた著者が呈示する〝国連〟の未来像、そして日本が提示しうる国連像とは？「日本は、安全かつ公正な世界の実現に貢献できる、またとない位置にある」（クワコウ）。

四六上製　三一二頁　三〇〇〇円
（二〇〇七年五月刊）
◇978-4-89434-570-6

国家を超える原理とは

介入？

（人間の権利と国家の論理）

E・ウィーゼル＋川田順造編
廣瀬浩司・林修訳

ノーベル平和賞受賞のエリ・ウィーゼルの発議で発足した「世界文化アカデミー」に全世界の知識人が結集。飢餓、難民、宗教、民族対立など、相次ぐ危機を前に、国家主権とそれを越える普遍的原理としての「人権」を問う。

四六上製　三〇四頁　三二〇〇円
（一九九七年六月刊）
◇978-4-89434-071-8

INTERVENIR? — DROITS DE LA PERSONNE ET RAISONS D'ÉTAT
ACADÉMIE UNIVERSELLE DES CULTURES

「赤十字」思想、一五〇周年記念

「赤十字」とは何か

（人道と政治）

小池政行

〝赤十字〟は、要請があればどこにでもかけつけ、どこの国家にも属さない〝中立〟な立場で救援活動をおこなう〝人道〟救援団体である。創始者アンリ・デュナンのように、困難な状況にある人々を敵味方なく救うという〝人道〟意識を育むことで、日本人の国際感覚を問い直す。

四六上製　二五六頁　二五〇〇円
（二〇一〇年四月刊）
◇978-4-89434-741-0

広報外交の最重要人物、初の評伝

広報外交《パブリック・ディプロマシー》の先駆者 鶴見祐輔 1885-1973

上品和馬 序＝鶴見俊輔

戦前から戦後にかけて、精力的にアメリカ各地を巡って有料で講演活動を行ない、現地の聴衆を大いに沸かせた鶴見祐輔。日本への国際的な「理解」が最も必要となった時期にパブリック・ディプロマシー（広報外交）の先駆者として名を馳せた、鶴見の全業績に初めて迫る。

四六上製 四一六頁 **四六〇〇円** **口絵八頁**
（二〇一一年五月刊）
◇978-4-89434-803-5

真の国際人、初の評伝

松本重治伝 （最後のリベラリスト）

開米 潤

「友人関係が私の情報網です」――一九三六年西安事件の世界的スクープ、日中和平運動の推進など、戦前・戦中の激動の時代、国内外にわたる信頼関係に基づいて活躍、戦後は、国際文化会館の創立・運営者として「日本人」の国際的な信頼回復のために身を捧げた真の国際人の初の評伝。

四六上製 四四八頁 **三八〇〇円** **口絵四頁**
（二〇〇九年九月刊）
◇978-4-89434-704-5

伝説的快男児の真実に迫る

「バロン・サツマ」と呼ばれた男 （薩摩治郎八とその時代）

村上紀史郎

富豪の御曹司として六百億円を蕩尽し、二十世紀前半の欧州社交界を風靡した快男児、薩摩治郎八。虚実ない交ぜの「自伝」を徹底検証し、ジョイス、ヘミングウェイ、藤田嗣治ら、めくるめく日欧文化人群像のうちに日仏交流のキーパーソン〈バロン・サツマ〉を活き活きと甦らせた画期的労作。

四六上製 四〇八頁 **三八〇〇円** **口絵四頁**
（二〇〇九年二月刊）
◇978-4-89434-672-7

真の自由主義者、初の評伝

竹山道雄と昭和の時代

平川祐弘

『ビルマの竪琴』の著者として知られる竹山道雄は、旧制一高、および東大教養学科におけるドイツ語教授として数多くの知識人を世に送り出した、根源からの自由主義者であった。西洋社会の根幹を見通していた竹山が模索し続けた、非西洋の国・日本の近代のとるべき道とは何だったのか。

A5上製 五三六頁 **五六〇〇円** **口絵一頁**
（二〇一三年三月刊）
◇978-4-89434-906-3

一九九五年二月二七日第三種郵便物認可　二〇一五年二月一五日発行（毎月一回一五日発行）

月刊
機
2015
2
No. 275

発行所　株式会社　藤原書店©
〒一六二-〇〇四一　東京都新宿区早稲田鶴巻町五二三
電話　〇三・五二七二・〇三〇一（代）
FAX　〇三・五二七二・〇四五〇
◎本冊子表示の価格は消費税抜きの価格です。

編集兼発行人
藤原良雄
頒価 100円

仏新聞社襲撃事件をどう考えるか。哲学者バリバールとの対話から

〈緊急特別寄稿〉

フランスの9・11

加藤晴久

一月七日、フランスの風刺週刊紙『シャルリー・エブド』がイスラム過激派思想に染まった数名のテロリストに襲撃され、一二人が射殺された。言論の自由と、移民差別問題をはらむこの事件は、フランスに特殊なものではない。来日したフランスの哲学者、E・バリバール氏と『シャルリー・エブド』事件についての対話を深めた、氏と半世紀来の旧知の関係である加藤晴久氏に寄稿していただいた。（編集部）

『ル・モンド』紙　2015年1月10日付

●二月号 目次●

太平楽な国民のひとりなので元旦の『ル・モンド』社説を読んでびっくりした。「よりよい世界を願って」と題するこの社説は次の一文で始まっていた。「よりよい世界？　そのためには、まず、イスラム国とその盲目的な野蛮に対するたたかいを強化しなければならない」

ありていに言えばこれは「平和な世界をつくるには戦争をしなければならない」ということではないか？　なんという矛盾か！

ところが一週間後、中東どころかフランス国内で戦争になってしまった！　風刺週刊紙『シャルリー・エブド』の主要なスタッフがイスラム過激派に銃殺されてしまったのだ！　その後の犯人追撃作戦と立てこもり事件と銃撃戦……。

かつてその作品を愛読したヴォランスキーと、現に毎週『カナール・アンシェネ』紙でその風刺画を楽しんでいるカビュの死を悼むと同時に、『ル・モンド』社説の矛盾に触れたメールを哲学者エティエンヌ・バリバールに送った。一九六一年、パリのエコル・ノルマルに留学したとき以来の付き合いである。

するとバリバールは、わたしのメールをまくらに使って、「亡くなった人々と生き延びた人々への三言《みこと》」と題する、事件についての論評を一月九日付の『リベラシオン』紙に寄稿した（http://www.liberation.fr/societe/2015/01/09/trois-mots-pour-les-morts-et-pour-les-vivants_1177315）。その二日後の一一日、京都大学人文研で開催されるシンポジウム「政治・主体・〈現代思想〉」のメインスピーカーとして招聘されて来日した。一五日、合間を縫って上京してくれたので、今回の事件についてもじっくり話し合うことができた。

『リベラシオン』論文でバリバールは三つのキーワードを示した。それに沿って以下、『ル・モンド』を介して『シャルリー・エブド』事件を読み解いてみよう。

共同体　Communauté

パリの三、十、十一区の境にあるラ・レピュブリック広場。高さ九・五メートルのマリアンヌと呼ばれる共和国を象徴する青銅の女性像が一五メートルの高さの台座の上にそびえている。国是である自由・平等・博愛を象徴する女性像が台座を囲んで座している。

一月七日午前一一時過ぎ、『シャルリー・エブド』襲撃事件勃発。その直後から、老若男女の市民が«Liberté d'expression»「表現の自由」あるいは«Je suis Charlie»「わたしはシャルリー」というスローガンを記した紙片、プラカード

を掲げて集まり始めた。青・白・赤の三色旗を掲げている者もいる。国歌「マルセイエーズ」を歌う者もいる。「表現の自由」は一七八九年の人権宣言で高らかに謳い上げられた原理だ。国旗も国歌も周辺の諸王国の干渉から革命をまもる戦争のなかで生まれたものだ。その夜、広場はろうそくをもった人々で埋め尽くされたが、パリだけではない、全国の都市もおなじだった。一一日、フランス全国で三七〇万の人々が参加した「共和国行進」は世界中のテレビ画面に映し出された。

　これほどの数の人々がなぜ？　それは、オランド大統領が述べたように「共和制そのものが攻撃された」と感じたからだ。「自由・平等・博愛の国是が攻撃された。この国是が表現している諸価値が攻撃された。政教分離（ライシテ）の原理とすべての宗教的・哲学的信条を尊重するという原理が攻撃された」（九日付社説）と感じたからである。

　日本的風土では「寛容」というと無原則になんでも受け入れることと思いがちだが、フランス語の la tolérance は長い歴史的なたたかいを経て確立された原理だ。ヴォルテールが言ったとされる「あなたの意見には反対です。しかしあなたが自分の意見を言う権利は命をかけてまもります」という句がしたり顔でしばしば引用されるが、ヴォルテールが言った Écrasons l'infâme!「汚辱を踏みつぶせ」の汚辱はキリスト教だったのだ。「寛容」と不可分の政教分離の原理も、十九世紀末から二十世紀にかけて、カトリック教会の現世的諸権力との激しいたたかいの末に確立した原理なのだ。

　表現の自由を否定するテロに対して、まさに津波のように盛り上がった「国民的団結」l'union nationale の気運はそうした意味をもっていた。

　しかしバリバールは事件翌日の時点ですでに「国民的団結」に疑問を呈していた。「国民的」national(e) は移民排斥・ユダヤ人差別・反EUを掲げる極右政党 le Front National「国民戦線」の名称だ。対ナチス・ドイツのレジスタンス運動も「国民的」という語は使わなかった。「国民革命」(la révolution nationale) はまさに対独協力ヴィシー政権のスローガンだったからだ。

　バリバールは言う。「共同体」のタームで考えるべきだと。そしてこの共同体は「フランスの歴史のもっとも忌まわしい出来事を想起させるような、ますます激烈なプロパガンダによって侵略やテロリズムと同一視され、われわれのさまざまな恐怖、われわれの貧困化、あるいはわれわれの妄想のスケープゴートにされ

ている多くのフランス市民」を排除してはならないのだ、と。

バリバールの警告はすぐに現実によって証明された。何よりもまず、『シャルリー・エブド』を襲撃したアルジェリア系の兄弟、若い黒人女性警官を射殺し、ユダヤ食品店に立てこもって四人のユダヤ人を殺害した黒人青年はいずれも「フランス市民」なのだ。大都市周縁部に住むアラブ系またブラック・アフリカ系の七〇〇万人の「フランス市民」の大半はテロを批判する人たちだが、他の市民の反応を怖れて追悼と連帯のデモに参加できなかった。「国民的団結」のそとにおかれている。事件の翌日正午、大統領の呼びかけで、フランス全国の官公庁・学校・事業所で黙祷が捧げられたが、全国六万四〇〇〇の小・中・高校のうち、二〇〇校あまりで、黙祷を拒んだ生徒たちが出た。立てこもり犯人を英雄視する生徒も少なくなかった。モスクやユダヤ教会の破壊行動、アラブ系、ユダヤ系市民への攻撃、いやがらせが頻発した。

一月一六日付『ル・モンド』トップの見出しは「自分はシャルリーと言わないフランス人たち」。五ページにわたって「国民的団結」を拒否する「フランス市民」の実体を分析している。そして、二〇日にはヴァルス首相がついに「フランスには地域的・社会的・民族的アパルトヘイト」が存在する、とまで言明する事態になっている。

首相は一三日、国民議会で「フランスはテロリズムと戦争をしている」とも言った。その戦争とは「内戦」の様相を帯びている……。

慎重さの欠如 Imprudence

事件一週間後の一四日、生き残ったスタッフによる『シャルリー・エブド』の最新号は、表紙にまたもムハンマドの諷刺画を載せた。…

「膝をついて生きるよりは立ったまま死ぬことを選ぶ」。イスラム過激派の報復が怖くないのかという質問に、『シャルリー・エブド』の編集長シャルブはこう答えたと伝えられている。それに対してバリバールは言う。危険を顧みない、あえて危険を選ぶ。ヒロイズムかもしれない。しかし imprudence には、「大胆」のほかに、「無思慮」の意味もある。「健全な挑発かもしれないが、ひょっとしてそれがもたらすかもしれない悲惨な結果に対する無関心である。すでに烙印を押されている何百万という人々の辱められたという思いを狂信的な組織がうまく操るという結果をもたらさないかと思う気配りが必要なのではないか」。健全な挑発とその効果との関係を考量することは「卑怯」ではない。

事件一週間後の一四日、生き残ったス

▲エティエンヌ・バリバール氏と加藤晴久氏
恵比寿のSaint-Germainにて（2015年1月15日）

タッフの手で編集され発売された『シャルリー・エブド』の表紙はムハンマドが《Je suis Charlie》と書かれた紙片を両手で胸の前に掲げている絵。左の目から涙が一粒。そして《Tout est pardonné》「すべてを許す」の文字！　事件前は数万部の新聞だったが、七百万部が飛ぶように売れた。同時に、エジプト、レバノン、モロッコ、アルジェリア、トルコ、イラン、モーリタニア、セネガルなどで抗議デモがあり死者も出た。イギリスでは『ザ・ガーディアン』、アメリカでは『ワシントン・ポスト』を除いて、どの新聞も表紙の写真は載せなかった。

　風刺画の問題は、二〇〇五年九月、デンマークの『ジランド・ポステン』紙が掲載したムハンマドの風刺画がことの発端だが、当初アラブ諸国でも世論の反応はにぶかった。一二月になってエジプトのムバラク政権がアラブ諸国の外相会議で問題化したのがきっかけで騒ぎになった。翌二〇〇六年二月、シリアのダマスカスでフランス大使館などが襲撃される事件になったが、これも陰で当局が糸を引いたためと言われている。独裁政権が国民の不満をそらすために利用している面があることを見逃すべきではない（九日付）。

聖戦　Djihad

　テロ事件の翌日の時点ですでにバリバールは「われわれの運命はイスラム教徒の手中にある」と驚くべき問題提起をしている。さきに、西欧諸国を脅かしているテロリズムは内戦だ、と言ったが、実はイスラム教宗派間の神学的対立、民族的対立が西欧諸国に持ち込まれているというのが真実だ。だとすれば、イスラム教は聖戦（ジハード）とは無縁だという神学をイスラム教徒のあいだで確立し、同時に宗派間・民族間の紛争を当事者が解決しなければ、西欧諸国内の内戦も終わらない、という問題提起である。これは人類にとって、数十年単位の、つまり二十一世紀の最大の課題である。

（かとう・はるひさ／東京大学名誉教授）

「最高条件」は危険である。生き延びるための、いのちの社会の掟とは。

私たち人類は「森」の寄生者

宮脇　昭

人間は森の寄生虫

私たちは人工環境の中でつい忘れていますけれども、私たち人間は今この地球上で、土地本来の、本物の、ふるさとの木によるふるさとの森の消費者、正しくいえば寄生虫——というとあなたは怒るかもしれませんが——の立場でしか持続的には生きていけないのです。われわれは、生きている緑、芝生の三十倍の緑の表面積がある立体的な自然の森の、寄生虫なのです。

今日あなたが召しあがったもの——パンでも牛乳でもチーズでもバターでも肉でもすべて、私の着ている衣服がポリエステル、化繊であっても、もとは石炭、石油ですから、すべて植物なのです。私たちが吐いている炭酸ガスを吸収するのも、吸っている酸素をだしているのも、すべて、もとは、生きている植物です。

その植物のことを、私たちはもう一度、きちんと考える必要があります。現代は、あまりにも〝死んだ材料〟ですべてができすぎています。エネルギーも「足りない、足りない」と言いながら、五百万年の人類の歴史、いや六十数年前の戦前・戦中・戦後の頃にくらべても、あり余った状態で生活しているから、自分が生きものの一員である、正しくは森の寄生者の立場でしか生きていけないのだという正しい事実を、この当然の事実を、つい忘れているのではありませんか。

私たちは、寄生虫としての、そして消費者としての立場から、生産者としての〝生きている緑〟のことを正しく考えなくてはなりません。植物は、たんに私たちのために食べ物や酸素の供給や炭酸ガスを吸収したりしてくれるだけではありません。そういう植物の、個別のかかわりと私たちのいのち、生活を考えることだけではなくて、人間、植物も含めたトータルな生物集団（社会）と、それを支えている多様な環境そのものを考えなくてはなりません。

広葉樹林域に積極的に針葉樹林を全国的に植えてきた日本

日本では、今、私たちの生活している周りには、マツ、ヒノキ、スギばかりが多くなっています。人間が火を使い、定住生活をするようになって、必然的に土地本来の森を伐ったり焼いたりして田んぼや畑をつくり、住宅を造るためにまだ足りなくなったために、すでに八百年前にもスギなどを植えていたという記録が、高野山に残っています。

日本では、「鎮守の森」に土地本来の森が残されている。大分・宇佐神宮のイチイガシ林

しかし針葉樹のスギ、マツ、ヒノキ、カラマツなどは、植物の進化からみると本来は過去の植物で、尾根筋や急斜面で土壌が浅く、貧栄養で乾きすぎたりした立地や、水ぎわなどの多湿立地に局部的に自生していたものを、今画一的に植えているのです。農業でも林業でも、刹那的な効率主義を求めれば、同じものを植えたほうが当然管理もしやすいし、商品価値の高い規格品ができます。スーパーで買うハクサイ、ダイコン、ニンジンも、本来自然のものであれば、曲がったり、大きいのや小さいのがあるはずですし、時にはムシの食った葉もあるでしょう。それを全部、まったく一匹もムシがいない、全部同じ大きさでまっすぐの状態を目指して、規格品づくりをしているのです。

植物の系統分類学的な話を少しします。シダ植物の繁茂した白亜紀の後、裸子植物門に属するイチョウ、ソテツ、スギ、ヒノキ、カラマツ、アカマツ、クロマツなどの針葉樹類が繁栄し、ゆっくり植物の世界も進化して、現代では被子植物の時代、樹木では葉の広い広葉樹の時代です。日本は常緑、または落葉広葉樹の時代です。したがって、自然状態では豊かな立地では広葉樹におされてしまい、針葉樹類などはきびしい立地に局地的に自生していました。

ところがこれらの針葉樹は早く育ち、昔の素朴な工具で製材して利用しやすかったので、広葉樹林域にまで積極的にスギ、ヒノキ、マツなどの針葉樹を全国

的に造林してきました。つまり、木材生産でも、刹那的な経済効率で、規格品づくりをやったのです。このようなモノカルチャーの植林は、集積と規格化を求める商業的ニーズに対しては大事ですが、その結果がどうなっているか。農産物生産には殺虫剤、殺菌剤、除草剤などの農薬が手ばなせず、森林の場合は自然災害を引き起こしていのちを失う結果になっているところもあり、管理しなければすぐに藪になってしまいます。

森は、二酸化炭素を閉じこめる

木を植えることは、目的に応じてどれも大事ですが、今大事なことは、いのちを守り、そしてその地域の景観の象徴になり、観光資源にもなる森です。

ドイツの林業のように八十年、百二十年伐期に、大きくなったら丁寧に抜き伐りすれば、どんな広葉樹でも高く売れます。反面、土地に合わない、いわゆる客員樹種を植えたら、管理しなければ維持できません。化粧と同じで、手入れが必要なのです。伐ったらまた植えなければ荒地になります。しかし、土地本来の、**潜在自然植生**の森は、強固な会社や役所組織のように健全な後継樹が待っていますから、大きくなったら、死ぬ前に丁寧に抜き伐りして、焼かない、捨てないで、家具や建築・建設材などに使えば、地域経済とも十分対応できます。地域的にはいのちを守り、かつ地域の経済を保証するというわけです。

林内で待っている後継樹は、亜高木層からすぐ生長して、高木層を形成します。そして豊かな、それぞれの地方固有の緑の景観を形成します。その土地本来の防災・環境保全林を形成し、自ら維持し続けます。

さらに地球規模（グローバル）に見れば、その森のすべての木も草も含めた全植生の乾燥重量の約五〇％は炭素（カーボン、C）ですから、森の中に炭素を固定し、地球温暖化を抑制します。具体的には、土地本来の主木は——たとえば冬が低温で落葉するミズナラ、カシワ、ブナなどの落葉（または夏緑）広葉樹林域の北海道や山地を除いて、日本列島の大部分を占めている常緑広葉樹（照葉樹林の主木群）のシイ、タブノキ、カシ類の林であれば、植えるときの種子はせいぜい二から三グラム、そして根群の充満したポット苗で混植・密植するとき、そのポット苗の乾燥重量はせいぜい二百～三百グラム、その幼木が一抱えほどに大きくなって、胸高直径五〇センチ以上になれば、乾燥重量二トンのタブノキ、シイ、

カシ類であれば、そのおよそ五〇％の一トンは炭素です。つまり、その森がある限り、今大騒ぎをしている温暖化の元凶のカーボンをその森の中に閉じ込めて固定しています。

森は、高木層・亜高木層・低木層・草本層・コケ層の多層群落である

さらにその他の動植物が共生しているので、生物多様性を維持します。同じ木ばかりは植えません。

生物間の社会的な掟

土地本来の森づくりでは、小さなポット苗を〝自然の森の掟〟において、混植、密植します。幼苗の植樹の後、二、三年は草取りが必要ですが、あとは自然の管理にゆだねます。すなわち間伐などの管理はしないで、小さいときは密度効果、大きくなったら自然淘汰によって、土地本来の多層群落の、管理不要で、災害に強い防災・環境保全林が形成されます。

本来の森の構成種である照葉樹林帯であれば、シイ、タブノキ、カシ、シラカシ、アラカシ林の場合でも、自然の森は決してそれらの同じ木だけではありません。林内の亜高木層にはヤブツバキ、シロダモ、モチノキなど、低木層にはアオキ、ヤツデ、ヒサカキなどが出てきます。また森のまわりにはツル植物の林縁群落、森を守るマント群落のクズ、ノブドウ、サルトリイバラ、低木のウツギ類など。そのまわりには、目立たないソデ群落と呼ばれるカナムグラなどがあります。

ブラジルアマゾンではビロラなどを主木とし、またボルネオでは、大木になるフタバガキ科のショレア、ポペヤ、デブトロカルプス類の大木の下には、多いときには一メートル平方に三十本、五十本の芽が出ています。それは無理でも、一メートル平方に三本ぐらい植えます。しかも同じものを植えない、できるだけ多くの種類を「まぜる、まぜる、まぜる」。**生物社会は、競争しながら、少しがまんして共に生きる――これが健全な姿です。**

▲オオバコ

すべての生理的な欲望が満足できる最高条件は、危険な状態

すべての敵に打ち勝ち、すべての欲望が満足できる最高条件というのは、マンモスや恐竜の絶滅の例を見るまでもなく、また人類最古の文明であるメソポタミアやエジプト、ギリシャ、当時世界最強であったローマ帝国を見るまでもなく、千年ももたず、数百年で滅んでいます。なぜか。**生物社会では、最高条件の次にあるのは、破滅です。**

反面、これは私の最初のドイツ語の論文の一つですが、路上のオオバコ群落の例があります。

「踏まれても忍べ道の草」——実は、踏まれるからこそ、生き延びているのです。踏まれなくなったとたんに、オオバコより競争力が強い、路傍の、背の高いヒメジョオンやオオアレチノギク、ヒメムカシヨモギ類などに負けてしまう。あれほど踏まれ、葉がちぎれ、花もいたんでいるところでこそ、彼らは持続的に生きています。日本列島各地はもとより、パリのブーローニュの森の道、ニューヨークのセントラルパークの森の中の散策路でも、オオバコ類は適度に踏まれているところで生育しています。人が踏まなくなって三年たったら、まったく消えてしまう。

生物社会では、すべての生理的な欲望が満足できる最高条件は、危険な状態です。みなさんも、すべて万事がうまくいっているときは、よほど用心していただきたい。

「**エコロジカルな最適・最高条件**」とは、**すべての生理的な欲望が満足できる少し前、少しがまんを強要される状態です。それが何があっても生き残れる、生態学的な最適条件であり、何があっても生き延びられる最高条件なのです。**三十数億年続いてきた、いのちの社会の掟です。

（構成・編集部）

（みやわき・あきら／横浜国立大学名誉教授）

少年・少女向けに四十三年前に書き下した『人類最後の日』の新版！

〝死の中心〟（デス・センター）

宮脇 昭

たとえばバッタの場合、急に大繁殖することがあるのを君たちも知っているだろう。いっせいに飛び立つと、まっ黒な雲が空一面を覆ったようになる。そして彼らは、地上の緑をすべて食いつくしながら野を越え、山を越え移動してゆく。このようにふえすぎてしまったバッタの群れは、ついには移動の方向性を失い、どこまでもまっすぐに進んでいって、海に落ちこんで死んでしまう。

すべての生物集団は発生すると、生長をつづけ、やがて生存するための最適状態に達する。とくに生存を外からおさえるものがないかぎり、彼らは急速に個体数を増してゆく。しかし、個体数がふえすぎれば彼らをとりまく環境は当然変化するわけで、彼らはそのあたらしい環境に適応できずに死滅してゆく。右のバッタの群れは、そのような状態におちいったものなのである。

また、植物群落の場合はどうかというと、大繁茂して過密状態になると、中心部で枯死がおこり、群落の周辺だけがわずかに生き残る。これを〝死の中心〟（デス・センター）という。どんな生物社会でも、環境がだんだん改善されて最適条件をむかえ、さらに最高条件まで進むと個体数が超過密になる。このままでは集団あるいは種属が滅亡してしまうというとき、自己コントロールするために起こる現象である。

東京・横浜・大阪・名古屋などの大都会を考えると、いまにも人間社会の〝死の中心〟ができそうな過密状態である。

人間は単独では生きてゆけない。あくまでも生物社会の一員にすぎない、ということを心得てほしいものである。他の生物、雑草や昆虫や獣たち、たとえ彼らが時にはわずらわしい存在と思われても、根絶やしさせてはならない。彼らの野性味あふれる生命力と競争しながら共存する、という考えに立ってほしいものである。

さいわいにして、人間には英知がある。いまこそ、その英知を存分にはたらかせて、人間社会に〝死の中心〟を生み出さないよう、生命の大量死を招くまえに、きょうも、あすも快適に生きてゆける生活環境を先取りするため、自然の積極的な保護、環境の復元・再生に取り組もうではないか。

（構成・編集部）

戦後の主要な対欧米外交の現場に携わった知性派外交官のオーラルヒストリー。

対欧米外交の追憶 一九六二―一九九七

竹中治堅
有馬龍夫

異能の外交官の三十五年

編者 竹中治堅

本書は元日本政府代表の有馬龍夫氏のオーラルヒストリーをまとめたものである。有馬氏は北米局長、内閣外政審議室長、駐オランダ、駐ドイツ大使などを歴任した後、一九九八年八月から二〇〇八年十二月まで日本政府代表を務めた。

二〇〇一年に外交官試験が廃止され、国家公務員I種試験に一本化されるまで、外交官になる一般的なルートは外交官試験を受験、合格して外務省に採用されることであった。しかし、有馬氏はハーバード大学で政治学の博士号を取得した後、外交官試験を受験することなく、外務省に採用されている。本書は有馬氏が一九六二年六月にアメリカ局北米課で勤務を始めてから、一九九七年十二月に駐独大使を退官するまでの、外交官として、日本の外交政策の立案に携わった経験について振り返るものである。

本書で有馬氏は、第一次石油危機対応、FSX問題、日米構造協議、国連平和維持活動協力法策定など、自身が携わった政策について説明しており、貴重な証言となっている。と同時に、研究者としての教育を受けたためか、自身がおかれた重要な局面について冷静かつ客観的な観点から語っている。有馬氏は外務省でも有数の知米派であり、特に戦後日米関係の展開についての氏の観察は興味深いものとなっている。

外交官の残した回顧録、オーラルヒストリーはかなり多く、近年増える傾向にある。このオーラルヒストリーの特質は次の三つである。

一つは有馬氏が自らの携わった政策過程について極めて詳細に語っていることである。その際、氏は自らがいかなる形で関与したかのみならず、政策の内容や立案される過程についても詳細に述べている。このため読者は政策過程全般について理解した上で、氏の果たした役割を

知ることができる。

二つは、有馬氏がそのキャリアのなかで日米関係に携わることが多かったため、一本書を読むことで特に**沖縄返還以後、一九九〇年代初頭にいたるまでの日米関係の大きな流れについて把握できる**ということである。

三つは、いくつかの政策、特に、**第一次石油危機への日本政府の対応、日米構造協議、そして国連平和維持活動協力法については、**氏の証言により、**政策立案過程**がこれまで以上に明らかになっているということである。

▲有馬龍夫氏（1933-　）

駐米大使館参事官時代

〈インタビュー〉有馬龍夫

大統領選に見る米社会の変化

一九八〇年のアメリカ大統領選挙についての印象に残っていることをお話し下さい。

私にとっては米国において大統領選挙を経験するのは二十年ぶりでした。一九八〇年の大統領選挙を見て、民主、共和両党の国、州、都市、郡レベルでの党組織と、これを支え運営してきた職業的政治家達の力の衰退に驚きました。最大の理由は、両党が党則を大きく変えて大統領候補の指名を各州での党員、または、かなりの州では一般市民による予備選挙、または、各州の地域別幹部の集会の決定に委ねたことです。かつて党の長老、熟達の指導者達が、四年ごとの党大会において「葉巻の煙にみちた」密室の協議を通じ候補者の選出に大きな役割を果たしていたのですが、党大会は、予備選の結果の追認の祭典になってしまっていることでした。さらに、連邦選挙資金法の運用上、資金は個々の大統領候補の責任で処理されることとなって、国家レベルでの党組織の財政基盤はまったく空洞化していました。さらに、党組織の力はＴＶ、マスコミの選挙専門家と各候補お抱えの世論調査機関の影響力の増加によって大きく削がれていました。

また、一般市民の党に対する帰属意識の稀薄化が見られ、これに加えて支持なし層が漸増し始めていました。これは国民の政治的無関心が増大したというのではなく、国民の政治活動が国家、州単位の党組織を通じてではもはやなく、自己

の属する宗教、利益、職業あるいは価値グループを通じての政治目標の追求という形をとるようになっている。この変化は印象深かった。戦後の米国社会の流動性がこれを変えたそうです。

私が着任して間もなく、一九七八年初頭、カーター大統領が二度目の年頭教書で「アメリカの現状は健全だ」と述べ、その前年末、米国主要紙が、米国市民がその個人生活に満足感を覚えているとの世論調査の結果を論じていました。ところがその二年後、一九八〇年初頭までにこれは大きく変わってしまいました。まず、米国を取り巻く内外の環境の劣化があります。対外的にはイラン革命、在テヘラン米国大使館の占拠、館員の人質、冷戦の作法を無視してのソ連の間断なき軍拡、アフリカ、中南米への進出、イラン＝イラク戦争さらにソ連軍のアフガン侵攻、加えて、在パキスタン・米大使館焼打事件、在カブール米国大使誘拐暗殺事件など一連のテロ事件など、経済的には第二次石油ショック、ガソリン・ステーションでの長蛇の列、未曾有のスタグフレーション、一つ一つが市民に怒りと無力感を与えていました。いまでも、大統領選挙の年、一九八〇年春の海兵隊による人質救出作戦の失敗の無惨さが、一般市民の痛恨が思い出されます。

そして一九八〇年十一月、カーター大統領はレーガン大統領に惨敗します。他方カーター政権時代、共和党内では、いわゆる後期保守派、いま私どもがネオコンと呼んでいるグループの源流が力をつけていきました。初めて共和党の保守派を代表する政治家が大統領となったのです。

レーガン政権成立

レーガン政権登場について印象に残っていることをお話し下さい。

一言で言うとゆとりの回復でしょうか。例えば、鈴木善幸総理の五月の訪米が早々と決まりますと、アレン補佐官から早速私に、「この訪問を成功させるため、米政府としてはいかなる協力をもする用意があるので、日程の組み方など日本側に希望があれば何なりと言ってきて欲しい」という電話がありました。カーター政権時代、ブレジンスキー補佐官以下NSCの日本担当の関係者は全員出来るだけのことをしてくれるのですが、国内政治担当部門の力が強くて会談の時間などが土壇場まで決まらないとか、会談時間が短くなるということがままありました。これがまったくの様変わりとなった

のです。ありがたいことでした。それに事実これは鈴木訪米の時も、その後北米局長、外政審議室長として関係した竹下、海部、宮澤各々の訪米の時もそうでしたが、レーガンそれにブッシュ時代、首脳会談の予定時間が延びても、みんな落ち着き払っているんですね。大統領も偉いし、周りも偉い。

　もう一つは、レーガン大統領の人柄でしょうか。一味違うというか、普通の政治家ではありませんでした。俳優出身、政治的にはそもそもはいわゆる「ルーズヴェルト・ニューディーラー」と呼ばれる世代の民主党員で、ハリウッドの俳優組合の委員長、その後、カリフォルニア州知事を二期務め、名知事としての名声を超党派的にほしいままにした人です。

　有名なエピソードを御紹介すると、就任の年の春、大統領が精神障害の学生に狙撃されたことがありました。深刻な傷を負っていたのですが、ウォルター・リード病院には警護官に助けられながら歩いて入って行きました。そして緊急手術を受けるため麻酔を受ける時、眼を開いて「先生、まさかあなた民主党員じゃないでしょうね」と聞いたと言うんです。

　その年の夏、党の募金運動の大イベントが開かれ、御存知の通り、アメリカではそういう時には色とりどりの風船を会場にたくさん飛ばします。レーガンがまさに演説を始めた時その一つがはじけた。風船のはじける音というのはピストルの発射音に似ているのだそうです。ですから会場はしんとなり、警護官が大統領に走り寄り、また身構えたというのです。そしたら大統領が、「今日は外れた――He missed today」と言って、会場が爆笑したというのです。いずれももちろん実話です。ですから、私は思わず「ゆとり」の回復と申しました。

　いつでしたか、*New York Review of Books*(NYRB)が、レーガン大統領についての著書数冊をまとめて書評する長文の論考がありました。ＮＹＲＢに寄稿する人はいわゆるリベラル派の知識人が多いのですが、人柄の魅力を含め二十世紀で最も優れた大統領の一人と書いておりました。会談に陪席したのは二回だけでしたが、私もまったく同感です。

（構成・編集部）

（たけなか・はるかた／政治学）
（ありま・たつお／元日本政府代表）

日本美術の背景や精神性まで理解しようとした欧米の研究家たちの交流に迫る!

国境を越えた日本美術史

南　明日香

明治・大正版「クール・ジャパン」

近年ジャポニスム関連の展覧会や日本の古美術、維新後の輸出工芸の里帰り展が話題になっている。浮世絵がモネやホイッスラーの作と並べて展示され、見捨てられた古美術品を救ったといわれるE・フェノロサの再評価があり、超絶技巧の職人技の工芸品が衆目を引きつけている。海外での評価を前提に、あらためて日本の美術品・工芸品の素晴らしさが「クール・ジャパン」の枠組みで語られたりもしている。

とはいえ百余年前に海を渡ったのは、浮世絵や輸出向けの作ばかりではなかった。また日本の古美術の素晴らしさに魅せられた西洋人は、フェノロサだけではなかった。実は本格的な日本美術史を志した人々のネットワークが国境を越えてできあがっていた。が、第一次世界大戦とその後の混乱によって、歴史のなかに埋もれてしまったのである。

本書では明治十年代から第一次世界大戦直後にかけてのジャポニスムの時代にあって、より深く対象に迫り語ろうとした人々の営為を紹介している。浮世絵が愛されたのに引き替え、室町時代以前のやまと絵や水墨画は当初はむしろ蔑視されていた。西洋美術の規範からは、遠近法も明暗法も理解できていない未熟な作品と見られたのである。古代の仏教美術は存在すら知られておらず、城郭を飾った障壁画も純粋な絵画作品とは見なされず、応用美術という一段階下の格づけにあった。それにひきかえ庶民の娯楽品である浮世絵には最大級の讃辞が捧げられ、工芸品の中でも刀装具の鐔《つば》は、明治の末には一級品はほぼ海外での所有になったと嘆かれたほど人気があった。

一方で日本側からもこうした海外での日本の美術をみるまなざしを受け止めて、西洋向けに博覧会や欧米語での出版物を通してアピールに尽力した。一九〇〇年開催のパリ万博では帝室御物や寺社の秘宝を展示し、本邦初の近代的日本美術史

をフランス語で著したことなどよく知られている。帝国主義の時代にあって日本が欧米列強に負けない豊かな文化国家で、日本人が古代から自然を愛して西洋とは異なる次元での造形を実現した歴史を知らせるという、一種の対外的文化戦略でもあった。まさに明治・大正版「クール・ジャパン」である。

日本美術の背景や精神性まで追求

本書に登場するG・ド・トレッサン(仏)、O・ミュンスターベルク(独)、R・ペトリュッチ(白・仏)、H・L・ジョリ(英・仏)などは、現在でも著書の再版のある日本美術・工芸研究家である。彼らは美術雑誌『國華』の英文版や、最初の美術全集であり日英二言語解説の『真美大観』で発せられた情報を受け止めながら、そこからさらに西洋美術のカノンでは説明しきれない造形の、背後にある精神性までを説明しようとした。その成果は同時代の日本でも東京帝大の瀧精一などにより高く評価され、参照された。〈日本美術史〉というナショナル・アイデンティティは、こうした所属する国や言語の違いを越えてのインタラクティヴな情報提供と、理解の上にできあがったといってよい。

本書では、参考にされた日本と欧米の文献や関係した美術館や協会などの機関、残されていた書簡や資料写真といった一次資料を通して、ようやく緒に就いたジャポノロジー(日本研究)の一環としての日本工芸美術研究の実際を明らかにしようとしている。どのような資料を得、情報を交換していたのか、講演会でまた活字メディアを通してどのように持論を発表しようとしたのか、その現場に迫ろうとした。時に論争も闘わせ編集者や学芸員と交渉しながら、目に見える表現の理解に止まらずその背景、精神性も含めて異文化を理解しようとした姿勢と残された言葉からは、百年後の私たちにも訴えかけるものが確かに散見されるのである。

(みなみ・あすか/日仏比較文学・比較文化)

▲南明日香氏
(1961-)

リレー連載　近代日本を作った100人　11

矢嶋楫子――明治という海を渡った人

江種満子

幕末に「個」を育む女

矢嶋楫子《かじこ》の思想は、楫子の生きた軌跡がそのまま語るであろう。

やはり楫子伝定番の挿話から始めよう。彼女は阿蘇山麓の総庄屋矢嶋家に一男七女の六人目の女児として生まれ、落胆した両親に代わって姉が「勝子」と名付けたとか、その子は、大きくなるにつれ狷介さをみせて「渋柿」とあだ名されたとか。きっと彼女は家族の中に心地よい居場所をもてずに、自衛するために強い「個」の意識を発達させざるをえず、ときにはそれが周りの意表を突いて現れたのだろう。女が誰しも有能で忍耐強い妻母になるように求められた幕末のこと、姉たちの結婚に疑問を感じながら、彼女も二十五歳で後妻の座につくのである。

意外にも、勝子の生年は黒船来航よりも二〇年早く一八三三(天保四)年である。幕末から明治維新へと激動する日本の転換期に、女の平均寿命の前半を過ごした彼女は、明治維新の前年生まれの夏目漱石とは親子ほどにも年齢差がある。しかも漱石より後まで現役で活躍した。ともあれ勝子は、漱石が生涯かけて自他の関係性のアポリアをテーマに日本の近代文学の傑作を書くのに対し、幕末の男尊女卑の世の中で早くも「個」の意識を育んだ女として、言語化こそしなかったものの、漱石と同じ問題を十分その身体で生きていた。

加えて、当時の熊本一帯は、開明的な実学思想を説いた思想家横井小楠の拠点であり、勝子の兄源助は親友の徳富一敬に次ぐ小楠の高弟だった。そのため、矢嶋家の三女以下末女まで、五女つせ子が小楠その人の後妻になったほか、それぞれ小楠門下に嫁いでいる。矢嶋家と徳富家が縁戚関係を組みつつ形成した思想圏図は、偉容というほかない。男たちが小楠とともに熊本を見据え、熊本を超えて日本を論じ合う傍らには矢嶋姉妹がいて、新時代の到来を聞いていたのである。

勝子から楫子へ――「個」を生きる

明治維新の怒濤は、三十五歳になった勝子を冒険の旅へ漕ぎ出させた。維新を

▲矢嶋楫子（1833-1925）
肥後生れ。女子教育家。結婚後10年で離婚し、1872年上京、教員伝習所に学ぶ。小学校教員を経て新栄女学校教員、桜井女学校校長となる。79年受洗。86年レビット女史の来日に際して40数名で日本基督教婦人矯風会を創立。89年新栄・桜井両女学校が合併して女子学院となり、院長に就任。86年東京婦人矯風会会頭。93年日本基督教矯風会大会や国際軍縮会議に参加。1924年婦人参政権獲得期成同盟会に加盟、生涯を女子教育・婦人運動に尽くした。

前にした小楠門下の熱気は、勝子の幼少期に根付いた「個」の自負を後押し、酒乱の夫からの独立へと進ませる。一八七二(明治五)年三十九歳、東京の官職にあった兄の縁で単身上京する途次、自ら楫子と改名して後半生の楫は自ら握ると誓った。

新設の教員伝習所で一年間学び、翌年小学校教師に。実力のある評判の女教師だったが、その時楫子は、自身の「個」が危機に瀕するほどの恋を妻子ある男とし、妊娠し、極秘に出産し、児を養女に出し、恋の幕を引いた。恋は楫子に女としての自己の深淵を肯定させた反面、児を手放した母としての罪悪感に生涯苛まれた。

「個」の伝播者――ミッション系女学校教師、基督教婦人矯風会会頭

一八七八年、四十五歳になった時、アメリカ人の卓越した宣教師ツルー夫人と運命的に出会う。楫子の持ち前の強い個性はようやく居場所を得た。ミッション系女学校で聖書の科目を担当し、教会に通い、恋の罪をキリストに托して受洗する。女学校では多くのアメリカ人教師のアメリカ的女子教育にも触れた。女生徒たちに自主自尊の精神を根づかせるために校則さえ作らず、個人の自由の自覚を促した。卒業すると、地方の系列の女学校に教師として送り出して自立させるなど、日本の女子教育に実践的な一時代を画した。

さらに一八八六(明治十九)年五十三歳の時、万国婦人禁酒会遊説員レビット夫人の来日講演に集った女性たちと、日本初の女性運動となる東京婦人矯風会を組織、最年長者として会頭となった。佐々城豊寿、潮田千勢子などの異なる立場を擁し、禁酒運動に限定せず、国会開設とともに一夫一婦制の建白書を提出、吉原・飛田遊郭の反対運動などの廃娼運動を展開し、女性の政治意識を覚醒させた。運動の実現に婦人参政権が不可欠だと認識すると、市川房枝らと婦選獲得期成同盟を組んだ。

幕末に根ざした女は、明治の新風を受け、生涯女性の自由のために尽力した。

（えぐさ・みつこ／文教大学名誉教授）

Le Monde

■連載・『ル・モンド』紙から世界を読む　143

上からの革命？

加藤晴久

①自分を不死、また不可欠な存在と思い込んでいる。②ワーカホリック（休息を取ることができない）。③心的・霊的な硬直化（事務的処理至上主義ゆえの）。④過度の計画化と機能主義。⑤調整と連携の欠如。⑥霊的アルツハイマー（自己の霊的歩みの忘却）。⑦虚栄虚飾の競い合い。⑧生活のスキゾフレニア（表向きの生活と乱れた裏の生活）。⑨おしゃべりのテロリズム（噂・陰口・中傷）。⑩上下へのおもねり（出世主義と日和見主義）。⑪他者への無関心（嫉妬と策略ゆえの）。⑫陰鬱な表情（ペシミズムと権威主義ゆえの）。⑬蓄財。⑭閉鎖的なグループづくり。⑮現世的権勢欲と自己顕示欲。

昨年十二月二二日、一同の一年間の労をねぎらい、よきクリスマスと新年を祈願するはずの集会で、フランシスコ法王は居並ぶ枢機卿・司教に向かって、法王庁に蔓延する「十五の病気」を数え上げ、そのひとつひとつの症状を解説し、悔悛と自己変革を求めた。

世界のカトリック信徒を統治する政府ともいうべき法王庁が、七つの大罪どころか、その倍もの数の病に冒されていると「宣戦布告」する「前例のない大胆さ」に『ル・モンド』（十二月二八／二九日付）の社説が驚嘆している。

二〇一三年三月に選出されてから二〇カ月の間に、法王はまず財政改革を推進した。汚職とマネーロンダリングの嫌疑が絶えなかったヴァチカン銀行にメスを入れた。市＝国家であるヴァチカンの財政運営を外部監査に委ねて健全化し、財務・経済部門の幹部を入れ替えた。法王庁のメンバーの心がけの転換を求めるだけでなく、機構の合理化・簡略化をも意図している。

実は、アルゼンチン出身、初の非ヨーロッパ出身の現法王は、法王庁の改革の先に、世界的規模での教会の改革を見据えている。地域（各国）教会への権限の移転、聖職者だけでなく信者代表の参画、教義の近代化（妊娠中絶、同性婚、聖職者の妻帯などなどの承認）をも視野に入れている。

「法王はこの賭けに勝つことができるだろうか？　ヴァチカンの事情に精通した専門家たちも前途を占うことを避けている。」（かとう・はるひさ／東京大学名誉教授）

リレー連載　今、世界は　11

歴史を捨てた現代中国

岡田英弘（歴史家）
宮脇淳子（東洋史家）

世界中で自前の歴史文化を創り出した天才は、地中海文明のヘーロドトスとシナ文明の司馬遷《しばせん》の二人しかいない、とかつて述べた。司馬遷著『史記』は、黄帝《こうてい》という神様に始まる五人の天子が天下を統治した後、夏《か》、殷《いん》、周《しゅう》、秦《しん》、漢《かん》と、血のつながらない王朝がつぎつぎと立った理由を、徳を失った天子は、天によって命を革《あらた》められたのだと説明した。つまり、自分が仕える漢の武帝《ぶてい》は天命を受けた正統の君主だと言うために書かれたのである。

これ以後のシナの正史はすべてこの枠組みを踏襲し、各王朝が天命を受けたことを証明するためだけに書かれ続けた。天命は不変だから、その天命を受けた正統の天子が治める天下には時代ごとの変化があってはならない。だから、時代が降るに従って、正史は史実との乖離《かいり》が大きくなる一方だったが、現代中国はとうとう歴史を捨てた。

一九一九年の五・四運動こそが中国最初のナショナリズムで、このとき中国人は孔子《こうし》も皇帝制度も過去のすべてを全否定した。その代わりに受け入れたマルクス主義は、歴史には一定の方向があり、原始共産制から古代奴隷制、中世封建制から現代資本制、そして未来は共産制へと進む、と説く。

ところが、シナ史における「封建」は、周代に新しい土地を占領して都市を建設することだった。英語のフューダリズムを「封建」と訳したのは、明治時代の日本人の誤訳だったが、さらに日本人が、ローマのアウグストゥスを「皇帝」と訳したために、シナでは中世のあとに古代が来ることになった。マルクス主義では、古代皇帝が支配する統一帝国の時代は、古代奴隷制の時代であるはずだからである。

マルクス主義の時代区分を自国史にあてはめるのに失敗した中国は、結局、アヘン戦争以前を古代、一八四〇年以後を現代と区分することにした。そして、屈辱の現代史という虚構を打ち立て、被害者である中国のすることはすべて善であり、これこそが歴史だと主張しているのである。

（おかだ・ひでひろ／みやわき・じゅんこ）

連載　女性雑誌を読む　82

文学史から消えた女性作家

——『女の世界』36

尾形明子

『女の世界』の女性作家の小説を読みながら、新しい時代を生き、新しい文学を生み出すことの難しさを思う。『青鞜』には、家制度に反発し、〈私も、男と同じ人間です〉と叫んだ多くのノラがいた。彼女たちは、書くことを自らの生の証とし、生きる手段とした。

明治末から大正にかけて、田村俊子を先頭に、おおぜいの女性作家とその予備軍が文壇をにぎわす。高等教育を受けた女性たちにとって、揶揄をこめて使われた〈新らしい女〉は、名誉ある称号となった。マスコミの隆盛に伴って、女性作家の発表の場も格段に増えた。

にもかかわらず、彼女たちの名も作品も、その大半は文学史に記されることなく消えた。毎号掲載される作品を読みながら、次第に息苦しくなってくる。テーマはほとんど家庭の内に限定され、細々《こまごま》しい状況と心理状態がくだくだと綴られて終る。

たとえば、小野美智子の「最初の悶え」（一巻九号）は、結婚間もない夫に、朝帰りをされた妻の不安と懐疑、嫉妬に渦巻く心の内を描く。感情の起伏がていねいに描かれているが、夫の裏切りを、商売女との無邪気な過ちと諦め、涙をぬぐって夫に抱かれる。自らの意思で結婚したはずなのに、彼女が否定した〈古い女〉と何が違うというのか。一九八〇年、現在の山口県岩国に生れ、岩国高等小学校を出て十七歳で著述業の小野小峡と結婚、二児の母親であり、数冊の著作をもっている。

齋藤富士子「眼鏡と時計」（二巻二号）もまた、結婚間もない夜、眼鏡と時計を身につけずに戻ってきた夫に、妻は過去の女の影を見る。夫もまた世慣れて美しい妻にかつての男性を想像する。互いの過去を探り合うさまが、突き詰めることもないままにただ描かれる。着物姿の写真が巻頭に掲載されているが、一八八九年甲府に生れ、山梨英和女学校を卒業後、山形の医師と結婚。しばらく暮らした東京での新婚生活を描いたようだ。

日常生活をありのままに描けば文学になるという私小説の氾濫は、文学から理想や思想を遠ざけてしまったようだ。

（おがた・あきこ／近代日本文学研究家）

連載　ちょっとひと休み　23

朗読ミュージカルの生い立ち（4）

山崎陽子

　小栗一也さんの舞台に魅せられ、私の朗読ミュージカルへの出演を強く希望されたのが大路三千緒さんだった。大路さんは宝塚出身の名脇役として、TVドラマ『おしん』のおばあちゃん役ほか、数々の舞台で活躍しておられ、柔和なお人柄から後輩の誰からも敬愛されていた。大路さんのためにまたしても二人で演じる舞台を書くことになった。

　『月明かり』という作品で、主人公の老婆と孫を大路さんに、ナレーションと歌、若者の役を日向薫さんに託した。山中で道に迷った若い番頭が、山奥の一軒家に住む老女の情けにすがり一夜を過ごすのだが、どんでん返しの連続で、大受けの舞台になった。わけても高らかな笑い声だけでラストシーンを飾った大路さんの至芸は今も語りぐさになっている。辛抱役だったはずの日向さんは、回を重ねるたびに工夫を凝らして初々しい若者を好演し、はからずも宝塚の先輩後輩で三作目の〝二人舞台〟を成功に導いてくださったのである。

　その後、有馬稲子さん、小山明子さんが、歌を入れない朗読を望まれたが、朗読ミュージカル作品と同じ舞台で違和感なく演じていただくために、歌とピアノの代わりを箏が受け持ち、つまり箏が、せりふと掛け合い、せりふを歌いあげてほしいと思ったのだ。

　若い箏曲家・澤村祐司さんは、朗読ミュージカルの大ファンで、初期の頃からの作品を殆ど熟知しているので、すぐにこちらの意図をのみこんで作曲。全盲である祐司さんの感性は鋭く、紡ぎだす曲想も音色も初々しく透明である。

　有馬さんのたっての希望の太宰治は『葉桜と魔笛』を選んだが、原作では「軍艦マーチ」になっている口笛を「荒城の月」に変更し『葉桜のころ』と改題。大文豪の作品に手を加えるなど身の縮む思いなのだが、耳で聞く朗読の場合はまず判り易くしなければならない。

　小山さんの樋口一葉『大つごもり』も原作の持つ香りを消してしまったのではと気が気ではなかったが、やっと筋が判ったという向きも多く、平身低頭しながらも少しほっとしている。

（次号に続く）

（やまざき・ようこ／童話作家）

■〈連載〉生命の不思議 11

集団の中での自発性

生物物理学　大沢文夫

今回は集団の中での各個体の自発性についての話である。実験では普通一〇〇匹程度のゾウリムシをいつもの四角の水槽に入れて動きを見ている。あるとき一人の学生が水槽の中に一匹だけ入れた。水槽のふちから泳ぎ出したこのゾウリムシは、全く方向変換せずに水槽の向い側の端まで行ってしまった。幾度か試してみたが、多くの場合せいぜい一、二回方向変換するだけで水槽の端から端まで泳ぐ。水槽の中のゾウリムシの数をへらすと、一匹ずつの方向変換の回数もへる。

ゾウリムシの一cc当りの数を一〇〇匹にすると方向変換は一匹当り約七秒に一回で、ゾウリムシを一cc当り一〇匹にするとそれが約二〇秒に一回となった。ゾウリムシの数密度が小さいと自発的方向変換が少ない。ゾウリムシの数密度が大きいと自発的方向変換がさかんにおこる。これはゾウリムシが互にぶつかるためではない。直接ぶつかるほど多数のゾウリムシが泳いでいるわけではない。

この数密度効果の原因はわかっていない。ゾウリムシの泳いでいる水中には水のゆれがある。前に書いた電位のゆれもある。しかし、実験によればそれらの影響ではなさそうである。

大ぜいいる方が自発性が大きい。なかまがいないと自発性がなくなってしまいそうである。

この話をきいていたある先生がすぐに反応した。「うちは一人《ひとり》っこだからだめだなあ」と。

もうひとつ別の話で、自発性には個体差が大きいという観察がある。同じ親から生まれた子どもでも、それぞれの自発性がずいぶんちがう。このちがいは一生つづく。

バクテリアを使った実験で、全く同じ遺伝子DNAをもったバクテリアでも、各個体ごとに泳ぎの自発的方向変換をさかんにするのと、なかなかしないのとがある。このちがいは各バクテリア細胞で一生つづく。

自発性の大きさは各個体の特性であり、また、その個体がどのくらいの数の集団の中にいるかでちがう。

ヒトの場合とよく似ていて、生きものの自発性全体に共通の性格かもしれない。

（おおさわ・ふみお／名古屋大学・大阪大学名誉教授）

一月新刊

「明治初年」を問い直し、土台から日本を造り直す！

環　学芸総合誌・季刊【歴史・環境・文明】　Vol.60 '15 冬号

【特集】「明治」を問い直す

〈鼎談〉芳賀徹＋片山杜秀＋新保祐司

新保祐司／平川祐弘／岡田英弘／小倉紀蔵／杉原志啓／先崎彰容／桐原健真／阪本是丸／石瀧豊美／奥中康人／酒井忠康

【小特集】沖縄はどうなるか

海勢頭豊／川満信一／由井晶子／金城実／我部政男／三木健／仲程昌徳／津波古勝子／真喜志好一／上勢頭芳徳／石垣金星／高良勉／喜山荘一

【小特集】アベノミクスのゆくえ　原田泰／榊原英資

〈トークイベント〉竹内敏晴さんが問い続けたこと

〈講演〉鷲田清一　〈対談〉鷲田清一＋三砂ちづる

〈二〇一四年度「後藤新平の会」公開シンポジウム〉

今、日本は何をなすべきか　第一次世界大戦百年記念

片山善博＋小倉紀蔵＋海勢頭豊＋水野和夫＋(司会)橋本五郎

第10回　河上肇賞　受賞作決定

〈書物の時空〉上田正昭／芳賀徹／上田敏

〈連載〉川勝平太＋宮脇昭／石牟礼道子／金子兜太／山田登世子／石井洋二郎／小倉紀蔵／三砂ちづる／能澤壽彦

菊大判　三七六頁　三六〇〇円

古代を総合的に捉える！

「古代学」とは何か　展望と課題

上田正昭

文字史料を批判的にも考察しつつ、遺跡や遺物、神話や民間伝承なども総合的に考察することで日本古代の実相を明らかにする〝古代学〟から、東アジア全体の中での日本古代史を描く。神道のありよう、「天皇」号の始まり、鎖国史観の是正、日本版中華思想の克服、沖縄のまつり……独特の着眼点を盛り込んだ、必携の「古代学」入門！

四六上製　三三六頁　三三〇〇円

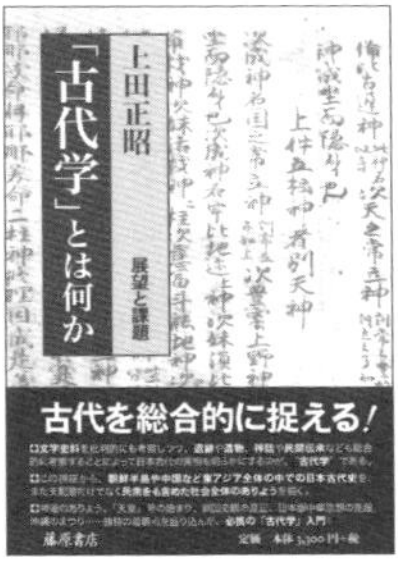

詩という希望へ

闇より黒い光のうたを　十五人の詩獣たち

河津聖恵

尹東柱、ツェラン、ロルカ、リルケ、石川啄木、立原道造、小林多喜二、宮沢賢治、原民喜、石原吉郎……近現代の暗い時空にあらがい、爪を立て、牙を剥かずにはおれなかった「詩獣」たちの叫びに、薄闇の現代を生きる気鋭の詩人が深く共振した、詩論／詩人論の集成。

四六変上製　二四〇頁　二五〇〇円

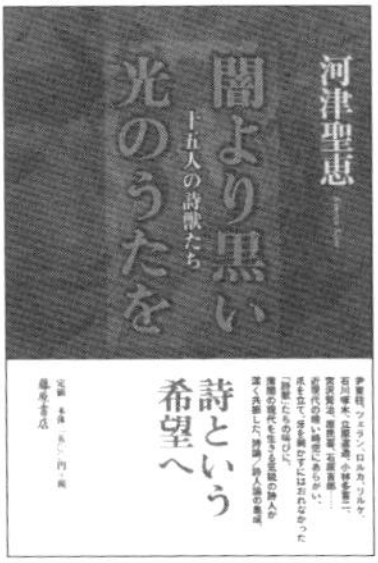

韓国と日本を代表する知の両巨人

詩魂

高《コ》銀《ウン》・石牟礼道子

石牟礼「人と人の間だけでなく、草木とも、風とも、一体感を感じる時があって、そういう時に詩が生まれます」。高銀「亡くなった漁師たちの魂に、もっと海の神様たちの歌を歌ってくれと言われて、詩人になったような気がします」。韓国を代表する詩人・高銀と、日本を代表する作家・詩人の石牟礼道子が、魂を交歓させ語り尽くした三日間。

四六変上製　一六〇頁　一六〇〇円

読者の声

旧満洲の真実■

▼満洲新京に生れ、育った私にとって、中国人の経験した当時の新京の様子を見ることができました。
　新京に生活した日本人の書いたものも読んでいますが、それとは違った新京を見た思いです。改めて、侵略した者とされた者の間を見ました。

　多くの人に読んでほしいものですね。

（神奈川　**新田充**　76歳）

不滅の遠藤実■

▼遠藤実先生の歌には哀愁、郷愁、涙、喜び、人生、激励と数え上げるときりがありません。心の支えとなったり、血となり肉となって聞く人にとって、先生は、師であり、父であり、文字通り不滅の人でしょう。
（愛知　主婦　**井階英**）

▼国内外が気候も政治・経済もそして何よりも安全がゆらいでいる時代、日本のこの戦後七〇年を歌を通じて支え、国民に元気・勇気・生きる力を与えてきた大作曲家遠藤実さんをよく知る三人の方の合作を、若い人にも大いに読んで欲しい。
（埼玉　嘱託社員　**石田壮**　68歳）

世界の街角から東京を考える■

▼すばらしく参考になりました。ありがとうございました。
（東京　会社役員　**山崎養世**　56歳）

▼青山さんの書かれた本を新聞書評で知り、すぐにアマゾンに発注、入手しました。期待通り、世界の都市紹介は興味深く、かつて行ったことのある街は再度行ってみたくなり、行ったことのない街には、大いなる予備知識をさずけてくれる書と思います。
（神奈川　自由業　**今岡文彦**　67歳）

時代が求める後藤新平■

▼今まで読んだ「後藤新平」の本で一番充実していました。各界の名士による新平論はとても素晴らしく、「後藤新平」が浮き出て来ました。
　要は統計のない時代に、独自に集めた資料で統計をもとに判断した為、的確な道を拓いたこと。惜しまれるのは、安田善次郎氏がもう少し長生きされていたら、きっともっと良い東京が実現していたことでしょう。

　益々のご発展をお祈りしております。

（東京　元ＪＡＬ社員　**佐々木實**　79歳）

グリーンディール■

▼人類は現在、経済と環境両方の危機、未曾有の危機をむかえている。これを解決する方法を、リピエッツ氏は本書で提言する。それは、「資本・労働・自然」の協調だ。投機マネーを規制し、債務を貨幣化し、環境を考慮した新分野へ投資を誘導する。そして、その分野では、労働集約的な雇用の創出が図られる。これらの政策を行うことが、グリーンディールに他ならない。
　政治の経済に対する優位が求められている。それも、対立をあおり、人々を分断する政治ではない。連帯と合意と信頼に基づく政治だ。

　「人間は、相互貪食の法則に従わない」という命題がある。グリーンディールを実施することは、この命題の正しさを証明できるものであり、困難ではあるが、大いに希望を感じた。

（大阪　**志賀計文**　33歳）

ロング・マルシュ　長く歩く■

▼トルコという国、またイスラム圏の空気を肌で感じられるところも興味深く拝読しました。次巻を楽しみに待っております。
（香川　会社員　**山崎依美**）

金子みすゞ　心の詩集■

▼挿絵が美しくて女の子がかわいい。仏教、般若心経についての書物が欲しい。（奈良　**西村佳津秀**　65歳）

広報外交の先駆者　鶴見祐輔■

▼この本を買ったのが三年前、毎日楽しく読んでますといいたいですが、僕は病院暮し、うまく表現できないですが、丁度毎月一回外出とあと一回は自宅に帰ること、つまり二泊三日の外泊が許されていますので、月一回は家で楽しく読んでます。

思えば鶴見祐輔は何と偉大な政治家であったでしょうか。酒もタバコものまず、真面目で喧嘩も強く、こんな人物が今の日本に存在するでしょうか。今日の我国の政治家もみならって欲しいと思います。ごまめの歯ぎしりばかりせず、白は白、黒は黒と喝破できる政治家が出現してほしいものです。

第二の鶴見祐輔はどこにいるのでしょうか。（熊本　**永村幸義**　67歳）

バルザック「人間喜劇」セレクション■

▼学生の頃、親にねだってバルザック全集を買ってもらったことがあります。出版社は忘れました。当時の私の読解力では難解で全く読まずにそのままとなり、実家に聞いた処、整理したとのことでした。今回のシリーズはたいへん面白く読ませてもらってます。考えますに翻訳がいいんでしょうね。学生の頃の全集は明治生れの人が訳していたに違いなく、難しい言葉づかいになったのではないかなどと考えてます。できれば他の「人間喜劇」も読んでみたいと思います。宜しく。

（神奈川　会社役員　**小此木歌蔵**　58歳）

※みなさまのご感想・お便りをお待ちしています。お気軽に小社「読者の声」係まで、お送り下さい。掲載の方には粗品を進呈いたします。

書評日誌（二・四〜一・三一）

㊢書評　㊯紹介　㊭関連記事　㋢紹介、インタビュー

二・四　㊭産経新聞［宮脇昭］（「インドネシア　持続可能な開発へ」／「横浜国立大学名誉教授　宮脇昭氏に聞く」）

二・二　㊯東洋経済日報「日韓関係の争点」（「BOOK」）

二・一四　㊯毎日新聞「不均衡という病」（「2014　この3冊」／鹿島茂）

二・一五　㊯ミュージック・リポート「不滅の遠藤実」（「新歩道橋」／小西良太郎）

二・一九　㊯週刊読書人「英雄はいかに作られてきたか」（「西洋史」／「第一次世界大戦100周年の関連出版が目立った」／高木勇夫）

㊯週刊読書人「闘争の詩学」（「多彩な知的事件に彩られた一年」／佐野正人）

二・二三　㊯エコノミスト「日韓関係の争点」（「話題の本」）

㊭エコノミスト［渡辺京二］（「読書日記」／「文明に〝孤島〟作る異能者坂口恭平を読み尽くす」／渡辺京二）

二・二五〜　㊭琉球新報／共同通信配信「闘争の詩学」（「セウォル号事故『共感失われた』」／「批評家の金明仁さん」）

二月中旬号　㊯出版ニュース「第一〇回河上肇賞」

㊯出版ニュース「粕谷一希随想集Ⅲ　編集者として」（「本の本②」）

一・七　㊭毎日新聞「第一〇回河上肇賞」

一・一〇　㊯読売新聞「不滅の遠藤実」（「五郎ワールド」／「父なるものの強さ」／橋本五郎）

一・一二　㊭読売新聞［E・トッドインタビュー］（「パリ銃撃テロ」／「移民の子追い込む風潮」

／鶴原徹也）

一・一七　〈書〉東京新聞「吉田茂の自問」（「ニュースがわかるＡtoＺ」／「危うい狭隘な愛国心」）

〈書〉図書新聞「世界精神マルクス」（「人間は期待されるに値する」／「マルクスの宿る『世界精神』の案内書」／北見秀司）

〈紹〉毎日新聞（福岡版）「花の億土へ」（映画）（「石牟礼道子さんの世界観を映画化」／「二一日、ドキュメンタリーを上映（福岡ＫＢＣシネマ）」／山崎あずさ）

一・一八　〈書〉京都新聞「日韓関係の争点」（「型破りの発想へ全体像を鳥瞰」／徐勝）

一・一九　〈書〉公明新聞「不滅の遠藤実」（「話題の本」／「人物そのものが、不朽の作品」／塩澤実信）

〈紹〉毎日新聞「幻滅」（「風知草」／「こんな道もある」／山田孝男）

一・二〇　〈紹〉読売新聞（夕刊）「花の億土へ」映画（「シティライフ」）

一・二一　〈紹〉朝日新聞（夕刊、福岡版）「花の億土へ」映画（「石牟礼文学　世界観に触れて」／「福岡初、トークイベントも」／田中久稔）

一・二二　〈記〉週刊新潮「ルーズベルトの責任」（「日本ルネッサンス」／櫻井よしこ）

〈紹〉読売新聞（夕刊）「不滅の遠藤実」（「遠藤実の足跡まとめた一冊」）

一・二三　〈書〉週刊読書人「不知火おとめ」（「石牟礼文学の萌芽を示す」／「多感な揺籃期の資質をつぶさに伝える」／島村輝）

一・二五　〈書〉朝日新聞「知識欲の誕生」（「啓蒙の原点　歴史の手法で再現」／島田雅彦）

〈書〉毎日新聞「幻滅」（「二一大学者の存在は天からのご褒美」／沼野充義）

〈書〉熊本日日新聞「不知火おとめ」（「社会問う視線　若き日から」／池澤夏樹）

一・二六　〈紹〉公明新聞「日韓関係の争点」

〈紹〉ＡＥＲＡ「幻滅」（「親日家の社会学者が日本に幻滅するこれだけの理由」／東京堂書店・竹田学）

一・三一　〈紹〉週刊東洋経済「幻滅」（「なぜ『親日家』から『嫌日家』になったのか」／奥村宏）

一月号　〈紹〉サライ「異形の明治」（「サライブックレビュー」／鳥海美奈子）

〈紹〉築地本願寺新報「親鸞から親鸞へ」（「仏教書Review」）

沼野　充義　評

幻滅―外国人社会学者が見た戦後日本70年

ロナルド・ドーア著（藤原書店・3024円）

ドナルド・キーン　わたしの日本語修行

ドナルド・キーン、河路由佳著（白水社・1944円）

二大学者の存在は天からのご

　ロナルド・ドーア氏（一九二五年生まれ）と言えば、二〇世紀後半の世界を見渡しても、おそらく最高の日本学者にして、最高の日本語使いの一人だろう。一九五〇年に初来日して以来、日本との付き合いは六五年にも及ぶ。その間、『日本の農地改革』『江戸時代の教育』『都市の日本人』といった日本社会に関する多くの重要な研究書を次々に世に送り出してきた。本書はそのドーア氏が戦後日本七〇年の歴史を振り返ると同時に、日本に対する自身の「感情の移り変わりの歴史」を記したものである。その結論は、タイトルが指し示している通り。「大変な日本びいきだった若い頃」から、日本の政府やエリートに「違和感しか感じないようになった」最近までの軌跡が、ここに描かれている。

　本書を通じて明らかになる著者の姿は、どんなものだろうか。ドーア氏はイギリス人だが、階級社会の上に立つエリートではなく、労働者階級出身、鉄道機関士の息子だった。来日後間もないころ、日本で良家のお嬢さんに恋をした（「極端に惚れていた」）が、身分が違いすぎて結婚など問題外とされた経験を持つ。だからイギリス紳士の気難しさとも、大英帝国の威光とも無縁である。庶民的な率直さで日本人コミュニティに溶け込み、農村や都会の実地調査を精力的に行う一方で、多くの友人を作っていった。吉田健一、中野好夫、丸山眞男、鶴見俊輔、加藤周一といった文人・知識人から、東畑精一、大来佐武郎、永井道雄といった政・官界の実力者まで。幸せなことに、当時の日本では、思想的立場を超えて、様々な人たちが国家と社会をめぐって率直に議論できる論壇というものがまだ機能していた。

　ドーア氏は、現実に根ざし、具体的な事実の実証的な調査から出発しながら、天下国家の重大事を好んで論ずる。ある時点から彼は「公共的知識人」としての自覚を強め、学術的著作によって業績をあげるよりも、日本社会が直面する問題について積極的に発言するようになった。そして、日本のアメリカ追随政策や、軍国主義化の傾向を批判し、「右傾化」を憂えた。新自由主義的な「構造改革」は、彼に言わせればアメリカに留学した「洗脳世代」のインチキなスローガンに過ぎない。それに対して、「思いやり」「義理」「協力」を重んずる日本の伝統的価値観をむしろよしとした。その背後には、江戸時代の儒学の重要性を知り抜いた学識がある。

　このような物言いに対しては、異論もあるだろう。しかし、ドーア氏が素晴らしいのは、特定の思想や「イズム」に縛られることなく、左や右の区別を超えて、本当に大事と思われることをずばりと言ってのけるところにある。「憲法改正絶対反対」という線に固執せず、むしろきちんと改正して本当の平和憲法にしたほうがいいとか、日本は独自に非核宣言をしたうえで新しい核兵器管理体制を国際的に作る努力をするべきだ、といった彼の主張は、奇矯に響くようで、じつは傾聴に値する正論ではないか。巻末に再録された、日本の軍備と憲法をめぐる「やまと屋の犬」という寓《ぐう》話は、秀逸。偽善を厳しく批判しながらも、ユーモアを忘れることのない著者の面目躍如である。

たまた

の、日本

ドナルド

まれ）も

期に入って

ために触

一五巻の

刊行が進

決定版』

も含まれ

書きによ

（聞き手

語との関

録も出た。

が、奇《く》しくも、軍の学校で最初に日本語を学んだというところはドーア氏と共通している。

　『源氏物語』の優美な世界に惹《ひ》かれて日本語の道に入ったキーン氏は、本書でも生涯を貫く日本への愛を語り続けている。そして、現代の日本に幻滅したというドーア氏とは対照的に、彼は二〇一一年、大震災の後、ニューヨークの住居をたたんで日本に定住、翌年には日本国籍も取得した。本書によれば、「日本を愛しているから」こそ日本人となっ

▲『毎日新聞』1月25日付

■幻滅

外国人社会学者が見た戦後日本70年

ロナルド・ドーア〈著〉

「親日家」と呼ばれた1925年英国生まれの社会学者が、「嫌日家」となりつつある心の遍歴を、戦後日本の変化に沿って振り返った。50年に初来日した時、「あまりにも魅力的な異邦人社会」だったので、東京の日常生活を調査した。その後、農地改革や、雇用制度・労使関係の研究を続ける。「幻滅」が始まったのは80年代前半。鈴木善幸首相が、日米関係を「同盟」と呼んだのが転換点だ。米国のビジネス・スクールなどで教育された日本の「洗脳世代」が影響力を増し、日本を作りかえようとしたのが大きな原因だという。価値評価を避ける「学者」から、堂々と自分の判断を述べる「公共的知識人」となった著者の、率直な言葉が刺激的だ。　（藤原書店・3024円）

▲『朝日新聞』2月1日付

＊他に、『ＡＥＲＡ』一月二六日号（東京堂書店・竹田学氏）、『週刊東洋経済』一月三一日号（奥村宏氏）にも紹介された。

三月新刊

＊タイトルは仮題

グローバリズムへのブルデューの「回答」

「ヨーロッパ社会国家」のために（二分冊）

社会科学と社会運動

ピエール・ブルデュー

櫻本陽一訳

冷戦終結後、二十世紀型知識人が、有効性を失った中で、特異な「知識人」ブルデューが強靱に追究した思想とは何か。全生涯の社会的発言を集成し、旧来型の「社会運動」でも「国家」の再評価でもなく、その両者を乗り越えるブルデュー思想の核心を初めて明かす決定版論集。

シナ文明と密接に関わる地域をどう見るか

岡田英弘著作集（全8巻）

6 東アジアの実像

その近代化に日本が大きな役割を果たした台湾。清朝時代に仏教との関わりで影響力をもち、今は中国の弾圧にさらされるチベット。清朝の中心民族であった満洲、その淵源たるモンゴル。常にシナの脅威から逃れられない地理的位置にある韓半島――シナの影響をどのように受け、あるいは遮断し、今日の複雑な関係を形成しているか。　口絵二頁

月報＝鄭欽仁／黄文雄／樋口康一／クリストファー・アトウッド

アメリカ的世界観へのアンチテーゼ

北朝鮮とは何か

小倉紀蔵

東北アジアの歴史的「矛盾」ともいえる朝鮮民主主義人民共和国を「思想的」に捉える――戦後、アメリカ的民主主義の中で思考停止する日本だが、北朝鮮に対し硬直した態度をとっていては事はすまない。「生命の個人化」が進むあまり歴史的視点を失う日本に突きつける。

創造的な「地域の力」は本当に喪われたのか？

地域力の再発見

内発的発展論からの教育再考

岩佐礼子

地域共同体に根ざした「生きる知」の伝達の現場を丹念にフィールドワークすることで、「制度化」「専門化」に基づく近代的な教育の枠組みを相対化し、「伝統の再創造」としての内発的発展論と架橋する野心的試み。

現在の日本農業の成り立ちを解明

日本農業近代化の研究

稲作農業の発展論理

穐本洋哉

伝統的農業の継承と、政府主導による品種・水利・土地の改良を通じて、日本型の集約農業が明治時代にどのように発展したかを詳述。

2月の新刊

タイトルは仮題、定価は予価。

見えないものを見る力 ＊
「潜在自然植生」の思想と実践
宮脇昭
四六上製 二八八頁 二六〇〇円 口絵八頁

人類最後の日 ＊
生き延びるために、自然の再生を
宮脇昭
四六上製 二七二頁 二二〇〇円 口絵八頁

対欧米外交の追憶（上・下） ＊
1962–1997
有馬龍夫 竹中治堅編
四六上製 ㊤三九二頁 ㊦三八四頁 各四二〇〇円

国境を越えた日本美術史 ＊
ジャポニスムからジャポノロジーへの交流誌 1880–1920
南明日香
A5上製 四〇〇頁 五五〇〇円 口絵一六頁

3月刊予定

「ヨーロッパ社会国家」のために（二分冊） ＊
社会科学と社会運動
P・ブルデュー
櫻本陽一訳

北朝鮮とは何か ＊
小倉紀蔵

好評既刊書

岡田英弘著作集（全8巻）
⑥**東アジアの実像** ＊
月報＝鄭欽仁／黄文雄／樋口康一／クリストファー・アトウッド

地域力の再発見 ＊
内発的発展論からの教育再考
岩佐礼子

日本農業近代化の研究 ＊
稲作農業の発展論理
穐本洋哉

『環 歴史・環境・文明』㊿60 15・冬号 ＊
〈特集「明治」を問い直す〉
芳賀徹＋片山杜秀＋新保祐司／岡田英弘／小倉紀蔵／平川祐弘 ほか
菊大判 三七六頁 三六〇〇円

闇より黒い光のうたを ＊
十五人の詩獣たち
河津聖恵
四六変上製 二四〇頁 二五〇〇円

「古代学」とは何か ＊
展望と課題
上田正昭
四六上製 三三六頁 三三〇〇円

詩魂 ＊
高銀・石牟礼道子
四六変上製 一六〇頁 一六〇〇円

旧満洲の真実
親鸞の視座から歴史を捉え直す
張鑫鳳
四六上製 二四八頁 二二〇〇円

身体はどう変わってきたか
16世紀から現代まで
A・コルバン
小倉孝誠／鷲見洋一／岑村傑
四六上製 三二〇頁 二六〇〇円

不滅の遠藤実
橋本五郎・いではく・長田暁二編
A5上製 三二二頁 二八〇〇円 口絵一頁

動物たちのおしゃべり
山崎陽子 絵 ミルコ・ハナアク
B5変上製 六〇頁 一六〇〇円 オールカラー

不知火おとめ
若き日の作品集 1945–1947
石牟礼道子
A5上製 二一六頁 二四〇〇円 口絵四頁

幻 滅
外国人社会学者が見た戦後日本70年
R・ドーア
四六変上製 二七二頁 二八〇〇円

ヨーロッパは中世に誕生したのか？
J・ル＝ゴフ 菅沼潤訳
四六上製 五一二頁 四八〇〇円 カラー口絵一六頁

＊の商品は今号に紹介記事を掲載しております。併せてご覧戴ければ幸いです。

書店様へ

▼1／17(土)NHK Eテレ戦後史証言プロジェクト「知の巨人たち 日本人は何をめざしてきたのか」第6回で**石牟礼道子**さんが特集！（1／24(土)再放送）「近代とは何か」を問い続ける石牟礼道子フェアをぜひ。▼『週刊新潮』1／22号連載「日本ルネッサンス」で、**櫻井よしこ**さんがCh・A・ビーアドの**『ルーズベルトの責任 ㊤㊦』**を絶賛紹介！「私たち日本人こそ、この書を読むべきなのだ」▼1／25(日)『朝日』で島田雅彦さんが**A・コルバン『知識欲の誕生』**について「歴史記述が不都合な真実を隠蔽し、安易な自己正当化に傾く今日、啓蒙の原点を見つめ直すことは反知性主義や衆愚政治への地道な対抗策になり得る」。▼1／19(月)『毎日』「風知草」欄で山田孝男さん、1／25(日)『毎日』では沼野充義さん、『週刊東洋経済』1／31号では奥村宏さんに紹介された**ロナルド・ドーア『幻滅』**大反響です！ 在庫ご確認を。▼『週刊文春』1／29号で**ジャック・ル＝ゴフ『ヨーロッパは中世に誕生したのか？』**を鹿島茂さんが絶賛紹介！

（営業部）

出版随想

▼年が明け、新聞各紙に目を通す。新年になったからといって年の暮れから一夜明けたにすぎないが、新鮮であり、この夜明けは何か特別な思いがする。昨年良き年であった人は、昨年以上のという思いに、悪い事が続いた人は、今年こそと期する思いに駆られるだろう。

▼小社は、九〇年春の創業で、今年二五周年を迎える。翌年バブルがはじけ困難な船出であった。その後も嵐や台風の中、何とか今日の日を迎えることが出きた。ひとえに出版業界の方は勿論のこと、多くの全国の読者の方々に支えられての航海であったことを、この場を借りて感謝申しあげる。

▼特に、人文社会科学の書物を中軸にした出版活動ゆえ、この四半世紀の世界的動乱を注視し、その根底を流れるものを追求してゆく作業は困難を極めるものであった。その中で数多くのプロジェクトを立ち上げ、多くの識者の協力を仰ぐ中、この作業に全力を注いできた。この作業の中で見えてきたことは、帝国憲法が発布された明治二十二（一八八九）年以降、近代化（西欧化）の道を一気に強く推進してきたということだ。幕末から明治初年までのカオス状態の一掃である。従来蓄積してきた思考や生活様式・文化を守ることも行われつつも、暦や尺貫法、住まい、衣装の変容は、日本人の生活や思考に根本的変化をもたらした。その半世紀後の西欧世界との戦争での敗戦。その後は、アメリカの支配下で今日まで過ごしてきた。

▼アメリカ化をめざしてきたこの七〇年で、日本は、一体どのような国になったのか。東西冷戦の一方の極の下、経済成長路線を突っ走った。すべてを擲って、アメリカの庇護の下、グローバリゼーションをめざした。均一化、画一化、金太郎飴……といわれるが、個性のない経済合理性の中で生まれた産物。効率一辺倒のやり方。それが、自己中心のエゴイズムな人間を作り出し、国家を作った。共同体家族から核家族へと変化した家族も、親子関係、夫婦関係も希薄化し、崩壊の一途を辿っている。

▼こういう状況下で、二〇年前の阪神・淡路大震災に、四年前の東日本大震災に遭遇した。前者は時間をかければ復旧できるが、後者の場合、福島第一原発事故が伴い、放射能汚染の影響は測り知れない。今もその影響は、日本全国に及んでいるといわれる。特に食物連鎖による内部被曝は、今後の問題だ。

▼と同時に、若い人びとを中心に、経済至上主義ではない町づくりが、各地域で進みつつある。いつの時代も、時代を作り動かすのは、若者たちである。戦後七〇年犯してきた過ちを繰り返さない社会を作るのは、明らかに若い人びとである。

「宇宙から見たら、日本列島が見えたと言う。東京あたりのあかりではなく、一輪の花がぼうっと見えている草々の小径の花あかり。人間の苦労を象徴するような花あかり。人間というよりも生命。そういう花あかりを見たいというのが私の希望です。」（石牟礼道子「花の億土へ」より）

（亮）